JN409376

명작 속 의사 이야기

의사로 산다는 것

2

김애양
서울 출생, 의학 박사 · 은혜산부인과 원장
1998년 수필가 등단
수필집《초대》,《의사로 산다는 것》,《위로》,《명작 속의 질병 이야기》,
《아프지 마세요》,《유토피아로의 초대》발간
e-mail : enigma888@naver.com

명작 속 의사 이야기

의사로 산다는 것 2

2권 초판 2017년 3월 15일

지은이 | 김애양
발행인 | 서정환
주 간 | 유인실
편집장 | 한경선

마케팅 | 한민섭
모니터 | 김은영

펴낸곳 | 수필과비평사
주소 | 서울시종로구삼일대로32길 36 운현신화타워 305호
전화 | 02-3675-3885 5635 063-275-4000
등록 | 제300-2013-133호

인쇄처 | 신아문예사
공급처 | 신아출판사
전북 전주시 완산구 공북길 16 (태평동 251-30)
전화 | 063-275-0484 6374 063-251-3885
팩스 | 063-274-3131
essay321@hanmail.net
shina321@chol.com

디자인 | 박래후편집공방
www.raehoo.com, raehoo@hanmail.net

ISBN 979-11-5933-083-4 04810
ISBN 979-11-5933-081-0 (세트)
각권 값 15,000원

이 도서의 국립중앙도서관 출판예정도서목록(CIP)은 서지정보유통지원시스템
홈페이지(seoji.nl.go.kr)와 국가자료공동목록시스템(www.nl.go.kr/kolisnet)에서
이용하실 수 있습니다(CIP제어번호: CIP2017005468)

Printed in KOREA

명작 속 의사 이야기

의사로 산다는 것

2

수필과비평사

펼친 책은 말하는 두뇌이고 덮은 책은 기다리는 친구이며
잊힌 책은 용서하는 영혼이고 찢어진 책은 우는 가슴이다

– 인도 격언 중에서

C O N T E N T S

의사로 산다는 것

C O N T E N T S

| 머리글 |

포도주는
포도로 만들듯이

7년 전에《의사로 산다는 것》을 발간한 이후에 제게 많은 변화가 찾아왔습니다. 주위의 사람들이 저를 의사에서 작가로 대우해주기 시작했어요. 쇄도하는 원고 청탁으로 밤잠을 설치거나 문학 강의를 준비하느라 고심하는 날들이 이어졌지요. 무엇보다 팬레터에 답장하는 시간이 제게 가장 큰 기쁨을 주었습니다. 종종 잡지에 인터뷰 기사가 실리기 시작하면서 어쩐지 병원도 더 성업을 이룬 듯했는데 그건 환자들이 글 쓰는 의사라고 더 큰 믿음을 준 덕택 같아요. 결과적으로 나날이 글쓰기 전보다 훨씬 활기차고 바쁜 시간들로 채워졌습니다.

사실 저는 그 무엇보다 시대를 잘 타고 태어난 것 같아요. 인간을 정의하기 위해 과거에는 '철학'이 주요했다면 오늘날에는 '인문학'이 대세잖아요. 그런 중에 의학 지식에 관한 책보다 의사가 나오는 소설에 대한 책을 썼더니 인문학적이라고 인정을 받았던 것이지요. 그게 얼마나 행운인지 모릅니다.

《의사로 산다는 것》 1권을 쓰고 나서 받은 격려와 응원에 부응하려 애쓰다 보니 어느새 두 번째 책이 나올 분량에 이르렀습니다. 무심코 책을 읽다가 작품 속에 의사가 나오면 새롭게 독자에게 소개해줄 요량에 어찌나 반갑던지요. 이 작업 중에 가장 좋았던 점은 제가 스페인어 공부를 시작하게 되어 남미와 스페인 작품을 재미있게 읽었던 점이고요, 안타까운 점은 독서를 하면 할수록 문학이 더욱 어렵게 느껴진다는 사실이었어요.

한편 시간이 가고 보니 제가 쓴 글이 저에게 거울과 채찍으로 작용한다는 걸 알게 되었습니다. 아르헨티나의 작가 에두아르노 갈레아노의 《포옹의 책》 중에 제가 잊지 못하는 구절이 있어요. '포도가 포도주를 만드는 것이라면, 우리를 만드는 건 우리 자신이 한 말'이라고요. 제가 쓴 글이 저 자신이라니까 이제 저는 무얼 숨길 수도 포장할 수도 없이 다 드러내 보이게 된 셈이지요. 그래서 늘 조심스럽고 제가 만나는 환자들과 독자들에게 실망을 주지 않으려고 스스로를 돌아보게 되었습니다. 결국 글을 쓰는 건 책임감을 만드는 것입니다.

《의사로 산다는 것》 1, 2권을 통틀어 모두 48권의 작품에 등장하는 의사들을 리뷰하게 되었습니다. 그중에는 물론 히포크라테스 정신을 구현한 좋은 의사도 있고 우리가 타산지석으로 여기고 경계해야 할 나쁜 의사도 있습니다. 세상이 점점 세분화된 결과로 의사란 병만 고치는 기술자가 되기 십상이지만 모쪼록 환자들의 고통스러운 마음과 불안을 함께 치유할 수 있는 따뜻한 의사의 모습을 찾고 싶었습니다. 하지만 작품 속에 의사가 등장한다는 공통점이 있을 뿐 이 책은 의사들에 대한 이야기만은 아닙니다. 세상에 관심 갖는 방법을 알려주는 지침서라고나 할까요?

이 책이 나오기까지 8년간 연재를 허락해 주었던 〈계간 문예〉와 이 어려운 시기에 출판을 감당해주신 신아출판사 서정환 회장님께 감사드립니다. 두 권의 책을 정성으로 디자인해주신 박래후 화백님께 감사드리고 마지막으로 따뜻한 교정을 봐준 40년 지기 친구 홍윤경에게 숨겨놓은 고마움을 전합니다.

2017년 봄 역삼동 진료실에서

흰 가운을 입은 살인자

그레이엄 그린《인간 요건》

침묵은 안심을 뜻하고 그것은 그들 사이에 말이 필요 없음을 의미했다.
그들의 사랑은 굳건해서 확인할 필요도 없었다.
말하자면 그들은 사랑 한가운데 인생을 설정해놓은 셈이었다.
그런데 오늘 밤 캐슬의 주머니에는 스파이의 비밀문서가 들어 있다.

한번은 집안에 땅콩이 그득했던 적이 있었다. 누에고치 모양의 땅콩을 껍질째 방마다 널어놓고 말리곤 했다. 당시 초등학교도 들어가기 전이었던 나는 틈틈이 땅콩을 뒤집어 골고루 말리는 작업을 담당했다. 그 무렵에 어머니는 농사를 짓기 시작했다. 아버지의 월급만으로는 도저히 오 남매의 학비를 감당할 수 없다고 부업으로 농사를 생각해낸 것이다. 식구들이 잠에서 깨어나기도 전에 어머니는 첫 버스를 타고 밭일을 하러 떠났다. 구리시 토평동에 마련한 밭을 일구어 여러 가지 농작물을 거두어들였다. 어느 해는 감자, 어느 해는 옥수수 또 어느 해는 토마토며 콩을 수확했다. 한번은 사과나무 묘목을 잔뜩 심었는데 그해에 물난리가 크게 나는 바람에 손해만 잔

어머니가 부업으로 구리시 토평리로 농사지으러 다니던 그 시절에 오빠 그리고 옆집 송아지와 함께.

뜩 보고 손을 떼고 말았다.

그때 먹어본 생땅콩은 참 고소했다. 놀러 온 친구들에게 나눠주면 비린 맛이 난다고 고개를 절레절레 흔들며 뱉기 일쑤였지만 내 입에는 볶은 땅콩보다 훨씬 맛있었다. 날것과 볶은 것은 서로 비교가 안 될 만큼 각각 다른 땅콩 맛을 내는 것 같다. 지금도 땅콩을 보면 그 시절 어머니의 땀방울이 느껴지곤 한다. 이렇게 내게는 아련한 추억이 어린 땅콩을 뜻밖에도 나쁜 일에 사용하는 의사가 나오는 소설이 있다. 20세기 중반 이후의 영국 문학을 대표하는 작가 그레이엄 그린의《인간 요건》이다.

모리스 캐슬은 외무부 정보국 MI6에서 30년간 근무 중인 베테랑 첩보원이다. 책임감이 강하고 성실한 그는 예순두 살로 은퇴를 고려 중이다. 그에게는 남아프리카 파견 근무 때 만난 흑인 아내 세라와 그녀의 아들이 하나 있다. 그녀가 임신 중일 때부터 서로의 사랑은 싹텄다. 인종차별 정책인 아파르트헤이트(Apartheid)에 의하면 흑인과 백인 간의 결혼은 불법이다. 그러므로 남아프리카에서 사생아가 딸린 그녀를 영국으로 데려오기까지 캐슬은 숱한 문제들을 감당해야만 했다. 그 일 이후 캐슬은 '인생에서 가장 값진 것은 안전'이라 생각하며 살고 있다.

어느 날 캐슬이 소속된 아프리카 부서에서 정보가 유출되어 은밀한 내사가 시작된다. 같은 방에는 동료 데이비스가 있는데 그는 마흔 살의 노총각으로 포도주와 경마를 좋아하고 다소 부주의한 면이 있다. 여직원과 데이트하느라 자리를 비웠다가 들킨 적도 있다. 상부에서는 그에게 정보 유출의 혐의를 두고 있다. 그가 호사스러운 재규어 차를 타고 승마복처럼 현란한 복장으로 다닌다는 점이 이중간첩일 거라고 의심하는 이유이다.

반면에 자동차도 없이 자전거로 역까지 출근하는 캐슬은 생활 수준도 높지 않고 양심적이라는 평판을 얻고 있으므로 전혀 의심받지 않는다.

확실한 증거도 없이 심증만 가지고 의사 퍼시빌은 데이비스에게 다가간다. 정보국에서는 위험인물을 발견하면 제일 먼저 의사에게 보고하는 것이 상례이다. 정보부의 의사는 직급이 높다. 퍼시빌은 술자리를 만들어 데이비스에게 함께 술을 마시자고 한다. 거기에서 의사는 데이비스를 진찰하고 간이 나쁘다는 진단을 내려준다. 앞으로 술을 줄여야 한다는 충고를 하면서 동시에 술잔에 슬쩍 독약을 넣는다.

의사 퍼시빌은 평소 세균전에 관심이 많았다.

"글쎄, 땅콩이 해답이야. 땅콩 작황이 안 좋을 때는 곰팡이가 생겨요." 그는 데이비스 독살 계획에 대해 동료에게 설명한 적이 있다.

"곰팡이에서 아플라톡신(Aflatoxin)이라는 무서운 독성 물질이 생긴다네. 그 아플라톡신은 간세포를 죽이거든. 세 시간쯤 그 물질에 노출되면 동물들은 식욕을 잃고 혼수상태가 돼. 새는 날개의 힘이 빠진다고 하네. 간에는 출혈이 생기고 점차 부패하네. 그리고 신장이 응혈되어 일주일 내에 죽음이 온다는 게 실험 결론이네."

퍼시빌은 아플라톡신의 효과가 동물과 사람에게 동일한지 시험하고자 하며, 과연 얼마만큼의 독으로 사망에 이를 수 있는지 그 치사량도 알아내려 한다.

"죽는 데 일주일쯤 걸리는 건 아주 복된 운명이라네. 얼마나 많은 이들이 고통을 겪으며 죽나 생각해보면 말이야."

의사의 잔인한 말에 듣고 있던 동료는 경악했지만 "우리 정보부에 또 다른 추문이 있어서는 안 돼"라고 못 박으며 퍼시빌은 살인을 실행에 옮긴 것이다.

아무것도 모른 채 독을 마시게 된 데이비스는 일주일 만에 죽는다. 부검 결과, 사인은 간경화라고 공식적으로 발표된다.

곁에서 이 상황을 지켜본 캐슬은 큰 환멸을 느낀다. 정보부의 비정함과 인간성 상실에 대해 다시 생각하게 된다.

그의 첫 번째 부인이 폭탄 테러 사고로 죽은 뒤, 그는 7년 전 남아프리카 공화국에서 반투족 여인 세라와 사랑에 빠졌다. 정보원에게 사랑은 위험했다. 흑인 여인을 탈출시키는 데는 누군가의 도움이 필요했다. 그때 신세 진 사람이 공산주의자 카슨이었다. 그 때문에 캐슬은 카슨에게 정보를 넘기게 된 것이다.

캐슬은 어릴 때 남에게 빵을 얻어먹으면 몽블랑 만년필로 갚아주곤 해서 어머니에게 항상 지나

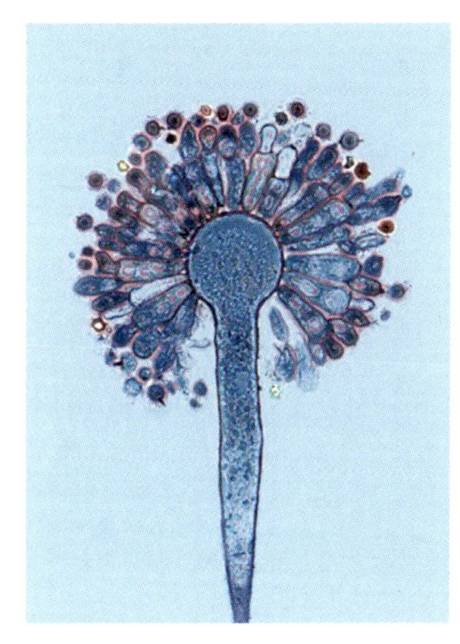

아플라톡신의 전자 현미경적 소견. 이렇게 화려하고 인상적으로 보이는 균이 인체에 치명적으로 작용한다는 점도 참 역설적으로 느껴진다.

치다는 말을 들었다. 그런 성격 탓에 별다른 고민 없이 공산당에게 협조하는 일이 생겨난 것이다. 세라와 결혼한 후로 캐슬은 마치 자신이 아프리카인이 된 것 같았다. 아프리카를 위해 뭔가 해주고 싶었다.

데이비스가 죽고 나서 캐슬은 마지막이라는 생각으로 우라늄에 대한 정보를 유출하기로 한다. 톨스토이의 소설《전쟁과 평화》에서 문구를 따와 암호문을 작성한다. 공산당을 돕는다기보다는 세라의 동족을 위해서이다. 카슨에게 진 빚을 갚는 셈인데 데이비스가 의문사한 것처럼 카슨도 감옥에서 폐렴으로 죽었다는 말을 듣고 그는 더욱 위기를 느낀다. 모든 것이 불안하다. 공포가 눈에 보이지 않는 가스처럼 엄습해 온다.

집에 돌아와 지금까지 아무것도 모르고 있었던 아내에게 본의 아니게 스파이가 된 자초지종을 설명한다.

캐슬은 늘 앉던 의자에 앉았고, 그들 간에는 깊은 침묵이 흘렀다. 언제나 그가 양어깨에 두른 숄처럼 위안이 되었다. 침묵은 안심을 뜻하고 그것은 그들 사이에 말이 필요 없음을 의미했다. 그들의 사랑은 굳건해서 확인할 필요도 없었다. 말하자면 그들은 사랑 한가운데 인생을 설정해놓은 셈이었다. 그런데 오늘 밤 캐슬의 주머니에는 스파이의 비밀문서가 들어 있다. 침묵은 마치 숨을 쉴 수 없는 진공과도 같았다. 마치 무덤을 미리 맛보는 것과도 같은 기분이었다.

캐슬은 직장에서는 전혀 술을 마시지 않는 듯 처신하지만 집에서는 늘 독한 위스키를 마시곤 한다. 짐빔(J&B)을 따라 마시며 그는 세라에게 토로한다.

"난 말이야, 일반적으로 말하는 배반자야."

"누가 상관한대요. 우리에게는 우리들 자신의 나라가 있어요. 당신과 나와 샘 말예요. 당신은 그 나라를 배반한 적이 없어요."

둘은 진한 포옹을 나누고 대책을 세우기 시작한다.

"물론 끝장은 아냐. 우리가 살아 있는 한 우리는 다시 함께할 수 있지." 그는 세라를 안심시키며 그녀와 아들 샘을 어머니의 집으로 피신하게 한다.

캐슬은 전화벨을 이용해 비상사태에 대비해둔 최후의 연락을 취한다. 서점 주인인 노인이 비 오는 밤에 그를 데리러 온다. 캐슬은 그동안 단골로 다니던 서점 주인이 소년 시절부터 공산당 비밀당원이었다는 사실을 비로소 알고 놀란다.

《인간 요건》의 원제는 《The Human Factor》다.

어느 호텔에 당도하자 누군가 캐슬을 장님으로 변장시켜 파리행 비행기를 무사히 타게 한다. 캐슬은 파리와 프라하를 거쳐 모스크바에 도착한다. 소련이 그를 도피시킨 목적도 모른 채 그는 모스크바의 작은 아파트에서 혼자 외롭게 지내며 가정부에게 러시아어를 배우기도 한다.

아내와 아들이 나중에 합류하리라 믿고 있지만 영국 당국은 결코 아들 샘의 여권을 만들어주지 않는다. 세라 혼자 떠날 수는 없는 일이다.

어느 날 텔레비전을 통해 캐슬이 모스크바에서 기자 회견을 하는 모습이 방영된다. 캐슬의 어머니는 뉴스를 보고 충격을 받는다.

어머니는 "내 아들 모리스 캐슬은 반역자야"라고 소리친다.

세라가 묻는다. "그래요. 반역자라고 쳐요. 그럼, 누구한테요? 그이 친구들에게요? 비밀경찰에게요?"

"조국에 대한 반역자야."

"조국이라고요? 그이는 언젠가 이런 말을 했어요. 제가 그의 조국이라고요. 또, 샘도요."

그날 밤 캐슬에게서 전화가 걸려온다.

"세라, 사랑해."

"여보, 사랑해요, 모리스."

"세라, 몹시 보고 싶어."

"네, 저도 그래요. 조금만 참으세요. 모리스, 모리스! 계속 희망을 가지세요." 세라가 외치는 가운데 모스크바와 통하는 전화선은 끊기고 만다.

마치 〈007〉 영화를 보는 듯이 손에 땀을 쥐게 하는 이 작품은 동서 냉전의 희생자 캐슬과 세라의 사랑으로 애절한 여운을 남기며 끝난다.

주인공 모리스 캐슬은 비록 이중간첩 노릇을 했지만 그에게 동정심을 갖지 않을 수 없다. 이념보다는 사랑과 가정을 지키려 정보를 유출한 그에게 누가 손가락질할 수 있을까?

지금도 간첩이라는 단어는 입에 올리기조차 꺼림칙하지만, 한때 우리는 남파 간첩이니 반공 사상이니 또는 "공산당이 싫어요" 등의 섬뜩한 말을 많이 접하고 살았다. 동서 냉전 시대가 끝나고 세계 평화를 추구하는 오늘날까지도 우리 사회에 팽배한 색깔론과 정치 이념에 의한 대립은 나라를 분열시키는 것 같아 안타까울 따름이다.

작품에는 남아프리카 공화국의 극단적인 인종차별 정책인 아파르트헤이트에 대한 이야기가 나와 새삼 인권 문제를 생각하게 한다. 백인 우월주의를 표방하는 이 제도는 1948년부터 시행되어 1994년에야 철폐된 악법이었다. 전체 인구의 단지 16퍼센트를 차지하는 백인의 특권을 보장하기 위해 흑인에게 직업 제한, 노동조합 결성 금지, 도시 외곽 지역의 토지 소유 금지, 백인과의 결혼 금지, 백인과 같은 버스를 타지 못하도록 승차 분리, 공공시설 사용 제한, 선거인 명부의 차별적 작성 등을 실시하였다.

백인과의 결혼을 철저히 금지하는 이 제도에도 불구하고 아이까지 딸린 세라와 결혼하는 주인공 캐슬에게 신선한 매력을 느끼게 된다.

한편 히포크라테스 선서에는 이런 내용이 들어 있다.

'나는 내 능력과 판단에 따라 환자를 돕기 위해 처방하지, 상해와 사해할 의도로는 처방하지 않을 것입니다. 또 나는 독약을 투약해 달라는 요청을 받을 때 누구에게라도 하지 않을 것이고 그 같은 수단을 제안하지도 않을 것입니다.'

영국에서는 의학사 졸업식 때 이 선서를 시키지 않는 것일까? 작품 속의 퍼시빌은 의사의 신분을 악용하여 직원을 독살한다. 평소 낚시광이

대표적인 반투 여성의 모습. 남아프리카 공화국의 인종차별 정책에 의하면 이들 흑인 여성은 백인 남성과 절대로 결혼할 수 없게 되어 있었다. 이 정책은 1994년이 되어서야 철폐되었다. ©wiki, Mukuyu CC BY-SA

었던 그는 입질이 오면 망설이지 말고 낚싯줄을 당겨야 한다는 논리를 매사에 적용한다. 모쪼록 신중할 것을 당부하는 동료의 권유도 무시하고 데이비스의 술잔에 아플라톡신을 넣는다. 결국 그의 경솔한 판단으로 무고한 직원은 희생된다. 그 의사는 나중에 데이비스의 결백을 알고 나서도 아무런 죄의식을 느끼지 않는다. 자신을 이념에 따라 행동하는 애국자라 여길 뿐이다. 이런 성격을 가진 사람이 의사 가운을 입는 것은 무서운 일이다. 인체에 대한 지식을 가진 의사가 직업에 대한 윤리 의식이 없으면 살인자가 될 수 있기 때문이다. 의사일수록 '인간 요건'을 잘 갖추어야 한다는 걸 이 작품을 통해서 확인하게 된다.

그런데 요즘은 인공 지능 '왓슨'에 의한 의학 기술 대체가 빠르게 진행되고 있다. 이 왓슨이 인간 요건을 갖춘다는 게 가능할까? 게다가 왓슨이 나보다 더 나은 인간 요건을 갖춘 의사가 될까 봐 걱정이다. 서둘러야겠다. 더 고민해야겠다. '의사다운 인간'에 대해서…….

그레이엄 그린
Henry Graham Greene

1904년 10월 2일 영국 허트퍼드셔 버컴스테드에서 출생. 학창 시절, 친구들의 괴롭힘으로 여러 차례 자살을 기도하여 심리 치료를 받음. 담당의의 권유로 글을 쓰기 시작. 옥스퍼드 대학에서 근세 유럽사 전공. 졸업 후, 가족 종교인 성공회에서 가톨릭으로 개종. 〈런던 타임스〉지 기자로 일하며 첫 소설 《내부의 나》 발표. 호평을 받자 신문사를 그만두고 본격적으로 작품 활동. 《스탬불 특급 열차》가 영화화되면서 크게 명성을 얻음. 재미있는 이야기 전개 속에 현대인의 인간성 회복을 강조하여 '형이상학적 스릴러 작가'로 불리며 다수의 작품이 영화화. 늘 노벨상 후보에만 올라 '영원한 후보'라고도 불림.
주요 작품 《브라이언 록》, 《밀사》, 《권력과 영광》, 《사건의 핵심》, 《조용한 미국인》, 《애정의 종말》, 《제3의 사나이》, 《노 맨스 랜드》 등.
1991년 4월 3일 스위스 브뵈에서 사망.

죽어가는 병사의 기억을 전해준 군의관

호르헤 루이스 보르헤스 〈셰익스피어의 기억〉

"셰익스피어의 기억을 원하시나요? 나는 당신에게 드리려고 하는 그것이 예사롭지 않은 것이라는 사실을 알고 있습니다. 잘 생각해보십시오."
의심 많은 듯한 음성의 남자가 대답했다. "그 위험과 맞닥뜨리겠소. 셰익스피어의 기억을 받기로 하겠소." 헤르만은 전화기를 내려놓고 체념하는 말을 되풀이해 웅얼거렸다. "내가 존재한다는 단지 그 사실이 나를 살아 있게 하리라."

프로이트 이전에는 무의식이라는 말이 없었다. 그가 정신 분석으로 무의식을 의식의 수준으로 끌어올려 찬사를 받았다면 문학 작품에서 꿈과 무의식을 가장 많이 다룬 작가는 단연 아르헨티나의 보르헤스이다.

1899년 부에노스아이레스에서 태어난 그는 유전적 영향도 있었지만 책을 너무 많이 읽어서 30세 무렵부터는 거의 앞을 볼 수 없게 되었다. 56세에 국립 도서관장으로 임명되었을 때 그는 〈자비에 관한 시〉에 이렇게 적었다.

형용할 길 없는 아이러니와 함께

신은 내게 책들과 밤을 동시에 주었다

호머나 밀턴이 그랬듯 보르헤스는 시력을 잃었다 해도 그의 작품 세계는 경탄할 만하다.

"나는 꿈속에서 당신이 내 꿈을 꾸는 것을 보았소"라는 보르헤스의 작품 세계를 환상적 리얼리즘, 포스트모더니즘, 후기 구조주의, 해체 문학 등등의 여러 가지 이름으로 부르지만 그의 상상력의 크기는 상상하기조차 쉽지가 않다.

내가 늦은 나이에 스페인어 공부를 시작한 이유가 바로 이 보르헤스의 작품들을 원서로 읽고 싶다는 큰 꿈을 꾸고 있기 때문이다. 비록 아직은 걸음마 단계이지만.

헤르만 세르겔은 독일의 영문학자이다. 그의 목적지는 셰익스피어였다. 인생을 송두리째 헌신하여 그 작가를 추적해왔다. 하루는 셰익스피어 학회에서 만난 스승이 그에게 군의관 다니엘 토프를 소개해주었다. 그들은 함께 술을 마시며 특이한 대화를 나누었다. 스승이 먼저 말을 꺼냈다.

"이슬람 설화에는 새들의 언어를 이해하게 해주는 반지가 하나 있다고 하지. 솔로몬 왕의 것이라고 알려져 있지. 그런데 어떤 거지가 그 반지를 가지고 있다는 소문이 파다하다는 거야. 그 가치는 셈할 수 없어서 결코 사고팔 수가 없었고 거지는 파키스탄에 있는 어떤 사원의 마당에서 죽었다고 하지."

"그렇다면 반지는요?" 내가 물었다.

"마술적인 물건들이 늘 그러하듯 사라져버렸지. 아마 사원의 은밀한 곳이나 새들이 없는 곳에서 사는 사람 손에 들어갔는지도 모르지."

"아! 새들이 많이 있는 곳에서는 그것들이 지저귀는 소리가 뒤죽박죽이 되어버리지요."

그때 군의관이 끼어들어 의미심장한 말을 했다. "그 반지 이야기는 사실이라고 해야겠네요. 가치를 판단할 수 없어 사고팔 수가 없는 물건들이 있는 법이니까요."

잠시 후 스승과 작별하고 헤르만과 단둘이 남게 되자 군의관은 이상한 제안을 했다. "내가 당신에게 솔로몬 왕의 반지를 주겠소. 물론 비유입니다. 하지만 이 비유가 내포하고 있는 것은 반지 자체만큼이나 불가사의한 것이지요.

보르헤스의 단편들은 전체적으로 아주 짧은데 숨겨진 의미를 알기 위해서는 이런 참고서가 필요하기도 하다.

부에노스아이레스의 '카페 또르또니'에는 생전의 보르헤스가 즐겨 앉던 자리에 다 밀납으로 모형을 만들어 그를 추억하고 있다. 정면에 고개를 숙이고 양손으로 지팡이를 잡고 앉아 있는 사람이 보르헤스이다

당신에게 셰익스피어의 기억을 드리겠소. 아주 오래된 것부터 1616년 4월 초의 것까지 말입니다."

헤르만은 어안이 벙벙해졌다. 마치 바다를 제공받는 것과 같다고나 할까?

동양의 한 혈액 병원에서 두 발의 라이플 총탄에 맞은 병사가 임종하기 직전 마지막으로 그 정확한 기억을 군의관에게 전해주었다고 했다. 의사는 대수롭지 않게 죽어가는 병사의 선물을 받아들였다. 전쟁을 경험한 사람에게 세상에서 기이한 것이란 아무것도 없는 법이니까. 그 후 의사는 자신의 기억과 셰익스피어의 것, 그렇게 두 개의 기억을 갖고 살았다. 오히려 두 개의 기억이 그를 지배하고 있다고 해야 할까…….

나이가 들면 사람들은 많은 것을 위장할 수 있지만 행복만은 그렇게 할 수가 없다. 의사는 얼굴에 진한 우수를 드리우고 있었다.

헤르만은 기꺼이 셰익스피어의 기억을 받아들였다.

"셰익스피어는 나의 것이 되리라. 나는 셰익스피어가 되리라." 자신의 첫사랑을 떠올리듯 셰익스피어의 연상의 부인 앤 하더웨이를 기억할 것이라 생각하니 그의 기대는 흥분으로 변해갔다.

변화는 서서히 왔다. 군의관이 잊어가는 만큼의 기억이 헤르만의 소유가 되어갔다. 어느 날 자신이 몰랐던 단어들을 토해내고 한 번도 들어보지 못했던 멜로디를 휘파람으로 불게 되었다. 16세기의 둔탁한 R 발음도 할 줄 알게 되었다. 점차 낯선 얼굴들이 헤르만의 밤 속으로 스며들어 왔다.

몇 달이 지난 후 헤르만은 거의 셰익스피어가 되었다고 믿게 되었다. 그러나 그것은 행운만은 아니었다.

"누군가 백과사전을 구입한다고 해서 그가 모든 행, 단락, 모든 페이지, 삽화를 다 얻게 되는 것은 아니다. 단지 그러한 것들 중 어떤 것을 알게 될 가능성만 얻게 되는 것이다."

"아무도 한순간에 자신의 과거 전체를 회상할 수 없다."

인간 정신의 세 기능이 기억과 이해 그리고 의지라는 것은 스콜라식 철학의 허구가 아니었다. 기억만으로는 이룰 수 있는 성과가 없었다. 게다가 헤르만 자신의 기억은 차츰 사라져갔다. 모국어인 독일어를 잊었고 동네에서 길을 잃고 헤매게 되었다.

나는 처음에는 셰익스피어가 되는 행운을 얻었다. 그러나 나중에 가서 그것은 억압과 공포로 바뀌었다. 두 개의 기억은 서로 뒤섞였다. 시간이 지나면서 셰익스피어의 거대한 강은 나의 평범한 물길을 위협하고, 급기야는 거의 그 안에 휩쓸려 들어가 버리도록 만들기에 이르렀다. 나는 두려움과 함께 모국어를 잊어가고 있다는 것을 깨닫게 되었다. 사람의 정체성은 기억에 근거하고 있는지라 나는 미치지나 않을까 두려웠다.

헤르만은 매일의 일상과 주변 환경에 대해 점차 이해할 수 없게 되었다. 도시에서 길을 잃어버리기 일쑤였다. 스피노자가 "모든 것은 자신의 원래 모습대로 남아 있고 싶어 한다"라고 했듯이 돌은 돌이고 호랑이는 호랑이인 것처럼 자신은 헤르만 세르겔이고 싶었다.

헤르만은 해방되기로 결심한다. 그는 아무 데나 전화를 걸었다. 어린애들 또는 여인의 목소리는 피했다. 마침내 지적인 한 남자의 음성을 듣자 말을 시작했다.

"셰익스피어의 기억을 원하시나요? 나는 당신에게 드리려고 하는 기억이 예사롭지 않다는 사실을 알고 있습니다. 잘 생각해보십시오."

의심 많은 듯한 음성의 남자가 대답했다.

"그 위험과 맞닥뜨리겠소. 셰익스피어의 기억을 받기로 하겠소."

가끔은 셰익스피어의 연극 공연을 보러 가곤 한다. 사진은 유라시아 셰익스피어 극단의 〈헨리 4세〉 관람을 마치고 단원들과 찍었다. 이 극단은 셰익스피어 전 작품 37개를 모두 무대에 올리겠다는 원대한 프로젝트를 완수하는 중이다..

헤르만은 전화기를 내려놓고 체념하듯 되풀이해 웅얼거렸다.

"내가 존재한다는 단지 그 사실이 나를 살아 있게 하리라."

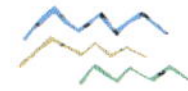

보르헤스는 신, 영원, 시간, 우주, 언어와 같은 형이상학적인 주제를 좋아했다. 그것들에 접근하기 위해서 꿈이나 무의식을 자주 활용했다.

프로이트는 의식이란 무의식에 비하면 빙산의 일각이라 했다. 주인공은 셰익스피어의 기억을 얻었으나 기억 속에 들어 있는 무의식은 무의식일 뿐, 그 내용은 알 수가 없었다. 본인 이외에는 어쩌지 못하는 무의식에 의해 고통과 탈진을 맛보았던 것이다.

기억이란 소중한 경험에 의해 쌓였을 때 더 의미가 있는 법이다. 탐정이거나 강력계 수사반장이라면 범인의 기억으로 범죄의 실마리를 얻기도 하겠지만, 나의 경험이 아닌 다른 이의 기억이 무슨 소용이 있겠는가?

지독히 사랑하던 사람이 떠난 후에는 일기장을 열어볼 용기가 선뜻 나지 않듯이 기억이 남겨진다면 축복이라기보다는 오히려 고문일 것이다. 살다 보면 기억을 버리고자 애쓰는 경우가 더 많은 것 같다. 나는 지금도 실연의 기억을 잊고자 뇌세포를 송두리째 꺼내 흐르는 강물에 씻고 싶은 충동을 느낄 때가 있다.

만일 내게 누군가의 기억을 주겠다는 전화가 걸려온다면 나는 단호히 거절할 것이다. 평소 선망해 마지않는 셰익스피어가 아니라 그 누구의 것이라도 나는 원치 않는다.

나의 두 다리는 오늘이라는 현실을 단단히 딛고 두 팔은 내일이라는 미래를 넌지시 향하고 있어서 구태여 기억이라는 과거를 되돌아보고 싶지 않기 때문이다.

하지만 만일 과학과 의학이 무한히 발달해서 '기억 자동판매기'와 같은 장치가 발명된다면 동전을 넣고 하루는 괴테의 기억을 또 다른 하루는 모차르트의 기억을 선택하는 여유를 부릴 것도 같다.

이 작품에 등장하는 의사가 군의관인 이유에 대해 '전쟁을 경험한 사람에게 세상에서 기이한 것이란 아무것도 없는 법'이라는 설명은 설득력이 있다. 죽어가는 병사에게서 셰익스피어의 기억을 전해 받는 괴상한 일에 대해 군의관은 아무런 의구심이 없었던 것으로 해석된다.

의사 중에서도 군의관은 소설 속에 자주 등장한다. 대표적으로 헤밍웨이의 《무기여 잘 있거라》에서 간호사와 비극적 사랑에 빠진 프레더릭 헨리 중위가 있고 하인리히 뵐의 《아담, 너는 어디에 있었느냐》에서도 군의관 클레비츠가 등장한다. 2000년도 전미 도서상을 수상한 중국 작가 하진의 《기다림》에는 문화 대혁명 시대의 군의관 린이 18년을 기다린 끝에 이혼하는 이야기도 나온다.

의사가 본래 죽음 앞에 가까이 있는 사람이지만 군의관은 더욱더 죽음의 전방에 배치되어 있기에 할 말이 많은 까닭이리라.

한편 한자로 '기억 억(憶)' 자는 '뜻을 심장에 새기다'라는 의미이다. 이걸 파자하면 마음(忄), 소리(音), 마음(心)이니 '마음과 마음 사이의 소리'에 주목한다는 뜻이 된다. 진심으로 알기 원하는 사람의 '소리'에 더 귀를 기울여 보는 게 어떨까? 설령 그의 기억이 내 것이 된다 해도 그 사람 자체는 결코 될 수 없다는 것을 알려주는 이 소설을 읽다 보니 인간의 한계를 새삼 느끼게 된다.

호르헤 루이스 보르헤스
Jorge Luis Borges

1899년 8월 24일 아르헨티나 부에노스아이레스에서 출생.
영국인인 친할머니와 변호사이자 영어 교사였던 아버지의 영향으로
어려서부터 셰익스피어, 세르반테스 등의 작품을 읽으며 성장.
집안이 스위스 제네바로 이주하면서 프랑스, 독일 문학 섭렵.
스페인에 잠시 머물면서는 인간의 감정과 상상의 세계를 중시한
울트라이스모(Ultraísmo)를 접하며 작품 활동 시작.
아르헨티나로 귀국한 후에는 향토주의와도 조화된 작품 세계를 지향.
아르헨티나 국립 도서관장, 부에노스아이레스 대학 영문학과 교수 등 역임.
사무엘 베케트와 공동으로 세계 출판인들이 수여하는 포멘터 상 등 수상.
주요 작품 《픽션들》, 《알렙》, 《모래의 책》, 《칼잡이들의 이야기》, 《심문》,
《영원의 역사》, 《셰익스피어의 기억》, 《불한당들의 세계사》 등.
1986년 6월14일 스위스 제네바에서 사망.

하얀 진주에 비친 의사의 검은 탐욕

존 스타인벡《진주》

키노는 의사의 집 앞에서 망설인다. 의사는 지난 400여 년 동안 키노의 종족을 억압하고 굶주리게 하고 약탈하고 경멸했으며 또한 겁먹게 해왔던 백인이다. 키노로서는 의사에게 말을 거는 것보다 차라리 의사를 죽이는 것이 더욱 쉬운 일인지도 모른다.

몇 해 전 우연히 텔레비전에 우리 병원이 소개된 적이 있었다. 오늘날 횡행하는 과잉 진료 문제를 논하는 프로그램이었는데 짧은 인터뷰 중에 내게 이를 피하는 방법에 대해 물었다. 그때 내가 한 대답은 되도록 병원에 가지 말라는 것이었다. 말하자면 우리 몸이란 조금 탈이 나도 스스로 치유할 수 있는 능력이 있으므로 너무 걱정하지 말자는 이야기였다. 어디가 조금 아프다고 쪼르르 병원을 찾아가기보다는 하루나 이틀 지켜보면서 몸에 기회를 주는 것이 좋다는 뜻으로 말했는데 나의 표현이 잘못되었는지 그 장면을 본 동료 의사들은 나를 비난했다. 병원에 가지 말라는 말을 쉽게 하는, 생각 없는 의사처럼 보였던가 보다. 그런데 방송이 나간 이후로 곳곳에서 나를 찾아오는 사람들이 새롭게 생겨났다. 전라도에서 첫 기차를 타고 왔다는 환자도 있었고 심지어 하와이에서 온 사람도 있었다. 입원실도 없는 작은 의원인데 그렇게 기를 쓰고 찾아온 이유는 혹시 과잉 진료를 당하고 있는지 확인하고 싶었기 때문이라는 것이다. 대개 자궁이나 난소에 혹이 있는 환자들이었다. 현재 다니고 있는 병원에서 혹을 빨리 수술하라고 권한다는데 꼭 수술이 필요한 건지 확인차 나를 찾아왔다고 했다.

이런 일련의 상황을 보면서 우리 사회에서 환자와 의사 간의 불신이 여간 큰 문제가 아니라는 생각이 들었다. 수술을 할 정도의 병원이라면 규모가 클 뿐 아니라 실력을 갖춘 의사들이 일하는 대학병원 또는 전문 병원일 텐데 진단을 믿지 못하는 이유가 무엇일까? 나를 찾아와준 것이 고맙지만 그들의 의심을 씁쓸하게 반추하다가 어쩌면 존 스타인벡의 《진주》와 같은 작품에 등장하는 나쁜 의사들을 만나 그런 건 아닌지 의문이 생겼다.

1962년 노벨 문학상을 받은 존 스타인벡은 대체로 빈곤층과 경제권을 박탈당한 소수자, 억압받는 계급을 그리는 데 적극적이었다. 그러다 보니 의사를 부유층으로 설정하고 이들의 악행을 억지로라도 창작해낼 수밖에 없었던 것이 아닌지 모르겠다.

멕시코의 해안가 라 파스에는 진주잡이 인디언들이 모여 산다.

키노는 아내 후아나와 아들 코요티토와 함께 행복한 가정을 꾸리고 있다. 마음속에는 언제나 평화롭게 울려 퍼지는 〈가족의 노래〉

멕시코의 칸쿤으로 관광을 갔을 때 짙푸른 바다 빛깔이 무척 인상적이었는데 그 때는 이 작품을 읽기 전이라 여기가 멕시코만인 줄도 또 인디언들이 진주를 캐던 곳인 줄도 전혀 몰랐다.

가 들려온다.

어느 날 아침, 지붕의 대들보에서 요람을 매달고 있는 밧줄을 타고 전갈 한 마리가 천천히 내려온다. 키노가 달려가 잡기 직전에 전갈은 꼬리에 달린 독침으로 코요티토의 어깨를 찌른다. 아기가 고통스럽게 비명을 지르자 엄마는 다급히 상처 부위를 입으로 빨아 독을 빼낸다. 전갈에 물리면 어른도 심하게 앓게 되지만 아기는 생명을 잃을 수 있다.

당황한 후아나는 "의사, 가서 의사를 불러와요!"라고 외친다. 하지만 그곳의 의사는 항상 읍내의 부자들만 치료해주고 오두막뿐인 이곳에는 한 번도 온 적이 없다. 하는 수 없이 키노 부부는 아기를 데리고 의사에게로 간다. 형 내외를 비롯한 이웃들도 모두 따라나선다. 소문을 들은 마을 사람들이 행렬을 이루고 교회 앞의 거지들도 합류한다.

거지들은 알고 있었다. 의사의 무식함과 잔인함과 탐욕과 욕망과 죄악상을 낱낱이 알고 있다. 그가 낙태 수술을 제대로 하지 못한다는 것과 동냥이랍시고 동전 몇 푼을 인색하게 던져준다는 것에 대해서도 잘 알고 있었다. 또한 그의 환자가 시체가 되어 교회 안으로 들어가는 것도 보았다.

키노는 의사의 집 앞에서 망설인다. 의사는 지난 400여 년 동안 키노의 종족을 억압하고 굶주리게 하고 약탈하고 경멸했으며 또한 겁먹게 해왔던 백인이다. 키노로서는 의사에게 말을 거는 것보다 차라리 의사를 죽이는 것이 더욱 쉬운 일인지도 모른다. 단단한 쇠문을 두드리려 할 때 키노의 마음속에서는 분노가 한층 더 치밀어 오르며 〈원수의 노래〉가 격렬하게 들려온다.

커다란 문이 아주 조금 열리고 하인이 내다보더니 전갈에게 쏘인 환자가 왔다는 전갈을 가지고 들어간다.

의사는 사치스러운 침대에 걸터앉아 있다. 파리에서 가져온 붉은 물결무늬가 그려진 비단 실내복을 입은 채 초콜릿을 마시며 비스킷을 먹고 있다. 그의 눈은 부풀어 오른 두툼한 살덩어리 속에 박혀 있고 입은 불만으로 축 처져 있다. 그는 갈수록 뚱뚱해지자 목구멍을 짓누르는 지방 때문에 그의 목소리는 듣기에 거북하다.

하인을 향해 "내가 벌레에 물린 '작은 인디언' 따위나 치료할 만큼 할 일이 없는 사람이란 말인가? 나는 의사지 수의사가 아니란 말이야"라고 화를 낸다. 그런데 묻는다.

"돈이나 있대?"

대문을 열고 나온 하인이 치료비가 있느냐고 묻자 키노는 두르고 있던 담요 밑의 은밀한 곳에서 여러 겹의 종이로 싼 작고 보잘것없는 진주알 여덟 개를 보여준다. 그것들은 마치 작은 궤양처럼 볼품이 없다. 그것을 받아 들고 들어갔던 하인은 이내 나온다.

"의사 선생님은 외출 중이오. 중

꼬리 끝이 부풀면서 독침이 형성된다. 대부분은 쏘이면 따끔할 뿐이고 아메리카, 아프리카 등지의 20여 종의 전갈만이 맹독을 가지고 있다.

환자가 있다는 연락을 받고 나가셨소."

이렇게 모욕을 당한 키노와 눈길을 마주치지 않기 위해 모여 있던 사람들은 재빨리 흩어진다.

그렇다. 키노가 아들을 살리는 방법은 한 가지뿐이다. 값이 나가는 진주를 캐는 일이다.

진주란 조개에게 사고가 일어나는 것이다. 한 개의 모래알이 조개의 속살에 있는 주름 속으로 비집고 들어가 계속 자극하면, 조개는 자기방어를 위해 매끈한 석회질로 모래알을 덮어씌우는 것이다. 진주는 우연한 사고로 만들어지는 것이므로 진주를 발견하는 것은 행운이었다. 그것은 하나님이나 세상의 모든 신들이 진주를 찾은 이의 등을 부드럽게 툭툭 쳐주는 것과 같은 일이었다.

키노는 〈진주를 기원하는 노래〉를 마음에 담고 물속으로 내려간다. 거기에서 무척 커다란 조개가 홀로 떨어져 빛을 발하는 것을 발견한다. 그가 조심스럽게 떼어낸 조개 속에는 달처럼 완벽하고 큼지막한 진주가 은백색 광채를 내뿜는다. 갈매기알만큼 큰 것이며 이 세상에서 가장 훌륭한 진주이다.

키노가 발견한 진주 소식은 마을 사람 모두에게 전해진다. 갑자기 사람들이 키노를 알은체하기 시작한다. 신부는 코요티토에게 세례를 주었는지를 기억해내려 하고 노파를 진료하고 있던 의사는 "그는 내 고객입니다. 전갈에 쏘인 그 사람의 아이를 치료하고 있거든요"라고 말한다. 교회 앞의 거지들까지도 후한 동냥을 예상하고 킥킥거린다.

모든 사람의 관심이 키노에게로 집중된다. 키노는 세상에서 제일 가는 진주를 가진 것이다. 진주의 본질과 인간의 본질이 뒤섞이자 기묘한 검은 찌꺼기가 침전되어 갑자기 모든 사람들이 키노의 진주와 관계를 맺는다. 키노의 진주는 모든 사람들의 꿈이며 사색 그리고 음모와 계획, 미래와 소원, 필요와 탐욕, 갈망이 되었으며 그것을 방해하는 유일한 사람은 바로 키노다. 그로 인해 키노는 기묘하게도 모든 사람들의 적이 되어버렸다.

부자가 되었으니 이제부터 어찌할 것인지 키노의 형이 아우에게 묻는다.

"결혼식을 올릴 거예요. 교회에서."

"새 옷을 입게 될 거예요."

"소총을……, 소총을 살 것 같아요."

그리고 그는 희망에 가득 찬 강렬한 눈빛으로 "내 아들은 학교에 갈 겁니다"라고 대답한다.

저녁에는 신부가 방문하더니 곧이어 청하지도 않은 의사가 나타난다. 코요티토는 이미 엄마의 해초 찜질로 거의 다 나은 상태이다. 의사는 이제야 틈이 나 왕진을 왔다고 변명하더니 전갈에 쏘이면 뒤늦게 합병증이 생길 수 있다고 은근히 겁을 준다. 아기를 진찰하고 나서 예상대로 독이 퍼져 있다며 해독제를 입속에 넣어주고 간다. 한 시간 후 아기는 발작을 일으킨다. 그러자 때맞춰 의사가 들어와 이번에는 치료제를 먹인다. 모든 것이 의문투성이이지만 의사의 말을 믿을 수밖에 도리가 없다.

원서《The Pearl》의 표지에는 멕시코 인디언 부부와 아기의 사진이 담겨 있어 읽는 내내 실감이 났다. 이 작품도 영화로 만들어졌다는데 워낙 오래되어 그런지 구해 볼 수가 없었다.

"치료비는 언제 낼 수 있을 것 같은가?" 의사가 묻는다.

진주를 팔면 지불할 수 있다는 키노의 대답에 의사는 훌륭한 진주는 잘 보관해야 한다는 말을 하며 키노의 눈길이 닿는 곳을 눈여겨보고 나간다.

그날 밤 어둠 속에 진주를 숨긴 곳을 파헤치는 침입자가 나타난다. 키노는 가지고 있던 칼을 휘둘러 쫓는다. 진주를 발견한 이후로는 키노에게는 〈적의 노래〉와 〈악마의 노래〉가 자주 들린다.

온순하고 현명한 아내 후아나는 진주가 필시 악마일 거라며 깨뜨려 부수거나 다시 물속에 던져버리자고 한다. 하지만 진주를 팔아 코요티토를 학교에 보내게 되면 더 이상 인디언이 불이익을 당하지 않고 자유로워질 것이라는 신념을 가진 키노는 절대 그럴 수 없다.

"우리 아들은 학교에 가야만 해. 그 애는 우리를 가두고 있는 항아리를 깨고 뛰쳐나가야만 해."

다음 날 아침 키노가 진주를 팔러 나서자 마을은 다시 한 번 장사진을 이룬다.

진주를 파는 인디언들은 그 속내를 알지 못하지만, 진주 구매자는 원래 단 한 명이고 단지 대리인만 여럿 두어 서로 경쟁하는 것처럼 위장하고 있다.

첫 번째 사무실에 들어간 키노가 진주를 보여주자 구매자는 속으로 매우 놀라면서도 겉으로는 대수롭지 않은 척한다. 쓸데없이 크기 때문에 가치가 없다고 말한다. 키노는 5만 페소를 생각하지만 상인은 1천 페소를 부른다. 어이없어하는 키노에게 또 다른 구매상이 와서 그 반값을 주겠다고 제안한다. 키노는 진주를 가지고 돌아와 버린다. 1천 페소면 큰돈이라고 그냥 팔기를 종용하는 이웃도 있지만 여태껏 진주를 부당하게 매매했었다는 자각이 생기게 되자 인디언들은 키노를 자랑스럽게 여긴다.

키노는 도심지로 나가 팔겠다고 결심한다.

그날 밤, 또다시 침입자가 들어와 키노를 공격하고 몸까지 뒤지자 어둠 속에서 방어하던 키노는 상대를 칼로 찔러 죽이게 된다. 사람을 죽였으니 더는 머물 수 없다. 카누를 타고 떠나려 하지만 배 바닥에 구멍이 뚫린 것을 보게 된다.

오랫동안 섞고 칠을 거듭해온, 할아버지가 물려준 카누는 부서져 구멍이 나 있었다. 그건 생각조차 할 수 없는 죄악이었다. 사람을 죽이는 것도 배를 파괴하는 것만큼 사악한 일이 아니었다. 배는 자손이 없으며 스스로를 방어할 수도 없고 게다가 부서진 배는 고칠 수도 없기 때문이다.

키노는 숨 막히는 분노와 슬픔을 느끼지만 그래서 더 단단해진다. 그 순간 누군가 키노의 오두막을 모두 부수고 파헤치더니 아예 불까지 지른다.

키노는 북쪽으로 가면 도시가 있다는 말을 기억해내고 달이 뜨기 전에 서둘러 길을 떠난다.

밤새도록 길을 걷다가 첫새벽에는 길가에 숨는다. 발자국을 지워 버리고 은신처를 만들어 쉬는 동안 키노의 머리에 〈적의 노래〉가 울리더니 추적자가 보이기 시작한다. 한 명은 말에 올라타고 다른 두 명은 걷고 있다.

키노 가족은 산속으로 도망친다. 힘겹게 산꼭대기에 도달하자 그곳에 시원한 샘물이 솟구치고 있다. 그곳 샘물 근처의 동굴에 몸을 숨긴다.

밤이 되자 정상까지 따라온 추적자 가운데 두 명은 잠이 들고 한 명은 소총을 들고 보초를 선다.

키노는 언제까지나 방어만 할 수 없어 공격하기로 마음먹는다. 이따금 담뱃불에 비치는 적들을 파악하고 때를 보아 달려들어 총을 빼앗을 작정이다.

그때 울음소리가 들리자 추적자는 늑대 새끼라 생각하고 방아쇠를 당긴다. 총구에서 불빛이 뿜어져 나온 순간 키노는 그를 찌르고 총을 빼앗는다. 다른 한 명도 칼로 내리치고 또 다른 한 명은 정확히 총구를 겨누어 쏜다.

그러나 키노는 무언가 잘못된 걸 느낀다. 동굴 속에서 아내의 날카로운 비명이 흘러나온다. 추적자는 늑대가 아닌 코요티토의 울음소리를 향해 방아쇠를 당겼던 것이다.

마을 사람들은 모두 그날을 기억한다.

키노와 후아나가 나란히 걸어서 마을로 돌아오던 날을.

키노는 소총을 메고 후아나는 머리에 총알이 관통한 코요티토를 숄에 싸서 어깨에 둘러메고 걸어온다. 그들은 자신의 불탄 집과 부서진 카누를 지나 바닷가에 이른다. 키노는 옷 속을 뒤져 커다란 진주를 꺼내 든다. 키노는 뒤틀린 〈진주의 노래〉를 듣는다. 후아나에게 진주를 내밀자 그녀는 키노에게 양보한다.

"아니에요. 당신이 하세요."

키노는 온 힘을 다해 진주를 바닷속으로 내던진다. 진주는 아름다운 초록빛 물속에 잠겨 바닥으로 가라앉는다. 〈진주의 노래〉는 속삭이듯 떠돌다가 마침내 사라진다.

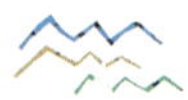

읽고 나면 목구멍이 매캐해지는 이 작품은 멕시코에 전승되는 우화로 잘 알려져 있다.

미국 캘리포니아 출신의 존 스타인벡은 1939년《분노의 포도》를 발표하여 대단한 성공을 거두었다. 그러나 소외된 계층의 입장에 서서 경제적 불공평을 해결하기 위해 제시한 대안이 사회주의적 정책이라고 비난하는 많은 협박 편지와 FBI 내사까지 받게 된다. 명성과 부를 얻었지만 한편으로 비판에 몹시 시달렸던 존 스타인벡은 작가로서 자기 성찰의 시간을 가진다. 그 결과물로 나타난 대표적인 작품이 바로 이《진주》이다.

사회주의 리얼리즘의 선구자로 불리는 존 스타인벡은 과감하게도 "백만 에이커를 가진 한 사람의 대지주를 위해 십만 명이 굶주리고 있다"고 말했다.

또 다른 소설《우리들의 불만의 계절》에는 '우리가 찬미하는 재산 가운데 무자비한 짓을 하지 않고서 모은 것이 하나라도 있다는 말인가? 나는 없다고 생각한다'라고 썼는데 이런 의식을 가진 작가가《진주》에서 악행을 저지르는 인물로 의사를 끌어들인 것은 유감이 아닐 수 없다.

의사란 본디 부의 축적을 위한 직업이 아니기 때문이다. 궁극적으로 의사의 목표는 돈이 아니다. 경제적인 안정이 부차적으로 따라올 수는 있겠으나 부가 목적이었다면 애초부터 사업을 하지 의학을 선택하지는 않았으리라. 하지만 문학 속에서 의사의 모습이 이렇게 그려지는 이유는 반드시 성찰의 과제이리라.

작품 속의 의사는 실력이 없는 데다 게으르고 욕심 많으며 치사하기까지 하다. 의사의 본분을 잊은 채 인종차별을 하고 거짓말을 일삼으며 진주를 얻기 위해 고의로 아기를 아프게 만든 사람이다. 키노의 진주를 빼앗으려고 은밀히 한밤중에 사람을 보내기도 한다.

그럼에도 불구하고 이 작품에 깊이 공감하는 것은 다분히 현실에서도 이런 의사가 존재할 수 있다는 걸 환기시켜주기 때문이리라. 일간지 한구석에 부당한 보험 청구를 했다는 의사나 리베이트를 받은 병원 기사가 실릴 때마다 얼굴을 붉힐 수밖에 없는 것이 오늘날의 현실이니 말이다.

이 작품이 한 번쯤 하얀 진주에 스스로의 모습을 비춰보는 계기가 되었으면 좋겠다. 마치 불가에서 '명경'을 대하듯.

잡지에 이 글이 실렸을 때 한 독자가 이런 인디언 그림을 보내준 적이 있다. 특징적인 인디언을 그려준 그녀는 일러스트레이터 박민이 양이다.

존 스타인벡
John Ernst Steinbeck

1902년 2월 27일 미국 캘리포니아 주 설리너스에서 출생.
교사였던 어머니의 영향으로 책을 읽으며 성장. 대학 진학 후, 작품 활동 시작.
가정 형편이 어려워 자퇴하고 뉴욕에서 신문 기자 생활을 하지만,
기사를 주관적으로 쓴다는 이유로 해고당함. 글을 쓰며 공사장 잡역부,
부두 하역부 등 막노동으로 생계를 유지하다 《생쥐와 인간》으로 명성을 얻기 시작.
미국의 노동 운동을 소재로 한 그의 작품들은 이념 논쟁을 일으켰는데
그중 《분노의 포도》는 여러 주에서 금서로 지정되고 그도 FBI의 감시를 받음.
《에덴의 동쪽》으로 거장의 반열에 오름. 다수의 작품이 영화화됨.
퓰리처상, 노벨 문학상(1962) 등 수상.
주요 작품 《생쥐와 인간》, 《분노의 포도》, 《에덴의 동쪽》, 《붉은 망아지》,
《우리들의 불만스러운 겨울》, 《달이 지다》, 《즐거운 목요일》, 《의심스러운 싸움》 등.
1968년 12월 20일 미국 뉴욕에서 사망.

좌충우돌 분투하는 풋내기 의사

미하일 불가코프 《젊은 의사의 수기》

급하게 편지가 도착한다. 의사는 욕조 안에서 편지를 펼친다.
이웃 마을의 의사가 보낸 것이다. 한 여자 환자가 머리를 다쳐 코와 입으로
피를 쏟고 있다는 것. 의식이 없으나 본인은 처치할 수 없다는 것.
말을 보낼 테니 빨리 와서 도와달라는 내용이다. 젊은 의사는 목욕하다 말고
자신은 왜 이리 운이 없을까 한탄한다.

이제는 나도 어엿한 중견 의사가 되어 환자에게 두려움이나 어려움을 느끼는 일이 거의 없지만, 의사 면허증을 처음 받았을 때에는 모든 환자가 무서워 보였다. 내가 모르는 걸 물어보면 어쩌지? 내 치료가 잘못되면 어쩌나? 오진하지나 않을까? 수술이 덧나는 건 아닐까? 등등.

더욱이 인턴 시절 강원도 탄광촌 진료소로 파견 갔을 때에는 응급실을 도맡아 모든 일을 혼자서 책임져야 했기에 당혹스럽기 짝이 없었다. 전임 의사의 처방을 꺼내 베끼기도 하고 더러는 노련한 간호사에게 물어보기도 해서 큰 차질 없이 무사히 돌아올 수 있었다.

돌이켜보면 그 한 달간 배운 것들이 수년간 대학병원에서 얻은 지

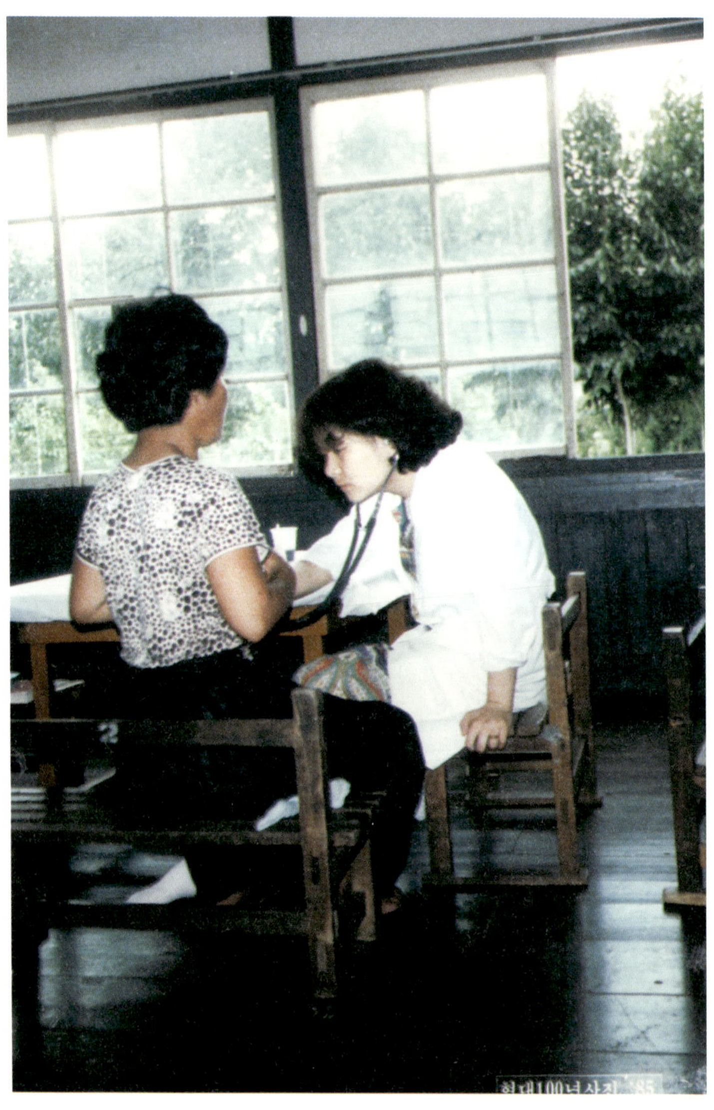

강원도 정선으로 무의촌 진료를 갔었던 인턴 시절의 모습. 당시 의료 혜택을 전혀 받지 못하고 심하게 앓는 환자들을 많이 만났다.

식보다 훨씬 많은 것 같다. 우리가 어느 날 갑자기 어른이 될 수 없는 것처럼 미숙한 과정을 극복해야만 전문가가 되는 것이다.

그런 새내기의 불안함과 어려움, 갈등이나 좌절 그리고 보람까지 잘 표현한 작품이 있다. 러시아 의사 작가 불가코프의 소설《젊은 의사의 수기》이다. 의과 대학을 졸업하자마자 벽촌에 배정된 주인공이 진료실에서 겪은 일곱 개의 에피소드가 담겨 있다. 1917년 러시아 혁명이 일어나기 직전의 시대적 배경 또한 잘 그려져 있다.

1. 수탉을 수놓은 수건

젊은 의사가 마차를 타고 도시에서 40킬로미터 이상 떨어진 진료소에 도착했을 때 마치 중풍 환자처럼 발가락이 온통 마비되었다. 엄동설한에 시골로 오는 동안 그는 5년 전 의과 대학에 입학한 사실까지 원망했다. 오지에 파묻힌 그곳 진료소는 보조의사 한 명, 조산부 두 명, 마부 부부가 전부이다. 그들은 학생처럼 앳되어 보이는 신참 의사를 반갑게 맞이한다.

그러나 그들은 말끝마다 전임 의사가 훌륭했다는 이야기를 한다. 젊은 의사는 전임 의사에게 존경심을 느끼며 그가 남기고 간 전문 서적들을 올려다본다. 그는 막연히 불안하다. 탈장 환자가 오면 어떻게 대처할까? 곪아 터진 맹장염은 어떻게 수술하지? 디프테리아에 걸린 아이는 기관지 절개를 해야 할 텐데. 그리고 분만 환자가 오면 어떻게 아이를 받을 것인가?

젊은 의사는 큰 도시 병원에 지원했지만 시골 벽지로 오게 된 것이 못마땅하다. 갖가지 상념에 빠져 겨우 잠이 들었을 때다. 어떻게 침실에 들어왔는지 모자도 쓰지 않고 털가죽 반코트를 풀어헤친 채 엉킨 턱수염을 가진 남자가 눈앞에서 제정신이 아닌 듯 서 있다.

"의사 선생님 나리……, 하나밖에 없는, 하나밖에 없는……, 하나밖에 없는! 아, 선생님 맙소사! 아……."

"무엇 때문입니까? 무엇 때문에 노하셨습니까?" 헛소리를 하는 남자를 보고 젊은 의사는 오싹한 느낌이 들어 무슨 일인지 물어본다.

"의사 나리……, 무엇을 원하세요? 돈은 얼마든지 드리겠습니다. 돈은 원하시는 대로 다 드리지요. 원하시는 대로……. 식료품도 얼마든지 보내드리지요. 단, 죽지만 않게 해주신다면……. 단, 죽지만 않도록 해주신다면……. 장애인이 되어도 좋아요. 좋다고요!"

그 남자의 외동딸이 아마(亞麻) 다듬는 기계 위로 떨어졌다는 것이다. 보기 드물게 아름다운 소녀가 수술대 위에 눕혀져 있다.

아이는 실제로 왼쪽 다리가 없었다. 잘려나간 무릎에 피 묻은 천 조각과 으깨진 근육들이 붙어 있었고 부서진 하얀 뼈들이 날카롭게 사방으로 돌출되어 있었다. 오른쪽 다리는 종아리 부분이 완전히 골절되어 뼈 양 끝이 살을 뚫고 밖으로 튕겨져 나와 있었다. 그 결과 오른쪽 다리의 발뒤꿈치는 핏기도 없이 완전히 분리된 것처럼 옆으로 방향이 틀어진 채 놓여 있었다.

아이의 차디찬 손에서는 맥박이 거의 잡히지 않는다. 사람이 눈앞

수탉을 수놓은 손수건은 러시아 혁명을 예고하는 메타포라는데 불가코프를 훌륭한 작가라고 평하는 이유가 이렇듯 낱말 하나도 허투루 사용하지 않았기 때문이라고…….

에서 죽어가고 있는데 젊은 의사는 무엇을 할 수 있을까? 마음속으로 부르짖었다. '죽어라, 죽어! 빨리 죽어라!'

의사는 강심제 캠퍼 주사를 외친다. 간호사와 보조의사 모두 만류한다. 죽은 것과 다름없는 아이에게 강심제는 효과가 없다는 것이다. 그러나 의사는 강심제를 놓고 또 놓는다. 그리고 결심한다.

"절단 준비하세요."

아이는 손상을 입은 채 10킬로미터나 넘게 실려 왔으므로 절대적으로 피가 부족한 상태다. 이런 반송장을 어떻게 살릴 수 있을까?

젊은 의사는 대학에서 절단 수술을 한 번 본 적이 있었으므로 그 의사를 흉내 내어 메스를 잡고 아이의 넓적다리를 자르기 시작한다. 동맥들을 기구로 잡고 톱으로 둥근 뼈를 잘라낸다. 아이의 실체에서 3분의 1이 줄어든 것 같다. 오른쪽 다리는 깁스를 해준다. 밀랍처럼 창백한 얼굴로 아이는 여전히 숨 쉬고 있다.

수술을 끝내자 간호사들이 묻는다. 절단 수술을 많이 해보셨느냐고. 전임 의사 못지않은 훌륭한 솜씨라며 신출내기 의사에게 놀라움과 존경의 눈빛을 보낸다.

두 달 후, 노크 소리가 들리고 진료실에 누군가 들어선다. 소녀의 아버지다. 홀아비로 외동딸을 기른다고 했다. 그의 두 눈은 반짝인다. 잠시 후, 사각사각하는 소리와 함께 곱게 주름을 잡아 테를 두른, 폭넓은 치마를 입은 빼어난 미모의 외다리 소녀가 목발을 짚고 성큼성큼 들어온다. 의사를 바라보는 그녀의 볼이 발그레해진다. 의사는 모스크바의 의족 만드는 곳을 알려준다. 그녀는 가져온 보따리를 푼다. 거기에는 수탉이 소박하고 아름답게 수놓인, 눈처럼 하얀 수건 하나가 들어 있다.

의사는 침실에 수탉이 수놓인 그 수건을 걸어둔다.

2. 주현절의 태아 회전술

하루하루 시간이 지나는 동안 젊은 의사도 점차 시골 생활에 적응해간다. 이곳 마을 사람들은 늘 아마를 다듬고 있다. 하루에 병원을 찾아오는 환자는 다섯 명을 넘지 않는다. 젊은 의사는 책을 보며 차를 마시는 여유로운 날들을 보낸다.

어느 날, 잠든 지 30분이나 지났을까. 집요하고 요란스럽게 문을 두드리는 소리에 잠에서 깬다. 11시 30분. 그 밤에 난산으로 이송된

제정 러시아 말기 화학자로 자신만의 기술로 컬러 사진 촬영에 성공한 세르게이 프로쿠딘-고르스키가 찍은 1912년 스몰렌스크 사진. 불가코프는 바로 이곳에서 1916년부터 보건의 생활을 했고, 그 경험을 바탕으로 《젊은 의사의 수기》를 썼다. 사진 속 어딘가에서 불가코프가 진료 중일 것만 같다.

산모가 도착해 있다. 분만실 수술대에 누운 산모는 눈을 뜨고 괴로워 몸부림치더니 다시 힘에 겨운 듯 애처롭게 신음한다. 조산부가 의사에게 전한다.

"태아가 가로누워 있어요."

젊은 의사는 분만이라고는 곁에서 본 일밖에 없다. 그것도 겨우 두 번. 게다가 태아의 위치가 횡위라면 어떻게 조처해야 할 것인가?

그는 산부인과 교과서를 떠올린다. '횡위는 절대적으로 좋지 않은 위치이다.' 한 구절만 기억날 뿐이다.

아기의 다리를 잡고 태아 회전술을 해야 할 텐데 책 내용이 하나도 기억나지 않는다. 그는 마취를 준비시키고 담배를 가지러 간다며 책을 보러 달려간다.

되데를라인의《산부인과 수술》에는 비관적인 말들이 적혀 있다.

'태아 회전술은 산모에게 언제나 위험한 수술이다. 가장 위험한 것은 자궁이 저절로 파열될 가능성이다. 태아의 등을 따라 다리를 잡으려는 시도는 절대 금한다. 위쪽에 있는 다리를 잡는 건 잘못이다. 왜냐하면, 이때 태아의 척추가 쉽게 비틀어질 수 있기 때문이다. 이는 태아에게 심각한 충격이 될 수 있고, 그로 인해 매우 나쁜 결과를 초래할 수 있다. 시간이 지체될수록 위험하다.'

그는 책을 집어던지고 분만실로 달려간다. 노련한 조산부가 손을 함께 씻으면서 전임 의사가 얼마나 태아 회전술을 잘했는지 들려준다. 젊은 의사는 그 10분 동안 의사 국가 고시를 준비하느라 산부인과 교과서를 읽었던 것보다 더 많은 것을 배운 것 같다. 단편적인 말, 완전하지 않은 구절, 잠깐씩 던져지는 암시들에서 어떤 책에도 나와 있지 않은 가장 필수적인 것을 파악할 수 있다.

'이 순간에 모든 학술 용어들은 아무 소용이 없다. 중요한 건 하나다. 한 손은 안으로 집어넣어야 하고, 다른 손은 밖에서 태아 회전술을 도와야 한다는 것. 그리고 책이 아니라 의사에게 꼭 필요한 감각에 의지하여 조심스럽고 끈기 있게 한 다리를 끌어 내리고 그걸 잡아서 아기를 꺼내야 한다는 사실이다.'

클로르포름 마취하에 젊은 의사는 용감하게 태아 회전술을 시도한다. 수술실은 피로 낭자해지고 의사는 팔꿈치까지 피투성이가 된다. 아기는 약한 첫울음 소리를 낸다. 이윽고 포대기에 싸인 아기는 베개에 눕혀져 나간다. 쭈글쭈글한 갈색 얼굴이 포대기 안에서 의사를 쳐다보며 날카롭게 우는 소리는 그칠 줄 모른다. 조산부가 칭찬한다. "선생님, 태아 회전술을 잘해내셨어요. 아주 자신감 있게."

젊은 의사가 숙소로 돌아왔을 때는 새벽 2시가 넘었다.

'시골에서는 귀중한 경험을 할 수 있구나.' 의사는 잠들며 생각한다. '하지만 공부를 해야 해. 공부를. 그것도 될수록 많이……'

3. 강철로 된 목

눈보라가 소용돌이치는 11월의 어둠 속에서 젊은 의사는 생각에 잠긴다. 24년을 줄곧 대도시에서 살아왔던 그로서는 전기도 들어오지 않는 깊은 시골에서 긴급한 환자가 실려 와도 손쓸 도리가 없는 자신의 처지가 두렵기 짝이 없다. 이런 대접을 받기 위해 의과 대학에서 공부했다는 말인가? 대학을 우등으로 졸업했건만 누구도 인정해주지 않은 셈이다. 그는 그중에서도 가장 자신 없는 탈장 환자가 올까 봐 날마다 걱정이다. 이날 밤도 근심하며 잠이 든다.

11시경에 간호조무사가 깨운다.

"어린애가 죽어가요. 제발, 선생님, 병원으로……"

진료실에는 세 살가량의 여자아이를 안은 어머니가 있다. 아이가 예쁜 나머지 의사는 넋을 놓을 지경이다. 과자 상자에나 그려져 있을 법한 아이다. 자연스러운 머릿결은 다 익은 귀리 빛을 띤 채 곱슬곱슬하고 눈은 크고 푸르고 빰은 인형과 같다. 화가가 그린 천사가 이렇지 않을까?

그러나 아이의 눈에는 고통이 담겨 있다. 그것은 공포에서 온 것이다. 아이는 숨을 쉬지 못한다. 숨 쉴 때마다 목이 우묵해지고 혈관이 부풀어 오른다. 얼굴은 분홍빛에서 연한 보랏빛으로 변해간다. 아이는 디프테리아에 걸린 것이다.

아픈 지 벌써 닷새째라고 했다. 디프테리아 걸린 아이를 닷새씩이나 방치하다니. 세상에 이런 여자들은 아예 없었으면 좋았을 것을. 의사는 아이가 곧 죽으리라는 것을 예상하고 보호자를 저주할 생각마저 하기에 이른다. 아이 엄마는 의사 앞에 무릎을 꿇고 애원한다.

"애한테 물약을 주세요. 아이가 죽으면 저도 목을 매고 죽어버릴 거예요."

"지금 당장 일어나요. 그렇지 않으면 당신과 이야기하지 않겠소."

의사가 단호하게 말하자 아이 엄마는 일어나서 아이가 죽을지 묻는다.

젊은 의사는 결연하게 "죽습니다"라고 답한다.

아이의 목 안에는 하얗게 부풀어 오른 너덜너덜한 것이 붙어 있다. 아이를 살리려면 수술이 필요하다. 목 아래를 절개해서 숨을 쉴 수 있도록 은으로 만든 관을 삽입하는 수술이다.

아이 엄마와 할머니는 의사를 미친 사람 취급하며 아이를 빼앗아간다.

"뭐라고요! 칼은 대지 마세요! 무슨 소리예요? 목을 자르다니!"

보호자들이 강력히 반대하자 의사는 안심이 된다. 그는 기도 절개를 해본 적이 없다. 피할 수 있다면 오히려 고마운 일이다. 그는 보호자들에게 5분간 생각할 여유를 준다. 그들이 완강하게 반대하는 동안 아이의 상태는 나빠져만 간다. 아이의 손톱이 새파래지자 의사는 자신도 모르는 사이에 집도를 시작한다. 메스를 들고 부어오른 흰 목을 수직으로 절개한다. 기도를 찾을 수 없다. 메스와 탐침기로 아이의 목을 쑤셔댄다. 이마에는 땀이 축축하게 솟고 마음속으로는 자신이 왜 이런 시골구석에 처박혀 있는지 한탄한다.

2분이 지나도 기도가 나타나지 않는다. '차라리 수술하지 말 걸. 아이가 목이 갈라진 상태로 죽는다면 나는 끝장이다.' 의사는 후회한다. 그래도 아이 어머니의 눈빛을 떠올리며 메스로 더 깊게 목을 가른다. 드디어 기도가 보인다. 의사는 걸쇠를 걸어 보조의사에게 잡고 있으라고 말한다. 그 순간 보조의사가 실신해버린다. 경험 많은 간호사가 보조의사를 밀치고 수술을 도와준다. 보조의사가 바닥에 넘어졌으나 아무도 돌아보지 않는 동안 젊은 의사는 기도에 칼을 찔러 넣고 은제 관을 삽입한다. 삽관해도 아이의 상태는 좋아지지 않는다. 점점 아이는 푸른색으로 변해간다. 침묵만 이어진다. 의사는 할 수 있는 일은 다 했다. 그는 모든 것을 내던지고 울고 싶어진다.

그런데 갑자기 아이는 거칠게 몸을 떨더니 관을 통해 찌꺼기 같은 핏덩어리를 분수처럼 뿜어낸다. 공기가 소리를 내며 아이의 목 속으로 빨려 들어간다. 그러자 아이는 숨을 내쉬고 울기 시작한다. 그 순간 보조의사도 깨어난다.

조산부가 의사에게 말한다. "선생님, 수술을 훌륭하게 마치셨어요."

아이의 할머니도 땅에서 일어나 의사를 향해 성호를 긋는다.

그날 이후로 의사는 바빠진다. 하루에 100명씩 진료하게 된다. 아침 9시부터 진료를 시작해서 저녁 8시에야 일을 마친다. 간호사가 의사에게 말한다.

"이렇게 환자가 많은 건 기도 절제술 덕분이에요. 마을에서 뭐라고들 하는지 아세요? 선생님이 아픈 아이에게 철로 만든 관을 심고 봉합했다고 그래요. 그 아이를 보러 사람들이 일부러 그 마을로 간대요. 그렇게 유명해지셨어요. 선생님, 축하해요."

4. 눈보라

젊은 의사의 명성은 널리 퍼진다. 하루에 100명의 농부들이 썰매를 타고 의사를 찾아온다. 점심 먹을 시간도 없다. 100명의 환자에게 5분씩의 시간을 할애한다고 쳐도 500분, 즉 8시간 20분이 걸린다. 외래뿐 아니라 입원 환자도 30명이나 돌봐야 한다. 하루하루가 전투와 같다. 화요일에는 111명이 내원했다. 그날 밤에 의사는 900명의 환자가 찾아오는 꿈을 꾸었다. 그런데 수요일 아침에는 병원에 나가지 않아도 되었다. 눈보라가 쳐서 환자들이 오지 못하게 된 것이

이 작품을 읽을 때면 스비리도프(Sviridov)의 왈츠 〈눈보라〉가 귀에 들려오는 것만 같다. 러시아의 눈보라는 우리나라에서는 도저히 상상하기 어려운 거대한 자연의 힘을 보여주는가 보다.

다.

'황홀한 날이었다. 회진을 마친 나는 온종일 큰 방들을 돌아다니며 휘파람으로 오페라 아리아를 읊조리고 담배를 피우고 창문을 두드렸다. 창문 너머로 이제까지 한 번도 본 적이 없는 모습이 펼쳐져 있었다. 하늘도 땅도 보이지 않았다. 마치 악마가 가루 치약을 가로 세로로 뿌려놓는 것같이 눈보라가 이리저리 휘몰아쳤다.'

젊은 의사는 목욕을 한다. 한 달 만이다. 머리에 비누칠을 하고 벌거벗은 채 욕조에 앉았다. 그런데 급하게 편지가 도착한다. 의사는 욕조 안에서 편지를 펼친다. 이웃 마을의 의사가 보낸 것이다. 한 여자 환자가 머리를 다쳐 코와 입으로 피를 쏟고 있다는 것, 의식이 없으나 본인은 처치할 수 없다는 것. 말을 보낼 테니 빨리 와서 도와달라는 내용이다. 젊은 의사는 목욕하다 말고 자신은 왜 이리 운이 없을까 한탄한다.

편지를 배달한 소방관이 설명한다. 다친 여자는 어제 약혼식을 마친 서기의 약혼녀라고. 약혼식이 끝난 후 서기는 아리따운 피앙세를 작은 썰매에 태워 경주마에 매달고 달리려는데 말이 갑자기 날뛰기 시작했다. 그래서 여자가 튕겨 나가게 되었다. 서기가 목매달아 죽으려는 것을 사람들이 저지했다고 한다.

젊은 의사는 그런 환자라면 자신이 가보아도 해줄 것이 없으리라 생각하면서도 꾸역꾸역 왕진 가방을 챙긴다. 목욕하다 말고 외출이라니. 폐렴에 걸릴지도 모를 일이다. 더구나 눈보라가 치는 속에 왕진을 가야 한다니.

소방관은 한 시간 거리라고 했지만 실제로 두 시간 반 이후에나 도착한다. 도착하자마자 말쑥하게 차려입은 남자가 의사에게 애원한다.

"존경하는…… 의사 선생님, 빨리. 그녀가 죽어가고 있어요. 나는 살인자예요."

사람들이 그를 의사에게서 간신히 떼어놓은 후에야 젊은 의사는 환자를 보러 들어간다.

침실에는 창백한 여인이 흰옷을 입고 피로 물든 솜으로 콧구멍을 막은 채 누워 있다. 맥박이 약하고 불규칙하게 뛰더니 사라졌다 이어지기를 반복한다. 가까이에서 죽음을 보면 의사는 습관적으로 명치끝이 서늘해진다. 그는 죽음을 증오한다.

그녀는 젊은 의사의 눈앞에서 숨을 거둔다.

젊은 의사는 환자를 살릴 수 없었지만 후속 조치를 한다. 즉 약혼자를 다른 방으로 데리고 가서 모르핀 주사를 놔준다. 그가 흥분해서 주변 사람들을 괴롭히면 아무 일도 할 수 없으리라는 생각에서다. 15분쯤 지나 그는 잠이 든다. 사람이 죽은 집에서 나는 소란스러운 소리, 울음소리, 바스락거리는 소리, 억누른 통곡 소리를 그는 듣지 못한다.

젊은 의사는 눈보라 속을 헤치고 돌아가야 한다. 이곳 사람들이 위험하다고 만류하지만 그는 귀가를 재촉한다. 위중한 환자들이 기다리고 있을지도 모를 일이다.

의사는 10킬로미터가 넘는 곳까지 눈보라를 뚫고 와서도 죽어가는 여인에게 전혀 도움을 주지 못했다는 자괴감 때문에 괴롭다. 아마도 두개골 골절이었을 테지. 무엇을 할 수 있었다는 말인가! 세상 사는 것이 어찌 이처럼 불합리하고 끔찍할 수 있는가! 썰매 바닥의 건초 더미에 누워 젊은 의사는 상념에 잠긴다.

그렇게 어둠에 빠져 얼마나 지났을까? 말이 달리지 않는 걸 느끼고 깨어난다.

"다 왔나요?"

"왔습니다……. 사람들 얘기를 들었어야 했는데……. 정말 이게 뭐람! 말도 우리도 다 죽게 생겼으니……."

마부는 눈보라 속에서 길을 잃고 네 시간째 헤매고 있다. 말들은 배까지 눈이 차오르는 늪지대에 빠져 움직이지 못한다. 젊은 의사는 썰매에서 나와 말을 부리고 마부는 말에게 재갈을 물려 길 쪽으로 내몬다. 15분이나 실랑이를 한 끝에 말은 제 갈 길을 찾아 힘차게 출발한다. 어디선가 구슬프고 기분 나쁜 소리가 어둠 속에서 들려온다. 어둠 속에서 시커먼 점이 나타나더니 그것은 검은 고양이처럼 커졌다가 점점 더 커지면서 다가온다.

젊은 의사는 품속에서 권총을 꺼낸다. 고양이는 점점 커져 늑대가 되더니 썰매에서 멀지 않은 곳까지 빠른 속도로 달려온다. 의사는 한 발, 두 발, 세 발의 총탄을 쏜다. 늑대들은 사라지고 썰매는 무사히 병원에 도착한다. "수고비를 왕창 주셔야 합니다"라는 마부의 말을 뒤로한 채 의사는 쓰러져 잠든다.

5. 칠흑 같은 어둠

12월 17일은 젊은 의사의 생일이다. 병원 식구들이 모여 축하 파티를 연다. 도시에서 동떨어져 이곳에 사는 이들은 외톨이다. 한 달 내내 환자 외에는 찾아오는 이도 없다. 눈 속에 파묻혀 일만 한다. 보조의사는 밖을 내다보며 말한다. "칠흑 같은 어둠이야"라고. 이것은 매우 정확한 표현이다. 어둠이라는 말은.

으레 환자 이야기가 나온다. 아침에 온 여자 환사는 정말 이상했다. 서른 살가량의 그녀는 의사에게 약병을 들이밀며 더 달라고 청했다. 바로 어제 상당량의 벨라도나를 타갔는데 하루 만에 더 달라니 의사는 놀라서 물었다.

"이걸 다 마셨다고요?"

"모두요, 의사 선생님. 다. 이 물약 덕에 복 받으실 거예요. 물약 반병 때문에 다시 왔어요. 물약 반병이면 잠자리에 누울 수 있어요. 아픔이 씻은 듯 가셨어요."

의사는 당황했다. 보통 벨라도나는 다섯 방울만 복용하라고 지시하는데 반병이나 마셨다니…….

의사는 환자의 붉은 뺨을 잡고 동공을 들여다보았다. 벨라도나를 복용하면 동공이 확장되기 마련인데 그런 기색이 없다. 맥박을 잡아봐도 정상이다. 도무지 벨라도나를 복용한 것 같지 않다. 의사는 보조의사를 부른다. 그는 마을 사람들을 잘 알고 있다. 병원에서 약을 타간 후 마을에 돌아가서 여러 명과 나눠 먹었으리라는 것을. 또 여자가 빈 병을 가져와 약을 더 타내려 한다는 것을. 여자는 계속 벨라도나를 요구하지만 의사가 쥐오줌풀로 만든 신경 진정제 물약을 처방해주자 실망해서 돌아간다.

"이런 촌구석이 또 어디 있을까!" 조산부가 탄식하며 말한다. 그녀는 어이없던 사례들을 말하기 시작한다. 한번은 전임 의사가 후두염 환자에게 겨자를 바르라고 처방해주었으나 조금도 호전되지 않았다. 알고 보니 환자는 겨자포를 가죽옷 위에다 붙였던 것이다. 또, 산모 이야기도 해준다. 산파가 산모의 자궁 속에 각설탕을 넣었다는 것이다. 산모가 진통을 겪어도 아기가 통 나오지 않자 달콤한 것으로 유인하기 위해 설탕을 사용했다는 어이없는 이야기다. 그런 무식한 산파들은 산모들에게 머리카락을 씹으라고 한다는데, 그래야 출산이 쉽다고 해서 산모들이 누워 침을 뱉으면 머리털이 가득 담겨 있다는 것이다.

젊은 의사는 생각한다.

"음, 아니야. 운명이 날 이 촌구석에 붙들어놓으려는 것같이 나는 이 칠흑 같은 어둠과 싸울 것이다. 각설탕이라……."

그런 중에 한 남자 환자가 찾아온다. 정중한 태도에 단정한 차림새의 그 남자는 제분소 주인이다. 그는 증상을 말한다.

"매일 12시가 되면 머리가 아파요. 잠시 후 열이 나고……. 2시에 오한이 왔다가 사라집니다."

젊은 의사는 진찰하자마자 진단을 내린다. 말라리아에 걸려 간헐열에 시달리는 것이 틀림없다. 그를 즉시 입원시키고 처방을 내린다. 의사는 제분소 주인이 매우 지적인 환자라 마음에 든다.

"염화키니네 0.5, 열 번에 나누어 투여하시오."

처방을 마치고 잠들었지만 의사는 한밤중에 호출당한다. 제분소 주인이 죽어가고 있다는 것이다. 병실로 달려가 보니 환자는 붉은 구레나룻을 마구 흐트러뜨린 채 술 취한 사람처럼 휘청거리며 숨을 몰아쉬고 있다. 의사는 다그쳐 묻는다. 왜 이런 일이 생겼느냐고.

제분소 주인이 대답한다.

"그래요. 가루약을 한 번 먹으면 되는데, 오래 꾸물거릴 이유가 없다고 생각했죠. 한 번에 다 먹고 일을 끝내버리려고요."

열 번에 나누어 먹어야 할 약을 한 번에 털어 넣다니 의사는 소름이 끼친다. 주민의 무지함은 이토록 칠흑같이 어둡지만, 젊은 의사는 그 무지함과 싸울 것을 각오한다.

6. 사라진 눈

젊은 의사의 시골 생활도 1년이 지났다. 그 사이 의사는 스스로 많이 변한 것 같다. 어느 날 면도하던 중에 수위가 들어와 관목 숲 사이에서 산모가 아이를 낳고 있다고 알려준다. 의사는 한쪽 뺨을 면도하다 말고 조산부와 함께 숲 속으로 달려간다. 무사히 사내아이를 받고 산모는 병원으로 이송한다. 어쩌다 숲 속 다리 아래에서 아이를 낳게 되었는지 물어보자 시아버지가 말을 내어주지 않아 5킬로미터 이상을 걸어오다 생긴 일이라는 답변을 듣는다.

"아, 무지몽매한 사람들." 조산부가 애처롭게 말하다 의사의 깎다 만 수염을 보며 킥킥거린다. 그러나 수염을 곧 깎을 수 없다. 또 다른 환자가 찾아왔기 때문이다. 한 소년이 골절상을 입어 깁스를 해준다. 다시 면도를 마저 하려고 하자 누군가 문을 똑똑 두드리며 왕진을 청한다. 임산부에게 가야 했다. 그녀는 학교 선생이다. 그녀가 난산에 지쳐 신음하고 있을 때 젊은 의사는 출산을 도우려다 그만 아이의 손을 부러뜨린다. 그리고 죽은 태아를 받는다. 물론 사산아이기 때문에 손을 부러뜨린 것이지만 의사가 느끼는 절망감은 이루 말할 수 없다. 누군가 "그의 졸업장을 빼앗아라!"라고 외칠 것만 같다. 그런 일이 있고 나서 오후 8시나 되어서야 비로소 면도를 마저 한다. 그만큼 의사의 생활은 불특정하고도 예측 불허한 것이라고나 할까.

지난 1년 동안 그는 15,613명의 환자를 보았다. 그중에는 발치를 해준 병사도 있었는데 충치를 잡아 빼자 어금니치고는 엄청나게 큰 것이 나왔다. 이빨 옆에 하얀 뼛조각이 붙어 나온 것이었다. 의사는 그의 턱뼈를 부서뜨렸다는 생각에 얼마나 걱정했던가. 병사는 상당한 양의 피를 쏟아냈다. 그 후 그 병사가 어찌 되었는지 알 수 없지만 발치할 때마다 그 일이 기억난다. 그런 사건 말고도 젊은 의사는 정말 많은 일을 경험했다.

눈이 없는 아이도 기억났다. 그 한 살배기 아이는 왼쪽 눈이 없었

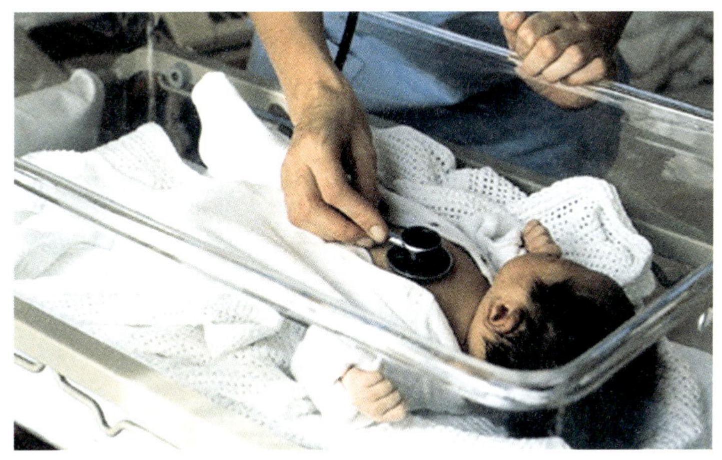

산모의 무리한 운동은 유산과 조산의 위험이 있으므로 걷기 운동을 하더라도 1시간 이내로 하길 권한다. 시아버지가 말을 내주지 않아 5킬로미터를 걸었다니……. 숲 속에서 아이를 낳은 산모와 그 아이가 안쓰럽기만 하다. 때맞춰 의사와 조산부의 처치를 받을 수 있어 다행이었다.

다. 눈 대신에 얇고 늘어진 눈꺼풀에는 작은 사과 크기의 노란 구슬이 들어 있었다. 아이는 고통스럽게 비명을 지르며 벌벌 떨었고 아이 어머니는 흐느껴 울었다. 의사는 어찌할 바를 모른 채 말했다. 한쪽 눈을 절개해야 할 것이라고. 아이 어머니는 놀라서 물었다. "뭘 자른다고요? 눈을요? 동의할 수 없어요."

의사는 설명했다.

"아이는 눈이 없습니다. 보세요. 어디에 눈이 있는지. 당신 아이는 특이한 종양을 앓고 있습니다."

의사는 아이의 병이 뇌수가 흘러나온 수종이라고 굳게 믿고 있었다.

아이 어머니는 눈을 만지지도 못하게 하고 아이를 데리고 떠났다. 그리고 일주일 후에 다시 나타났다. 그녀는 의사를 조롱하듯 쳐다보았다. 의사는 아이를 알아볼 수 없었다. 아이의 두 눈이 멀쩡한 것이었다. 믿을 수가 없어 황당해졌다. 의사가 눈이 없다고 말했지만 그게 아니라 아이의 눈 아래쪽에 커다란 종기가 생겨 눈을 밀어내고 완전히 덮어버렸던 것이다. 그 후에 고름이 흘러나오자 모든 것이 제자리를 찾은 것이었다. 한 해가 지난 지금 의사는 다짐한다. 더 깊이 공부해야 한다고.

7. 별 모양의 발진

40대 남자 환자가 왔다. 짙은 아맛빛 구레나룻을 무성하게 기르고 있었고 눈에서는 독특한 자존심과 거만함을 읽을 수 있었다. 환자를 살펴보니 가슴과 옆구리에 희고 얼룩덜룩한 발진이 나타났다.

'마치 하늘에 떠 있는 별 같네'라고 의사는 생각했다.

그것은 매독이었다. 환자는 후두가 막혀 고통스럽다고 말했지만 웃옷을 벗겨 진찰한 결과 특이한 발진을 발견한 것이다.

의사는 남자에게 매독이라고 알려주었다.

"병세가 매우 심각하네요. 온몸에 퍼져 있어요. 오랫동안 치료받으셔야 해요."

그러나 환자는 믿으려 하지 않았다. 단지 목이 쉬었으니 목을 소독하는 양치 액만 주면 되는데 2년씩이나 치료하라는 말에 환자는 닭처럼 눈을 동그랗게 뜨고 의사를 쳐다보았다. 그 눈길은 "당신 정신 나갔어!" 하는 것만 같았다.

매독은 전염병이므로 반드시 배우자도 함께 치료해야 한다. 그에게 아내를 데려오라고 말했지만 그는 납득하지 못했다. 의사는 수은 연고를 처방해준다. 바르는 방법도 열심히 설명해준다. 그러나 환자는 복도 끝에서 이렇게 말한다.

"엉터리야. 애송이 주제에. 나는 목이 막혔는데 의사는 가슴하고 배만 신찰하디리고. 한나절이나 병원에서 기다렸는데 이게 뭐야. 지금 가면 밤에나 집에 도착할 텐데. 오, 세상에! 나는 목이 아픈데 의사는 발에 연고나 바르라니."

그는 의사의 말을 전혀 인정하지 않았다. 그래도 젊은 의사는 그의 아내가 치료받으러 오기를 사뭇 기다렸다.

그 후 반년도 더 지난 후에 그녀가 왔다. 남편이 모스크바로 떠나며 그녀에게 편지를 남겼던 것이다. 진작 알려주지 못했음을 미안해하며 이제라도 의사에게 가보라는 내용이었다. 아내는 눈물을 흘리며 "몹쓸 인간!"이라고 절규했다.

젊은 의사는 인간의 고통에 대해 아직 무뎌지지 않은 자신의 영혼 깊은 곳 어딘가에 남아 있는 따뜻한 말을 해주려고 노력했다. 매독을 성공적으로 치료한 사례들을 알려주었다. 진찰해본 결과 그녀는

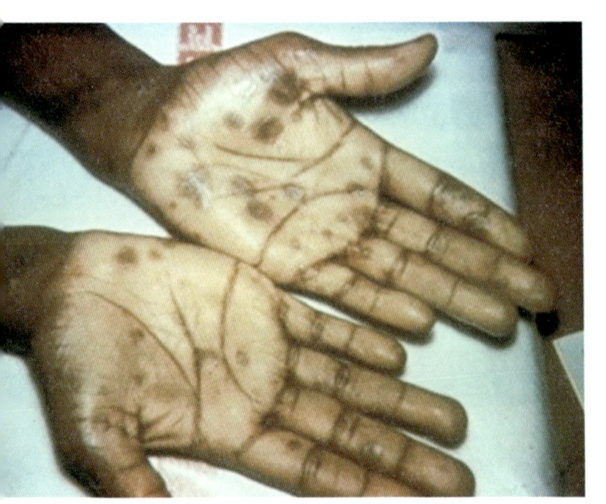

전형적인 매독 발진의 예.

매독 중기에 접어들었다. 매주 토요일마다 치료를 받아 그녀는 서서히 나아졌다. 7주 후에는 완치되었다. 나중에 버터와 달걀 두 꾸러미를 가져다주었지만 의사는 사양했다.

가슴에 별 모양의 발진이 생긴 그 환자 이후로 젊은 의사는 매독 환자를 많이 보았다. 지난 5년간의 차트를 살펴본 결과 수은 연고를 처방받아간 환자들이 더러 있었다. 2기 매독이라는 진단명은 수없이 많아도 초기 발진에 대한 치료 과정은 적혀 있지 않았다. 의사는 생각했다.

"이것은 이곳 사람들이 매독에 대한 개념이 없고 피부 발진 정도는 우습게 여기고 있다는 것을 의미하는 것이다. 그래, 그 후에 피부 발진은 치료되고 아물 것이다. 상처는 남겠지만……. 그건 그렇고, 더 이상은 없나? 아니, 전혀 없지 않다! 2기로 진전되면 상태가 악화되는 것이 바로 매독이다. 인후통이 있고 몸에 습진이 생기면 병원에 가야 한다."

의사는 차트를 뒤져 매독 환자를 찾으려 하지만 쉽지 않다. 수은 연고를 여섯 개나 받아간 환자가 다시는 오지 않은 것이었다. 대신 그의 아내와 두 살배기 아들, 여덟 살 된 딸이 모두 감염되어 나타났다. 그는 매독에 걸린 사실을 고백할 수 없어서 집을 떠나버렸던 것이다. 또한 그의 일흔 살 된 부친도 감염되었다. 그들은 한 접시에 양배추 수프를 담아 먹다가 전염된 것이었다. 의사는 매독과 싸울 것을 결심한다.

일곱 개의 에피소드를 요약하면 대략 이런 내용이다. 의과 대학을 갓 졸업하고 아무 경험이 없는 스물네 살의 청년 의사는 오지의 병원에 부임하여 겪은 일들을 영웅담처럼 쏟아놓는다. 처음 세 개의 에피소드는 거의 자화자찬이라고나 할까? 아마 기계에 다리가 조각난 소녀에게 거침없이 절단 수술을 시행한다. 극심한 출혈에도 불구하고 아이는 살아남아 수탉이 놓인 수건을 선물한다니…….

의사로서 그 장면은 수긍하기가 참 어렵다. 다리가 찢긴 채 10킬로미터를 실려 왔다면 출혈 시간은 여섯 시간이 넘었을 텐데 소녀가 절단 수술 후 생존했다는 이야기는 그야말로 허구가 아닐 수 없다. 그 다음 이야기도 마찬가지이다. 태아 횡위의 경우 제왕 절개술로 산모와 태아를 살릴 수 있을까? 분만의 경험이 전혀 없던 신출내기 의사가 횡위의 태아를 무사히 받아냈다는 이야기도 지극히 소설적으로 보인다. 그리고 또 이어지는 기관지 절개 수술 이야기. 물론 극한 상황에 몰리면 사람은 초능력을 발휘한다고는 하지만 그렇게까지 무경험한 의사가 죽음 직전의 디프테리아 환아를 극적으로 살려냈다는 일화는 다분히 거품이 포함된 이야기라는 생각이 든다.

우리나라의 경우, 의과 대학을 졸업해도 일반적으로 수련의 과정을 4~5년 밟게 되어 있다. 도제 제도처럼 스승 밑에서 스승을 일일이 따라 하고 배워나가야 하는 것이다. 예를 들어 혈관에 주삿바늘 하나 꽂는 것만 해도 얼마나 많은 시행착오를 겪어야 그 기술을 습득할 수 있는지를 생각해볼 때 이 작품에 나오는 의사는 척척 대처하지 못하는 게 없으니 거의 초인이라 불러야 할 것이다.

반면에 두개골 골절의 여자 환자를 살리지 못하고 속수무책으로 돌아오는 이야기나 안구에 생긴 단순 종기를 희귀 종양으로 착각한 이야기에는 반성과 성찰을 담고 있는데 이는 의사들이 느끼는 한계나 실수에 대한 대표적인 사례이다.

어쨌든 작가 불가코프는 의사로서 겪은 실제 경험을 다양하고도 극적으로 표현해놓아 후세의 의사들이 읽으며 공감하게 만들었다. 작품의 배경이 1917년인 만큼 농민들은 무지몽매하기 짝이 없다. 의사는 여러 차례 환자들의 어리석음에 대해 한탄하곤 한다. 그런 점은 우리나라도 마찬가지여서 지난날 어려웠던 농촌 계몽 소설을 떠올리게 한다.

그리고 작가는 대체로 눈보라 치는 한밤의 장면을 자주 언급하는

데 그것이야말로 당시 러시아의 혁명 전야를 뜻하는 은유이다.

읽고 나서 가슴에 남는 가장 인상적인 말은 '더 깊이 공부해야 한다'는 구절이다. 비단 의학적인 지식뿐 아니라 인간을 다루는 의사로서 하나의 인간을 이해하기 위해 얼마나 많은 일을 겪고 또 학문적으로 수련해야 하는 것인가. 의사(醫師)의 '의(醫)' 자에는 '앓다'는 뜻의 '예(殹)' 자가 들어 있다. 환자는 앓기 마련이지만 의사도 '배움앓이'를 누구보다 많이 해야 하는 사람인 것과 무관하지 않으리라. 그러한 사실을 작품으로 남긴 선배 의사 불가코프에게 다시 한 번 감사의 마음을 전하고 싶다.

미하일 불가코프
Mikhail Afanasyevich Bulgakov

1891년 5월 3일 제정 러시아 키예프에서 출생. 문학과 의학 사이에서 고민하다
대학에서 의학을 전공. 제1차 세계 대전에 의무병으로 참전 후 졸업하여
스몰렌스크 현의 시골 마을에서 보건의 생활.
내전 시기에는 군의관으로 여러 부대에 차출당함.
살기 위해 볼셰비키의 강연문 작성, 희곡 창작 등에 참여하고
《그르즈느이》 지에 사설을 기고하면서 작가 활동 시작.
많은 작품을 발표하나 반 소비에트적이라는 비판을 받은 이후
작품의 출판, 공연이 금지되고 스탈린에 의해 망명 신청도 거부당함.
모스크바 예술 극장 조연출로 생계유지하면서 작품 활동 지속.
주요 작품 《백위군》, 《개의 심장》, 《투르빈가의 나날들》, 《조야의 아파트》,
《거장과 마르가리타》, 희곡 《위선자들의 밀교》, 《이반 바실리예비치》 등.
1940년 2월 13일 소련 모스크바에서 신장 경화증으로 사망.
그의 작품들은 1960년대 중반에 검열과 삭제를 거쳐 소련 내에서 출판됨.

거짓말을 가르치는 의사

마크 트웨인《천국일까? 지옥일까?》

헬렌이 거짓말을 한 것 때문이라고? 고작? 이런! 나는 하루에도
수천 번씩 거짓말을 하오. 모든 의사가 그렇소. 그리고 모든 사람들이 거짓말
을 합니다. 당신을 포함해서 말이오. 겨우 그것 때문에
사람의 목숨이 왔다 갔다 하게 만드는 일을 저질렀다는 말이오?

'마크 트웨인' 하면 동화책으로 읽었던《톰 소여의 모험》이나《왕자와 거지》가 먼저 떠오른다. 얌전했던 내가 말썽쟁이가 된 것은 순전히 '톰 소여' 때문이다. 그 책을 읽은 이후부터 어지간히 장난꾸러기 노릇을 하기 시작했다. 앞집 앵두나무가 채 익기도 전에 모두 따먹어버려 그 집 아주머니에게 불려 갔던 일이나, 초등학교 2학년 때 남학생을 미끄럼틀에서 밀어뜨려 코피를 쏟게 했던 기억들은 잊히지 않는다. 고등학교 시절에도 아주머니가 업고 가는 아기의 옷 후드에다 누가 먼저 군고구마 껍질을 버리고 오는가 따위의 내기를 걸면 1등은 내가 도맡아 하곤 했다. 톰 소여가 그랬듯이 장난하거나 어른을 골탕 먹이는 일이 하나도 나쁜 일처럼 느껴지지 않았다. 물

《톰 소여의 모험》의 한 장면을 담은 1972년 우표. 이모에게 펜스를 칠하는 벌을 받게 되자 톰은 페인트칠을 대단한 일로 포장하고 순진한 친구들은 그에게 먹을 것을 줘가며 한 번만 칠할 수 있게 해달라고 부탁한다. 톰 소여의 장난스러움이 잘 드러나 볼 때마다 미소 지어진다.

론 아직까지 그렇다는 건 아니다.

헤밍웨이가 "미국 현대 문학은 모두 《허클베리 핀의 모험》 한 권에서 나왔다"라고 말했듯이 마크 트웨인은 미국 문학사에서 중요한 위치를 차지한다는데 우리나라에서는 높은 대접을 받지 못하는 것 같다. 단지 유머와 풍자 문학을 대표한다고만 알려져 있다.

미국 남부에서 태어난 작가의 본명은 사무엘 랭혼 클라멘스이다. 열두 살 때 아버지가 폐렴으로 돌아가시자 초등학교도 졸업 못 한 채 인쇄소 수습공 일을 시작했고 20대에는 선망하던 미시시피 강 증기선의 키잡이가 되었다. 선박이 강을 안전하게 지나려면 적어도 물의 깊이가 두 길은 넘어야 했다. 한 길이란 두 팔을 좌우로 벌렸을 때 한쪽 손끝에서 다른 손끝까지의 길이로 약 1.83미터이다. 운항 중에 "안전수위를 표시해",

즉 '마크 트웨인(Mark twain)'이라는 소리를 자주 외쳤던 경험에서 훗날 이를 필명으로 정했다. 증기선 키잡이는 지금으로 치면 연봉 1억 5500만 원을 받는 고소득의 직업이었으나 남북 전쟁이 일어나면서 강이 봉쇄되는 바람에 그만두어야 했다.

그의 위대함은 천체가 입증해준 것만 같다. 그가 태어난 1835년은 핼리 혜성이 찾아온 해이다. 생전에 마크 트웨인은 "핼리와 함께 왔으니 함께 돌아가리라" 하며 혜성이 일찍 다가올 것을 예언했다는데 그가 75세에 심장마비로 숨을 거둔 다음 날 새벽에 핼리 혜성이 찾아왔다. 그 혜성의 주기는 원래 76.03년이라는데 그렇다면 정말 마크 트웨인을 위해 일찍 온 것일까?

헬렌의 집에는 여자만 네 식구가 살고 있다. 일찍 남편을 잃은 어머니와 쌍둥이 고모할머니들 그리고 헬렌이다. 어머니뿐 아니라 예순일곱 살의 쌍둥이 할머니들은 헬렌에게 온갖 사랑을 쏟아 붓는다. 이 집안 유일한 자손인 헬렌이 그 무엇보다 소중하다. 그래서 할머니들은 손녀에게 도덕 교육을 엄격하게 시킨다. 그 결과 이 집안에는 거짓말이 발붙일 데가 없으며 온 식구들은 오직 진실만을 말한다. 그런 가운데 헬렌이 거짓말하는 사건이 생긴다. 어린 헬렌이 눈물을 흘리며 할머니들 앞에 불려간다.

"네가 거짓말을 했다고?"

"빨리 사실대로 불어봐. 네가 거짓말을 했다고?"

열여섯 살 손녀 헬렌을 사이에 두고 할머니 둘이 다그친다.

두 할머니는 헬렌이 어머니에게 사실대로 말하고 용서를 받아와야 한다고 결론짓는다. 그때 어머니 마가렛은 병석에 누워 있었다. 헬렌은 아픈 어머니가 자신 때문에 고통 받는 일은 피하려고 할머니들에게 빌고 애원한다. 하지만 할머니들은 무척 완고하다. 그녀들은 잘못을 저지른 아이와 그 부모는 반드시 함께 뉘우치고 고통과 수치심을 나누어야 한다는 신념을 가지고 있다.

세 사람은 결국 어머니가 누워 있는 방으로 향한다. 그 시간에 마침 주치의가 도착한다. 의사는 아주 키가 크고 당당하며 위엄 있는 얼굴에 거친 목소리를 가졌다. 빛나면서도 부드러운 눈빛을 가진 그는 허례허식에는 관심이 없다. 의사는 몹시 솔직하고 모든 일에 소신이 있어 자신의 말에 남이 어찌 생각할지 전혀 상관하지 않는다. 그는 세상에서 가장 위대한 것은 인간이라고 믿고 있다. 물론 기독교를 신봉하지만 자신에 대한 신념이 더 강한 사람이다. 주치의로서 그는 헬렌의 가족을 사랑한다.

의사는 환자의 방에 들어섰을 때 펼쳐진 광경에 경악한다. 어린 헬렌이 어머니 침대에 머리를 파묻고 거짓말에 대해 빌고 있었기 때문이다. 노기에 찬 의사가 도대체 무슨 짓을 하는 거냐며 환자가 절대 안정을 취해야 한다는 것을 잊었느냐고 소리친다.

"당장 환자를 진정시키고 아이를 데리고 나가세요!"

의사의 호통에 할머니들은 꼼짝없이 따른다. 의사는 검진을 마치고 응접실로 나온다. 그는 헬렌에게 다정하게 말을 붙이며 애정 어린 손길로 머리를 쓰다듬어 주고 그녀의 혀를 들여다본다. 진찰 후

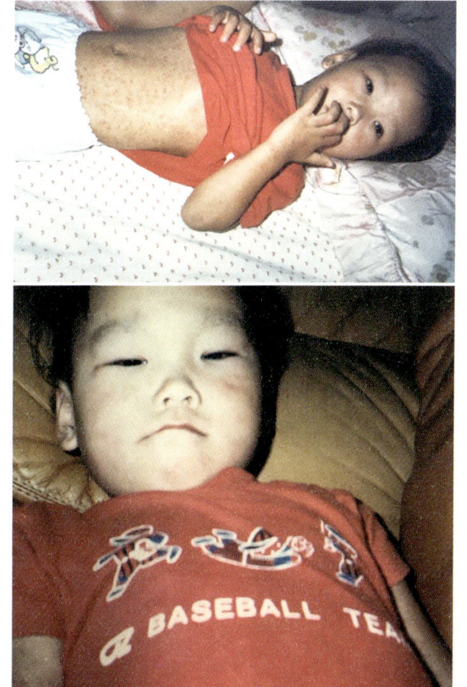

마크 트웨인 살던 당대에는 장티푸스에 걸려 작품 속의 헬렌처럼 목숨을 잃는 경우도 많았을 것이다. 오늘날에는 항생제와 예방 접종의 발달로 웬만한 전염병은 사망에까지 이르지는 않는다. 사진은 홍역에 걸려 고생하는 우리 딸이다.

에 그녀의 상태가 건강하다고 말하고는 앞으로는 어머니 방에 드나들지 말라고 주의를 준다.

헬렌이 방으로 들어간 후 의사는 얼굴에 잔뜩 근심을 보인다. 그는 할머니들을 향해 마가렛의 병명이 장티푸스라는 것과 전염성이 강하다는 것 그리고 어린 소녀가 감염되었을지도 모른다는 무서운 말을 한다. 그토록 주의를 주었는데 왜 지키지 않았느냐고 묻는다. 두 할머니는 공포에 질려 헬렌이 거짓말했기 때문이라는 사실을 고한다

"헬렌이 거짓말을 한 것 때문이라고? 고작? 이런! 나는 하루에도 수천 번씩 거짓말을 하오. 모든 의사가 그렇소. 그리고 모든 사람들이 거짓말을 합니다. 당신을 포함해서 말이오. 겨우 그것 때문에 사람의 목숨이 왔다 갔다 하게 만드는 일을 저질렀다는 말이오?"

할머니들은 사소한 거짓말도 큰 죄가 되는 거라고 대꾸한다.

"글쎄, 그런 바보 같은 말은 처음 들어보는군요. 당신들은 나쁜 거짓말과 좋은 거짓말을 판단할 능력이 없소? 때때로 다른 사람을 돕기 위한 거짓말도 필요하다는 사실을 모른다는 말이오?"

그러나 할머니들은 모든 거짓말은 죄악이라고, 어떤 거짓말도 이 집안에서는 허용할 수가 없다고 고집스럽게 대꾸한다.

의사는 다른 사람들이 상처 입는 것을 막기 위해서라든지 사랑하는 친구가 고통과 슬픔에 빠진 걸 구해주기 위해서라든지 친구의 영혼을 위해 거짓말이 필요하다면 어쩌겠느냐고 묻는다. 두 할머니는 절대로 거짓말은 안 하겠노라고 단호하게 답한다.

"정말 이해할 수 없군. 그건 믿음이 아니라 미신일 뿐이오. 거짓말로 구원할 수 있는 영혼이야말로 진정으로 구원받을 가치가 있는 영혼일 테니 한번 잘 생각해보시오."

의사는 환자의 방으로 들어가며 반복한다.

"깨달으시오. 그리고 거짓말하는 법을 배우시오!"

할머니들은 생각에 깊이 잠긴다. 자신들의 고집 때문에 헬렌이 전염병에 옮았을까 봐 염려하며 더욱 마가렛과 헬렌을 열심히 돌보겠다고 결심한다.

의사는 마가렛의 상태가 매우 나쁘니 교대로 간호를 잘 해주고 환자 곁을 떠나지 말라고 지시한다. 그리고 헬렌도 이미 장티푸스에 걸렸으며 앞으로 점점 더 심해질 것이라 진단한다. 할머니들은 그 말에 매우 놀라며 그럼 왜 조금 전에 헬렌에게 건강하다고 말했느냐고 묻는다.

"그건 거짓말이었소." 의사는 냉담하게 말한다.

12일이 지나자 마가렛의 병세는 점점 심해진다. 두 모녀는 서로 그리워하지만 만나서는 안 된다. 어머니는 혹시나 딸이 자신으로부터 감염되었을까 봐 걱정한다. 그러나 의사가 마가렛에게 헬렌은 괜찮다고 거짓말을 해주어 안심한다. 그 사이 헬렌은 점점 병세가 심해진다.

아침이면 마가렛은 딸의 안부를 제일 먼저 묻는다. 할머니들은 쉽게 거짓말을 할 수 없다. 그래서 머뭇거리면 혹시 헬렌이 아프기라도 한 것이냐고 마가렛이 의심한다.

"아니야. 헬렌은 아주 건강해." 할머니들이 거짓말을 하기 시작한다. 처음에는 바른말을 하고자 마음먹었으나 마가렛의 얼굴에서 고통과 두려움을 본 순간 자신도 모르게 거짓말이 나온다. 그녀들은 거짓말하는 스스로에게 놀라 자책하고는 곧 기도하며 용서를 빈다.

마크 트웨인이 어린 시절을 보낸 한니발의 현재 모습. 마크 트웨인 메모리얼 다리가 미시시피 강을 가로지르고 있고 5월이면 마크 트웨인 축제가 열린다. 그는 미시시피 강을 배경으로 《허클베리 핀의 모험》, 《톰 소여의 모험》, 《미시시피 강의 추억》 등의 작품을 썼다.

그러나 매일 마가렛에게 거짓말할 수밖에 없을 정도로 헬렌의 병세는 나날이 나빠진다. 헬렌은 어머니에게 종종 편지를 써서 사랑한다고 전했지만 기력이 쇠해져서 더 이상 그럴 수도 없다. 이를 의아하게 여기는 마가렛에게 할머니들은 헬렌이 옆 동네 파티에 가서 며칠 집을 비우느라 편지를 쓸 수 없다는 등의 거짓말을 꾸며댄다. 그러다 마침내 헬렌의 필체를 위조해 대신 편지를 써서 마가렛에게 가져다준다.

소녀의 병은 심해지더니 결국 죽음이 그녀를 덮친다. 헬렌이 숨을 거둔 날 밤에도 딸의 안부를 묻는 마가렛에게 할머니들은 아주 잘 있다고 태연히 대답한다. 헬렌의 장례식이 치러지는 순간에도 할머니들은 대필한 편지를 마가렛에게 가져다준다. 거기에는 모녀가 곧 다시 만날 것이라는 희망적인 내용이 들어 있다. 집에서 오르간으로 연주되는 장송곡이 들리는 것을 이상하게 여기는 마가렛에게 할머니들은 헬렌이 어머니를 기쁘게 해주기 위해 치는 것이라고 적당히 얼버무린다.

장례식을 끝낸 날 밤, 천사가 빛의 모습으로 할머니들 앞에 나타난다.

"거짓말쟁이들에게는 갈 곳이 정해져 있소. 영원히 불타는 지옥에서 벌을 받게 되는 것을 모르시오? 회개하시오!"

두 여인은 무릎을 꿇고 앉아 머리를 조아리며 천사에게 말한다.

"우리의 죄는 너무나도 큽니다. 우리도 수치심으로 고통받고 있습니다. 하지만 우리는 인간의 나약함을 뼈저리게 배웠고, 만일 똑같은 곤경에 처한다 해도 같은 죄를 범할 것입니다. 가련한 저희들을 구해주시옵소서."

이 말을 들은 후 천사가 판결을 내린다.

그 판결은 지옥행이었을까? 천국행이었을까?

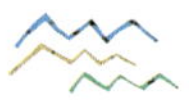

선의의 거짓말의 중요성을 강조한 이 작품을 읽은 후 나도 하루에 얼마만큼의 거짓말을 하는지 세어보았다.

"아주 좋아졌습니다." 환자가 근심 어린 눈빛으로 바라보면 사실은 나아진 것이 없어도 상투적으로 이런 거짓말을 해서 상대의 마음을 편하게 해주려 한다.

"이 약을 먹고 나면 벌떡 일어날 것입니다." 약에 대한 확신도 없으면서 염력을 불어넣듯 환자에게 이렇게 거짓말을 한다.

"백옥같이 깨끗하군요. 부인과 병 때문에 앞으로 크게 아플 염려는 없습니다." 불확실한 사실인데도 필요 이상의 거짓말을 보태서 환자를 기분 좋게 돌려보낸다.

게다가 반드시 선의의 거짓말만 하는 것도 아니다.

"다 나으셨군요. 이제 치료는 그만 받으세요." 완치되지 않았지만 성격상 자주 얼굴을 대하기 싫은 환자에게는 이런 거짓말을 해서 따돌리기도 한다.

"큰일 나겠군요. 그러다 암처럼 큰 병이 됩니다." 병을 등한히 하는 환자에게는 경각심을 주고자 거짓으로 위협을 할 때도 있다.

"괜찮습니다. 좋습니다." 내가 바쁘거나 마음의 여유가 없을 때는 무조건 그런 거짓말을 늘어놓아 빨리 진료실을 나가도록 만든다.

그러다 보니 의사란 하루에도 수천 번씩 거짓말을 한다는 작품 속 의사의 말이 꼭 맞는 것 같다. 의사들이 하는 가장 흔한 거짓말은 시한부 환자에게 그 사실을 숨기는 것이다. 지금까지는 환자 당사자에게 병의 비극적 예후는 비밀로 하는 것이 통례였다. 최근 어떤 연구 조사에 따르면 말기 암에 걸린 환자의 96퍼센트와 그 가족 77퍼센트가 본인에게 사실대로 알려주길 원한다고 답했다. 환자 스스로 인생을 정리할 시간이 필요하고 적절한 치료를 선택할 수 있도록 진실을 알 권리가 있다는 것이다. 그리고 환자들은 누구보다도 담당 의사가 그 사실을 말해주길 원한다고 한다. 하지만 내가 그런 상황에 놓인다면 "3개월 남았습니다. 준비하시지요" 같은 모진 말을 어찌 담담하게 환자에게 전할 수 있을까? 그렇게 잔인한 말을 내뱉을 수는 없을 것 같다.

이 작품에서 거짓말을 가르치는 의사는 진실보다는 따뜻한 인간애를 더 강조하고 있다. 한편 니체는 "끝없는 거짓말은 죽도록 피곤하다"라고 했다. 나도 앞으로는 거짓말을 좀 줄여야겠다. 그런 다음에 천국을 넘봐야겠다.

마크 트웨인
Mark Twain
(본명 사무엘 랭혼 클레멘스 Samuel Langhorne Clemens)

1835년 11월 30일, 미국 미주리 주 플로리다에서 출생. 어린 시절을 미시시피 강 유역의 소도시 한니발에서 보냄. 치안판사였던 아버지를 11세에 여의고, 인쇄 수습공 등의 일을 하다가 한동안 증기선 수로 안내인으로 생활. 금광을 찾아 나서기도 했으나 그 후 신문 기자로 본격적으로 신문과 잡지 등에 글을 기고하면서 '마크 트웨인'이라는 필명을 쓰고 작가 활동을 시작. 〈익스프레스〉 편집장 역임. 48세에는 예일대학 명예문학박사 학위를 받음. 주요 작품 《허클베리 핀의 모험》, 《톰 소여의 모험》, 《미시시피 강의 추억》, 《아서 왕과 코네티컷 양키》, 《왕자와 거지》, 《도금 시대》 등. 1910년 4월 21일 미국 코네티컷 주 레딩에서 사망. 뉴욕 엘미라 공원묘지에 안장.

'사람 백정'이 된 산부인과 여의사

박완서 〈그 가을의 사흘 동안〉

모체로부터 완전히 만출되기도 전에 벌써 눈을 뜨고
이 세상을 보던 신선하고 정갈한 아기의 눈을
또 한 번 보고 싶다는 갈망으로 심장이 죄어드는 것 같았다.

나이 어린 환자가 내 책상 위에 눈물방울을 뚝뚝 떨군다. 남자 친구와 영영 헤어진 마당에 뒤늦게 임신했다는 걸 알게 되었단다. 임신이 이렇게 쉽사리 되는 거냐며 어쩔 줄 모르고 당황해하는 그녀의 심경을 충분히 이해할 수 있다.

내 책상만큼 자주 눈물받이가 되는 곳도 많지 않을 것 같다. 환자들은 임신이라는 진단에 눈물을 흘리기 일쑤다. 더러는 기쁨과 반가움의 반응을 보이지만 대개는 그 반대이다. 이미 아이가 많아 더 낳을 수 없다는 부부도 있고, 아직 준비가 안 되었다는 새댁도 있다. 무엇보다 철부지 미성년자의 임신이나 불륜의 결실인 경우에는 심각한 고민거리가 된다. 이 환자도 지금은 공무원 임용 시험 공부 중인데 더럭 미혼모가 될 수는 없다며 더욱더 큰 눈물방울을 떨군다.

한때 우리나라에 '낙태 천국'이라는 오명이 붙었을 때가 있었으니, 낙태 시술로 사라진 태아의 숫자는 헤아릴 수조차 없을 것이다. 만약 낙태가 허용되지 않는다면 우리나라 인구가 일 년에 대구시 인구만큼 늘어날 것이라는 통계 자료를 본 적도 있다. 낙태란 하나의 생명을 없애는 일이므로 의사에게 결코 달가운 시술이 아니다. 이런 산부인과 의사의 심정을 대변이라도 하듯 낙태를 주제로 다룬 소설이 있다.

주인공 여의사는 스물일곱 살에 경기도 양주에다 산부인과 의원을 차렸다. 1953년 봄이니까 아직 6·25 동란 중이었다. 전문의 제도가 없었던 때였으므로 여의전을 나온 학력에다 전쟁 통에 부상병을 돌본 경력만으로도 개업하기에 충분했다. 구태여 도심이 아닌 양주 땅에 자리를 잡은 연유는 미군 부대가 유혹하기 때문이었다. 미군을 대상으로 그 동네에 흐르는 화냥기가 성업을 보장해줄 성싶었다. 산부인과라고 해서 출산을 도와주는 그런 병원이 아니라 오히려 그 반대의 일을 하고자 계획했다.

'내가 이 동네에 들어서자마자 받은 예감은 틀림이 없었다. 양공주가 하나둘 드나들기 시작하면서 영업이 되기 시작하더니 나는 하루에도 몇 번씩 소파 수술을 해야 했고 차츰 그 방면에 명수가 되었다. 그동안 내가 태어나지 못하게 한 아기가 다 살아난다면 큰 초등학교를 하나 더 만들어야 할까? 작은 읍을 하나 더 만들어야 할

경기도 양주의 미군 부대. 작품이 쓰인 그때나 지금이나 미군 부대는 황량하고도 서글퍼 보인다.

까?'

처음 경성상회 2층에 자리 잡았을 때 건물주인 황 씨는 산부인과라는 노골적인 경멸을 표명했다. 황 씨 생각에 아이는 집에서 쑥쑥 잘 낳는 법인데 삼신할머니의 동티를 나게 하지 않는 참한 여자라면 무엇 때문에 부인 병원 신세를 지랴 싶은 것이었다. 보나 마나 병원이 잘 안 될 것이라 예상했다. 그만큼 산부인과에 대한 인식이 부정적인 시절이었다. 하지만 그랬던 황 씨 자신의 딸이 첫 환자 노릇을 하게 될 줄이야.

황 씨의 외동딸은 전쟁 통에 홀로 피란을 갔다가 어느 날 밤에 홀연히 집으로 돌아왔다. 배가 퉁퉁 부어 쑤신다고 날뛰는 딸아이를 보고 죽을병에 걸린 줄로만 생각한 황 씨는 다급하게 여의사에게 왕진을 청했다. 황 씨 딸은 이미 진통이 시작되어 양수가 터져 있었다. 여의사가 아기 받을 채비를 해 간 덕택에 황 씨의 딸은 무사히 아이를 출산했다. 사내였다.

딸이 이름도 성도 모르는 놈에게 겁탈을 당해 아비 없는 아이를 낳자 황 씨는 수심에 빠졌다. 그러나 곧 묘수를 생각해냈다. 업둥이가 들어왔다고 소문을 낸 다음, 아이의 호적을 자기 앞으로 올리는 방법이었다. 황 씨는 의사를 찾아와 입단속을 부탁하며 두툼한 봉투를 내밀었다. 아이를 받아준 의사의 묵인하에 황 씨는 손주를 제 아들로 삼았다.

그렇게 시작한 병원이지만 아기를 받은 건 그때뿐이었다. 성병 치료와 낙태 수술로 근 삼십 년 가까이 세월을 보냈다. 그녀는 동네에서 '값싸고 믿을 만한 의사'로 소문이 났고, 포주들 사이에서 특히 인기가 있었다. 그녀는 손에 못이 박일 정도로 소파수술 도구들을 많이 사용했다. 그만큼 낙태가 흔했다. 또 아들딸 가리지 않고 둘만 낳자는 정부의 산아 제한 정책에 따르다 보니 동네에서 애를 떼기 위해 이 병원 신세를 지지 않은 부인들이 거의 없게 되었다. 그녀가 분만은 취급하지 않고 낙태만 하는 데에는 이유가 있었다.

'원치 않는 아기가 배 속에 있을 때의 고통이 어떻다는 건 그걸 가져본 여자만이 안다. 모든 질병의 고통은 동정자를 끌어모으지만 그 고통만은 비난과 조소를 면치 못한다. 사람을 질병에서 해방시키는 게 인술의 꿈이라면, 여자를 그런 질병 이상의 고독한 고통에서 해방시키는 건 나의 꿈이었다.'

여의사에게는 뼈아픈 기억이 있었다. 마음속에서 경련하는 고통의 기억이었다. '질식할 듯한 노린내, 율동할 때마다 내 얼굴을 빗자루처럼 쓸던 가슴팍의 무성한 털, 동아줄처럼 서리서리 길고 질기게 내 몸을 감던 유연하고 힘센 사지, 내 몸의 중심부를 관통하는 날카로운 통증…….'

얼굴 모르는 이에게 강간을 당하고 그녀는 원치도 않는 아이가 배 속에 생겼다는 걸 알게 되었다. 하는 수 없이 선배를 찾아가 낙태 수술을 받았던 그녀는 그때의 심정을 떠올리며 보복하듯 환자들의 낙태를 도맡았던 것이다.

근 삼십 년간 낙태 전문의로 지낸 그녀는 사흘 후면 병원을 그만두어야 한다. 건물이 헐릴 예정이기 때문이다. 결혼도 하지 않은 채 병원에만 파묻혀 지냈던 그녀는 돈 버는 일은 그만두고 앞으로는 돈을 쓰며 살기로 계획한다. 폐업을 앞두고 그녀에게는 이루고 싶은 간절한 소망이 하나 있었다. 그것은 아기를 받아보는 일이었다. 개업하고 처음 받았던 그 아이는 만득이라는 이름으로 컸다. 허풍스럽고 바람기 많은 만득이는 황 씨의 속을 썩이다가 느닷없이 여자를 거느리고 들어와 얼마 전에 예식을 올렸다. 바로 그 만득의 처가 임신 중이었다. 여의사는 만득 처의 부른 배에 눈길을 주었다. 아기를 받아 보고 싶은 것이었다.

'모체로부터 완전히 만출되기도 전에 벌써 눈을 뜨고 이 세상을 보던 신선하고 정갈한 아기의 눈을 또 한 번 보고 싶다는 갈망으로 심장이 죄어드는 것 같았다.'

그녀는 황 씨에게 넌지시 부탁을 넣었다. 싸게 해주거나 아예 거저 아기를 받아줄 의향도 있었다. 그러자 황 씨는 일언지하에 거절하면서 모진 소리를 더했다.

"그 말도 안 되는 소리 좀 작작 하슈. 내가 아무려면 내 첫 손자를 사람 백정 손에 맡길 성싶소."

비록 소파 수술을 많이 했다지만 황 씨의 입에서 나온 '사람 백정'이라는 소리는 여의사에게 큰 충격을 주었다. 황 씨의 며느리는 보란 듯이 종합 병원에 가서 분만했으므로 여의사의 소망은 이뤄지지 않았다. 그래도 그녀는 병원 문을 닫기 전에 꼭 한 번 아이를 받아보고 싶다는 소원을 버리지 않았다.

마지막 날이었다. 이제 병원 문을 닫아야 하는 날이 왔다. 앳된 소녀가 병원 계단을 올라왔다. 한눈에 보아도 임산부였다. 진찰해보니 7~8개월은 되었는데 소녀는 임신일 리 없다고 울부짖었다. 남자와 잔 적이 없다는 것이었다. 고아가 되어 고모 집에 몸을 의탁하여 살던 소녀는 어느 날 밤 온몸을 짓눌린 다음에 깨어나기는 했어도 죽을힘을 다해 기를 쓰고 버둥거려 일을 오래 당한 것 같지는 않다며 그렇게 쉽사리 아이를 밸 수도 있느냐고 못 미더워했다.

"선생님 어떡하면 좋죠? 전 어떡하면 좋죠? 죽을 수밖에 없어요. 선생님, 선생님……."

소녀의 애끓는 소리에 여의사는 지난 기억이 밀려온다.

'언니, 어떡하면 좋지? 난 어떡하면 좋지? 죽을 수밖에 없어. 언니, 난 당장 죽어버릴 테야. 나도 내 배 속에 원치 않는 아이가 생겼다는 걸 알았을 때 이리에서 개업하고 있는 선배 언니네 병원에 가서 이렇게 울부짖었다. 소녀를 안고 있는 나에게 그때의 생지옥 같은 고통이 생생하게 되살아났다. 죽고 싶다는 게 그때처럼 절실했던 적은 그 후에도 그전에도 없었다. 나는 소녀를 그렇게 만든 자에 대해 살의에 가까운 분노를 느꼈다. 나는 소녀와 마찬가지로 눈물이 솟았고 분하고 억울해서 살점이 있는 대

慰安婦66%가保菌

전국接客女人檢診결과

市長을不信任

三千浦市議서

1959년 10월 18일 동아일보 기사.

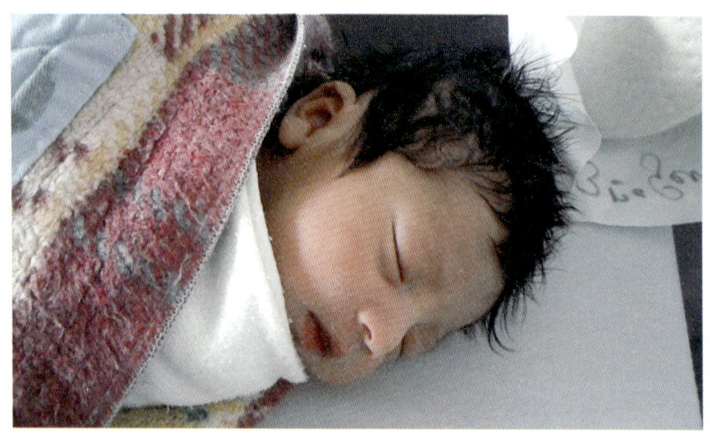

작가가 말하는 '정갈하게 눈을 뜨고 세상을 바라보는 아가'란 바로 이런 신생아일까? 사진은 내게 스페인어를 가르쳐주는 에콰도르의 파블로 선생님의 갓 태어난 아들이다.

로 떨렸다. 이미 그건 소녀에 대한 동정의 분노가 아니라 아득한 지난날로부터 고이고 고인 나의 한이었다.'

의사는 소녀에게 아기를 떼어주겠다고 약속했다. 하필이면 마지막 날 7개월이 넘은 아이를 낙태시켜야 하는 것이 꺼려지지만, 소녀를 죽게 내버려 둘 수는 없다고 판단한 것이었다.

유도 분만을 시작해도 초산이라 진행이 더뎠다. 늦은 밤에야 소녀는 짐승처럼 고함을 치더니 미숙아를 쏟아냈다. 의사는 낙태시킨 아기를 안고 큰 병원을 향해 달려갔다. 인큐베이터가 있는 곳으로 데려가서 살려보려는 것이었다. 그러나 큰 병원에 당도해서 당직 의사에게 아기를 내보였을 때에는 이미 품 안의 것은 죽어 있었다. 아이를 살리고자 안간힘을 쓰는 여의사를 큰 병원에서는 모두 미친 여자 취급을 했다.

죽은 아기를 품은 채 의사는 새집을 향해 걸어갔다.

폐업을 앞둔 가을, 어느 날에 여의사는 그간 숱하게 행해왔던 낙태 대신 정갈하게 눈을 뜨고 세상을 바라보는 아기를 받아보고 싶다는 강렬한 소망을 가진다. 하지만 그 소망은 이뤄지지 않고 대신 성폭행으로 임신하게 된 어린 소녀의 7개월 된 아기를 떼는 수술을 하게 된다. 여의사는 수술로 얻은 미숙아를 뒤늦게 살려보려고 큰 병원을 향해 달려가지만 품속의 아이는 죽어 있다. 어쩔 수 없이 그 사체를 안고 집으로 돌아오는 것으로 이야기가 끝나는 이 작품은 마치 산부인과 의사가 경험담을 쓴 듯 낙태에 대한 고뇌가 잘 그려져 있다.

우리나라에서 낙태는 법으로 금지하고 있다. 임신이 산모의 건강을 해치는 경우이거나 강간으로 임신하게 된 경우 등등 몇몇 예외를 제외하고는 무조건 낙태는 불법이다.

몇 해 전에 산부인과 의사들이 양심선언을 하고는 그동안 은밀하게 행해지던 낙태를 더는 하지 않겠다고 해서 사회 문제가 된 적이 있다. 원치 않는 임신을 한 많은 여성들이 하는 수 없이 중국이나 홍콩으로 가서 낙태 수술을 받고 돌아오게 되었다. 여행사에서 항공편과 낙태 병원을 알선하는 일로 호황을 누렸다는 뒷소문도 들렸다. 결국 거기에 소요되는 외화 유출 때문에 국내에서 다시 암암리에 횡행하는 낙태 수술을 행정 당국에서는 다시 모른 척하고 있는 형편이다.

가톨릭 교황청에서도 낙태는 죄로 낙인찍고 금하고 있지만 낙태 없는 세상이 가능할까? 인간에게서 성적 욕망을 통제한다는 게 가능하겠냐는 말이다. 물론 피임을 잘한다면 낙태율을 줄일 수 있겠지만 임신이 되는 이치만큼 신기한 것도 없다.

그나마 다행인 점은 우리나라에서도 차츰 조기 성교육에 눈을 돌리고 있고 피임에 대한 홍보가 활발해졌다는 것이다. 무엇보다 사후 피임약의 도입이 낙태율을 낮추는 데 기여한 바가 크다.

레마르크의 소설 《개선문》에도 낙태에 대한 이야기가 나온다. 프랑스도 우리나라처럼 낙태가 불법으로 금해져 있다. 그래서 철없는 아가씨들이 임신이 되면 병원 대신에 불법 시술소를 찾아가곤 했다. 의사가 아닌 돌팔이 산파가 은밀히 소파 수술을 해주다가 종종 사고를 친다. 자궁을 천공시켜 영구 불임으로 만들거나 혹은 과다 출혈로 죽음에 이르게 하는 것이다. 《개선문》의 주인공인 정의로운 의사 라비크는 불법 시술소의 산파를 찾아가 경고한다. 그때 산파는 이런 말을 한다.

"당신은 나를 태아를 죽이는 여편네라고 할지 모르지만 다른 사람들은 나를 생명의 은인이나 천사라고 부른단 말이에요."

하긴 예기치 못한 임신이 되었을 때 환자들은 눈물을 흘리고 두려움을 표현하곤 한다. 준비되지 않은 채 엄마가 되어 겪어야 할 삶에 공포를 느끼는 것이다. 그런 공포의 원인을 제거해준다면 천사나 은인이라 불릴 수도 있겠지만, 그것을 보람이라고 말할 사람은 없을 것이다. 그런 뜻에서 산부인과 여의사를 '사람 백정'으로 부르는 이 작품이 상당히 사실적이지만 사뭇 섬뜩하고도 불쾌한 느낌을 지울 수 없다. 스피노자는 《에티카》에서 '신즉자연'이라 했는데 자연은 비정한 것은 아닐 것이다. 난 그저 '자연'을 거스르지 않으며 '신'을 경외하는 의사이고 싶은데 그게 무리일까?

〈그 가을의 사흘 동안〉이 수록된 소설집 표지.

박완서
朴婉緖

1931년 10월 20일 경기도 개풍군에서 출생. 일찍 아버지를 여의고 어머니를 따라 교육 환경이 나은 서울로 이주. 서울대 국문과에 입학하지만 한국 전쟁으로 중퇴. 결혼 후, 전업주부로 지내다 1970년 여성동아 장편 소설 공모전에 《나목》이 당선되어 등단, 유수한 작품들을 집필. 한국 문학 작가상, 이상 문학상, 대한민국 문학상, 이산 문학상, 중앙 문화 대상, 현대 문학상, 대산 문학상, 만해 문학상, 동인 문학상, 황순원 문학상 등 수상.
주요 작품 장편 소설 《목마른 계절》, 《그대 아직도 꿈꾸고 있는가》, 《미망》, 소설집 《엄마의 말뚝》, 《저문 날의 삽화》 등과 산문집 《꼴찌에게 보내는 갈채》, 《나는 왜 작은 일에만 분개하는가》, 《어른 노릇, 사람 노릇》 등.
2011년 1월 22일 서울에서 담낭암으로 사망.

죽이는 데 총알도 아까운 의사

미겔 앙헬 아스투리아스《대통령 각하》

카날레스 장군의 가슴속에는 불의 앞에 선 정의로운 감정이
족쇄를 풀고 꿈틀거렸다. 부패한 피 같은 조국의 현실에 마음이 아팠다.
정수리와 모근, 손톱 밑과 잇몸에서까지도 통증이 느껴졌다.
무엇이 현실이었던가?

출근길에 홀로 시위하는 노인을 보았다. 머리가 희끗희끗한 그분은 어떤 병원 앞 도로 근처에서 어깨를 축 늘어뜨린 채 피켓을 들고 망연히 서 있었다. 거기에는 '이 병원에서 내 아내를 죽였습니다'라고 적혀 있었다.

순간 한숨이 나왔다. 아내를 잃은 노인이 측은한 한편 이 때문에 부대꼈을 의사가 딱했다. 서로 마음고생이 얼마나 심했을까?

나중에 알아보니 대장 내시경 검사를 하다가 장 천공이 생겨 그 합병증으로 사망한 사고란다. 그런 부작용은 천 명에 세 명꼴로 발생한다. 하지만 만일 사랑하는 내 가족에게 이런 불의의 사고가 생긴다면 시위 정도가 아니라 의사에게 멱살잡이라도 하고 싶은 게 인

2012년도에 코엑스에서 열린 서울 국제 도서전에 갔을 때 노벨문학상 수상 작가 특별전이 유난히 눈길을 끌었다. 과테말라의 아스투리아스도 이 반열에 끼어 있다.

지상정일 것이다.

이렇듯 진료실에서 난동을 부리거나 의사에게 폭행을 가하는 환자 이야기를 접할 때가 있다. 극단적인 사례로 환자에게 시달리다 못해 자살을 택하는 의사들도 있다. 가장 최근에 들은 바로는 비뇨기과 의사 사건이 그랬다. 음경 확대 수술을 특별히 잘한다고 소문난 이 의사에게 조직 폭력배 우두머리가 수술을 받았단다. 그런데 수술 후 크기는 엄청나게 커졌으나 기능이 나빠지고 말았다는 것이다. 검은 양복을 차려입은 한 떼거리의 남자들이 날마다 진료실을 찾아와 책상에다 칼을 꽂은 채 위협을 했단다. 원하는 것은 돈도 뭣도 아니요, 오로지 원상 복구라는 것이었다. 집도한 의사는 도저히 원상태로 돌려놓을 재간이 없어 목숨을 끊고 말았다.

이런 극단적인 사례 말고도 환자에게 시달림당하는 의사들에 대해 소문이 무성한데 사실 환자 입장에서 보면 의사가 죽을 만큼 잘못한 일도 없지 않을 것이다.

과테말라 작가 아스투리아스가 쓴 소설《대통령 각하》에는 약혼자에게 세레나데를 부르러 가던 의사가 단발의 총을 맞고 즉사하는 장면이 나온다. 이 의사가 왜 총을 맞았는지 살펴보자.

성당 입구 광장에는 밤이면 거지들이 모여든다. 그중 주정뱅이에다 얼간이인 거지가 어머니를 찾아달라며 아이처럼 울고 있다. 그는 '어머니'라는 소리만 들리면 사방을 두리번거리며 울부짖고 비명을 질러대 주위의 잠을 깨운다. 이렇게 '어머니'라는 말에 광란의 발작을 일으키는 모습이 하도 우스워 거지들이 번갈아가며 얼간이를 골려준다. 그들이 '어머니'라고 소리치기만 하면 얼간이는 미쳐 날뛰는 것이다.

어느 날 밤, 잠든 얼간이의 귀에 대고 '어머니'라고 소리를 지른 군인이 있었다. 그러자 얼간이는 그에게 달려들어 손가락으로 눈을 찌르고 이빨로 코를 물어뜯고 무릎으로 급소를 가격한다. 이것이 이

나라의 실세인 호세 파랄레스 손리엔테 대령이 거지에 의해 생명을 잃은 사건의 전모다. 백 걸음 떨어진 거리에서도 파리를 한 방에 죽인다는 소문으로 모든 이를 벌벌 떨게 했던 대령이 총이나 칼에 의해서가 아니라 얼간이에게 닭처럼 목이 비틀려 죽은 것이다. 살인 후에 얼간이는 발작과 광란에 사로잡혀 어두운 거리 속으로 사라진다.

이 사건으로 장님이자 앉은뱅이인 '모기'를 비롯하여 현장의 몇몇 거지들이 붙잡혀 간다.

감방에는 학생 한 명과 성당 관리인이 있었다. 그 둘이 나누는 대화를 통해 이 나라의 현실을 짐작할 수 있다.

"당신이 왜 여기 갇혀 있는지 알고 싶었어요." 학생이 묻는다.

"정치적인 이유 때문이라고들 하더군." 성당 관리인이 대답한다.

"저 역시……." 학생은 머리부터 발끝까지 고통에 벌벌 떨며 묻는다.

"무슨 일로 이렇게 되셨나요?"

"내가 여기 있게 된 건 단순한 실수 때문이오. 성모 마리아 기도가 취소되었다는, 때 지난 포스터를 떼려다가 글자를 몰라 대통령 각하 모친의 기념일 공고문을 떼고 말았소."

"그런데 그것이 어떻게 발각되었지요?"

"잘 모르겠소. 운이 없었다고나 할까. 확실한 것은 나를 잡아서 경찰서장실에 넣고 뺨을 몇 번 갈기더니 혁명 분자라며 이 독방에 감금시킨 거요."

이렇듯 이 공화국은 서로 감시와 고발이 횡행하고 있다.

자정에 이르러 거지들이 끌려 나와 법무감 앞에서 대령을 죽인 자가 누구냐는 심문을 받는다. 목격자 거지들은 차례로 살인범은 얼간이라 진술한다.

"얼간이가 그랬어요! 얼간이가요! 맹세코 얼간이가 그랬어요! 얼간이에요! 얼간이라니까요! 얼간이에요!"

대들보의 긴 밧줄에 엄지발가락이 묶인 채 거꾸로 매달린 한 거지가 부르짖는다.

"거짓말이야!" 법무감은 단정을 내린 후에 잠시 뜸을 들였다가 다시 외친다.

"거짓말 마, 이 허풍쟁이야! 호세 파랄레스 손리엔테 대령을 암살한 자가 누군지 감히 속이려 들다니. 내가 말해주지. 그건 바로 에우세비오 카날레스 장군과 아벨 카르바할 변호사란 말이다!"

몇몇 거지들은 고문에 지쳐 그냥 그렇다고 수긍한다. 법무감이 이런 말을 하는 이유는 이 사건을 기화로 대통령의 정적들을 제거하려 하기 때문이다.

'모기'는 자신이 장님이라 본 것이 없다고 말하자 소의 음경으로 만든 채찍으로 뺨을 맞는다. 모기는 고문에 지쳐 숨을 거두고 경찰은 모기의 시체를 공동묘지로 가는 쓰레기 마차에 던진다. 법무감은 이 심문의 최종 보고를 하러 대통령에게 간다.

그 시각 대통령 궁에서는 다음과 같은 일들이 벌어진다.

군의관 바레뇨 박사는 군 병원에서 멀쩡한 사람들이 죽어 나간 일

여태 남미의 과테말라는 향기로운 커피의 원산지로만 알고 있었는데 이 작품 《대통령 각하》를 읽고 그 나라 역시 독재 치하에서 시달렸다는 것을 알게 되어 심히 유감스러웠다. 노벨 문학상을 수상한 작가를 배출했다는 사실도 또 한편 놀라웠다.

을 대통령에게 보고하려 한다. 설사약으로 배포한 황산소다가 위장에다 동전 크기만 한 구멍을 낸 사건을 보고하려고 하지만 대통령은 들으려 하지도 않고 대뜸 소리를 질러댄다.

"돌팔이 의사 따위가 헛소문을 내어 내 정부의 신뢰도를 떨어뜨리는 것을 나는 참을 수가 없어. 내 정적들이 이 일을 알고 난리를 피우겠지. 처음으로 나서는 놈들의 머리를 내던져 버릴 거야. 어서 가! 사라져버려! '그 자식'이나 들어오라고 해!"

대통령이 '그 자식'이라 부르는 사람은 비서관이다. 그 작은 체구의 노인은 들어와 대통령이 서류에 서명하는 일을 도와준다. 그러나 급하게 압지를 누르느라 서명된 문서에 잉크를 쏟고 만다.

"이 자식이!"

"각…… 하!"

"자식이!"

대통령은 초인종을 눌러 장교를 부르더니 잉크를 쏟은 '그 자식'에게 곤장 200대를 치라고 고함을 지른다. 대통령은 지금 호세 파랄레스 손리엔테 대령의 사망 때문에 심기가 몹시 불편하다. 얼마 후, 비서관은 곤장 200대를 견디지 못하고 사망했다는 보고를 듣게 된다.

다음에는 대통령의 심복이 들어온다. 그의 이름은 미겔 카라 데 앙헬로 '천사의 얼굴'이라는 뜻을 가졌다. 그는 사탄처럼 '아름답고도 사악한' 사람이다. 대통령은 심복에게 명령을 내린다. 카날레스 장군을 없애려는 음모를 꾸미는 것이다.

대통령은 경찰에게 장군을 체포하라고 명령을 내리고 동시에 심복에게 장군을 도주시키라고 명령한다. 도주하도록 한 후에 그것을 빌미로 현장에서 쏴 죽이려는 것이 대통령의 속셈이다. 사탄처럼 아름답고도 사악한 심복은 대통령의 총애를 흠뻑 받고 있다. 그는 대통령에게 아부의 말을 듬뿍 늘어놓는다.

심복은 카날레스 장군 집에 찾아가 그에게 탈출하라고 말해준다. 장군은 눈앞이 아득하다. 열다섯 살 된 딸 카밀라를 남겨놓고 피신해야 하다니…….

어느 연설에서 자신이 "장군들은 시민군의 왕자들이다"라고 했던 말이 후회된다. 차라리 '장군들은 바보짓을 하는 왕자들'이라 말할 것을. 대통령은 '장군이 시민군의 왕자들'이라는 말을 용납할 수 없어 자신을 없애려 한다는 걸 장군은 눈치챈다. 장군은 노란 노새를 준비시키고 옷가지를 꾸린 후에 동생에게 카밀라를 부탁한다는 편지를 남긴다.

그런데 심복은 대통령의 지시에 회의를 갖기 시작한다. 도주하라고 넌지시 알려준 후에 사살하는 계획이라니……. 이토록 파괴적이고 악마적인 계략에 대해 형언할 수 없는 저항심이 생겨난다. 그래서 심복은 장군의 딸 카밀라를 납치하기로 한다. 소란스럽게 납치극을 벌이는 동안 장군은 무사히 도주한다. 카밀라는 술집 뒷방에 숨겨놓는다.

장군이 도주했다는 소식에 법무감은 분통을 터뜨린다. 어떻게 도주할 수가 있지? 법무감은 장군 집을 수색해 엉뚱한 여자를 잡아간다. 그녀의 이름은 페디나로 장군의 딸 카밀라의 안위가 걱정되어 온 것뿐이었다. 법무감은 페디나에게 장군이 어디로 숨었는지 대라고 닦달한다.

페디나로서는 알 턱이 없다.

"이년에게 곡소리가 나게 하자! 저년을 감옥에다 처넣어! 독방이다. 알았나!"

페디나는 온갖 고초를 다 겪는다. 더구나 그녀의 몸에서 우연히 주운 장군의 편지가 나오자 법무감의 고문은 더욱 거칠어진다. 그들은 페디나의 젖먹이를 감방 문밖에다 데려다 놓고 아이가 배고파 우는 소리를 듣게 한다.

"장군은 어디 있나?"

"제 아이에게 젖을 물리게 해주세요."

"장군은 어디 있나?"

페디나는 대답할 말이 없어 침묵한다.

"좋아. 그놈이 간 길을 기억해낼 때까지 네년의 뼈를 석회 가루 만들어줄 테다."

사내 한 명이 그녀를 바닥으로 떠민다. 다른 한 명이 발길질을 해 그녀는 바닥에 고꾸라진다. 그리고 벽돌과 집기를 던져 비명과 분노를 지워버린다. 그녀는 아이의 울음소리밖에는 느끼지 못한다.

"장군은 어디 있나? 장군은 어디 있나?"

그녀는 의식을 잃은 채 바닥에 내동댕이쳐진다. 그녀의 입술 사이로 끈적끈적한 침이 나오고 애간장이 타는 젖가슴에서는 석회석보다 더 흰 젖이 나온다. 분노에 찬 통곡의 눈물이 흘러나온다. 그녀는 넝마를 뒤집어쓴 인형처럼 싸늘하게 누워 죽어가는 아기를 본다. 아기는 엄마의 젖을 느끼며 조금 기운을 차리지만 젖꼭지를 빨자 석회의 쓴맛 때문에 이내 입을 떼고 다시 울기 시작한다. 아기의 몸이 차가워진다. 점점 아기의 몸이 차가워진다. 페디나는 이렇게 아이를 잃고 창녀촌으로 팔려간다.

그렇다면 무고한 사람이 고문을 당하는 동안 장군은 어디로 갔을까?

카날레스 장군은 노새를 타고 피로에 찌든 채 마녀와 산양이 가는 길을 여기저기 오르락내리락하고 있다. 처음 장군이 마주친 사람은 원주민이다. 장군은 그의 말에 귀를 기울인다.

"저는 이 근처 땅 주인이자 여덟 마리 노새의 주인이었습니다. 저는 집도 있고 처자식도 있고 나리처럼 정직한 사람이었습니다요. 아, 글쎄 3년 전 정치 위원이 와서 대통령 각하의 잔칫날에 쓸 거라며 노새 등에 소나무를 싣고 가자고 하더라고요. 그래서 시키는 대로 했습죠. 별수 없지 않습니까! 노새가 목적지에 다다랐을 때 그는 저를 감옥에 처넣고 군수와 함께 제 노새를 나눠 가지는 거였어요. 그래서 그건 제 것이고 제가 일해서 번 돈으로 산 것이라 말했더니 정치 위원이라는 작자가 너는 짐승이다, 주둥이를 닥치지 않으면 족쇄를 채우겠다고 협박했어요."

원주민의 고통은 거기서 멈추지 않았다. 그의 아들들을 감옥에 가두고 3천 페소를 요구했다는 것이다. 3천 페소가 없으면 아들들을 군대에 보낼 거라는 협박도 받았다. 그래서 변호사에게 의뢰했더니 오히려 담보 잡힌 땅을 빼앗기고 말았다. 또 3천 페소를 냈음에도 불구하고 아들들은 군대에 징집되었다. 한 아들은 국경에서 망을 보다 죽었고 다른 아들은 죽느니만 못한 기합을 받고 있으며 부인은 말라리아에 걸려 죽고 말았다고 했다.

장군은 원주민의 하소연을 듣다 보니 절로 분노가 솟는다.

"이것이야말로 군인들이 해결해야 하는 일들이야!"

카날레스 장군의 가슴속에는 정의로운 감정이 족쇄를 풀고 꿈틀거렸다. 부패한 피 같은 조국의 현실에 마음이 아팠다. 정수리와 모근, 손톱 밑과 잇몸에서까지도 통증이 느껴졌다. 무엇이 현실이었던가?

군인이 되어 도적들과 착취자들 그리고 오만한 매국노들 무리의 명령을 수행하는 것은 쫓겨나 기아에 시달려 죽는 것보다 더 슬프고 불명예스러운 일이다. 무슨 이유로 이상과 대지와 민족에 반하는 정권에 군인들이 충성해야 하는가!

원주민은 장군의 말을 제대로

마누엘 에스트라다 카브레라 대통령은 1898년부터 1920년까지 과테말라에서 독재자로 군림했다. 《대통령 각하》 속 대통령의 모델로 알려져 있다

이해하지는 못하지만 장군을 숭배한다. 장군을 국경 지대까지 안내하고 노새를 끌고 밤새 걷는다. 마침내 장군의 친구들이 사는 산꼭대기에 닿는다. 장군의 친구란 세 명의 독신 자매로 장군을 몹시 환영하며 피신을 돕겠다고 말한다. 한편 그녀들은 최근 어머니의 초상을 치렀다고 했다. 장군이 어머니가 돌아가시게 된 사연을 묻자 그녀들은 깊은 한숨을 내쉰다.

"어머니가 무슨 병을 앓고 계신지 몰라도 수도로 모시고 갈 수는 없었어요. 어머니의 병환은 점점 위독해져만 갔어요. 불쌍한 어머니! 어머니는 이 세상에 저희만 남겨놓고 가시는 것이 서러워 울면서 돌아가셨어요. 별도리가 없었어요……. 하지만 그 이후 우리에게 생긴 일을 들어보세요. 의사가 열다섯 번의 왕진비로 이 집값에 해당되는 액수를 요구하는 거예요. 이 집은 아버지가 우리에게 남겨주신 전 재산인데 말이죠."

그녀들의 말을 뒷받침이라도 하듯 정치 위원이 집에 찾아와 의사에게 치료비를 빨리 갚으라는 재촉을 한다. 그 액수는 자그마치 9천 페소이다. 의사는 돈을 갚지 않으면 어머니를 무덤에서 도로 빼내겠다고 협박했다고 한다.

"하지만 그건 너무 잔혹한 일이오." 장군이 대꾸한다.

"네. 짐작하시겠지만 장군님, 그 의사는 이 마을에서도 최고로 불한당 같은 작자예요. 이미 그렇다는 이야기는 들었지만 저희는 설마 했는데 겪고 보니 정말이더라고요. 장군님, 저희는 어떻게 해야 좋지요? 장군님, 어쩌면 사람이 그렇게 나쁠 수가 있을까요?"

장군은 주먹으로 테이블을 친다.

"이 썩을 놈의 의사!"

장군은 결심한다.

'나는 아래로부터 위까지 완벽하고 총체적인 혁명을 맹세한다. 민중은 기생충들과 관직에 있는 착취자들, 땅에서 일하며 살지 않는 게으름뱅이들을 향해 분연히 일어나야 한다. 이따위는 모두 부숴버려야 한다. 부숴버려야 한다. 부숴버려야 한다…….'

장군은 밤 10시에 밀수업자의 도움을 받아 도주하기로 계획한다. 그 시각, 의사는 약혼녀에게 바치는 세레나데를 부르러 가는 중이다. 소나무 가지를 잘라 만든 횃불이 거리에서 타고 있다. 그 널름거리며 환히 빛나는 불의 혀 아래 몰려 있는 대여섯 명의 사나이가 너울거리고 있다.

"저들 중 누가 의사지?" 장군이 묻는다.

밀수업자는 고삐를 당겨 말을 세우고 기타를 멘 사나이를 손가락으로 가리킨다. 총성이 대기를 찢고, 바나나 하나가 송이에서 떨어져 나가듯 한 남자가 꼬꾸라진다.

"그…… 건 민…… 중…… 을 위…… 해 누…… 구…… 나 해…… 야 할 일…… 이…… 었…… 어!"

달리는 말 위에서 말하다 보니 말소리는 끊길 수밖에 없다. 말 달리는 소리는 개들을 깨우고, 개들은 암탉을 깨우고, 암탉들은 수탉들을, 수탉들은 사람들을, 사람들은 억지로 일어나 하품을 하고 기지개를 켜고는 겁을 낸다.

세레나데를 부르던 사람들은 의사의 시체를 들어 올린다. 집집마다 사람들이 등불을 들고 나온다. 세레나데의 여주인공은 충격을 받아 울지도 못하고 반쯤 벌거벗은 채로 핏기 없는 손에 종이 등불을 들고 살인이 일어난 어둠 속을 우두커니 바라다본다.

이렇게 장군은 악질 의사를 처치했다. 그렇다면 장군은 자신의 혁명 위업을 완수할 수 있을까? 불행하게도 그런 일은 일어나지 않는다.

카날레스 장군이 도주할 때 대통령의 심복은 장군의 딸 카밀라를 납치했었다. 카밀라는 숙부에게 몸을 의탁하려 하지만 친척들은 이제 카밀라를 아는 척도 하지 않는다. 상심한 카밀라는 병이 들고 병세는 점점 악화되어 폐렴에 이른다. 그녀는 저승의 문턱에까지 다다르고 있었고 곁에서 카밀라를 간호하던 심복은 점점 그녀에게 빠져든다. 그녀를 살리기 위해서 아무에게나 선행을 베풀기도 한다.

그녀가 회복되었을 때 심복은 그녀와 결혼식을 올린다. 사랑이 어디에선가 샘솟은 것이다. 그러나 이런 일은 대통령의 눈 밖에 나는 일이다. 화를 자초했다고나 할까? 대통령은 심복과 카밀라의 결혼을 축하한다는 명목으로 파티를 열어주지만 심기는 편치 않다. 정적의 딸과 결혼하다니. 이 공화국에서 명령 불복종이란 있을 수 없다.

대통령은 심복을 불러 잠시 미국에 다녀오라고 분부한다. 워싱턴에 가서 자신의 재선에 방해되는 일을 보고하라는 것이다. 그러나 그것은 허울뿐인 명령이고 심복은 외딴곳 감방에 갇힌다. 그가 온갖 고초를 감내하며 생명을 부지하는 이유는 오로지 카밀라를 다시 만날 희망을 갖고 있기 때문이다.

그러나 심복에게 접근한 어떤 죄수가 카밀라가 대통령의 연인이 되었다는 거짓 소문을 전달함으로써 심복은 절망 속에서 죽고 만다. 그사이 심복이 돌아오기만을 기다리며 홀로 아들을 낳은 카밀라는 모든 것이 대통령의 술수임을 깨닫고 조용히 시골에 파묻혀 산다.

혁명을 꿈꾸던 카날레스 장군은 어느 날 아침 신문을 읽다 사망한다. 그가 읽던 기사는 카밀라와 심복의 결혼을 대통령이 축하하는 내용이었다.

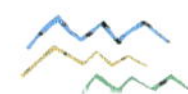

줄거리만 요약한 《대통령 각하》는 대략 이렇다. 초현실주의를 대표하는 작품이다 보니 다른 소설과는 맛이 조금 다르다. 하지만 1967년 아스투리아스에게 노벨 문학상을 안겨준 이 작품의 역사적 가치는 따로 있으리라 믿는다. 우리나라와 마찬가지로 과테말라도 당시에는 독재 정권에 시달리고 있었다니까.

작품 가운데 대통령 각하의 재선을 위한 유세 내용을 살펴보자.

시민 여러분! 우리는 그분의 현명하신 인도하에 모든 분야에서 무한한 발전을 이룩해왔습니다. 질서를 유지할 수 있는 혜택을 얻어왔고 앞으로도 얻게 될 국가 질서 속의 발전을 평화의 횃불로 밝히는 방법은 바로 대통령 각하의 이름을 부르는 것입니다. 우리 자신의 운명을 주시할 의무가 있는 자유로운 국민으로서 또한 무정부 상태를 증오하는 선한 국민으로서 우리는 다음과 같이 선언하는 바입니다. 공화국의 복지는 우리의 위대한 각하의 재선 여부에 좌우되는 것입니다. 무엇 때문에 공화국이라는 배를 미지의 바다에 띄우는 위험한 일을 하겠습니까? 우리가 지금 모시고 있는 분이 우리 시대의 가장 유능한 정치가이며 훗날 역사가들이 평가할 가장 위대하고 슬기로운 자유주의자, 사상가 그리고 민주주의의 신봉자이십니다. 영도자의 자리에 그분이 아닌 다른 사람을 상상한다는 것은 국가의 운명을 위기에 몰아넣는 것과 마찬가지입니다. 만약에 감히 그런 사람이 있다면 그는 위험천만한 정신병자로 취급받아야 할 것이며, 만일 그가 정신병자가 아니라면 법이 정한 대로 국가에 대한 반역자로 심판을 받아야 할 것입니다. 시민 여러분! 투표함이 여러분을 기다리고 있습니다. 국민에 의해 다시 선출될 우리의 후보를 위해 투표합시다.

우리나라의 정치 유세 내용과 뭐라도 다른 점을 찾을 수 있는가? 이 작품《대통령 각하》가 노벨 문학상을 받은 이유이자 우리에게 호소력이 있는 이유가 바로 이것일 것이다. 세월이 가도 역사가 흘러도 누군가가 혹은 어떤 세력이나 이데올로기가 언제나 약자들을 자유롭지 못하게 함을 고발하고 있는 것.

작품 속에서 대통령이 자신의 권력을 유지하기 위해 행하는 갖가지 만행은 더 말할 것도 없거니와 의사라는 작자가 치료비를 명목으로 연약한 여인들을 착취하는 대목은 어찌나 사실적이고도 분통을 터트리게 하는지 주먹을 움켜쥐게 한다.

공화국에서 내무부 장관의 비호를 받던 국경 지대 의사는 대통령의 정적인 장군이 쏜 응징의 총알을 맞고 숨을 거둔다. 한마디로 제 명을 스스로 재촉했다고나 할까? 열다섯 번의 왕진비로 9천 페소를 요구하고 이행하지 않을 시에는 망자를 도로 무덤에서 파내겠다고 고인의 세 딸을 협박하던 의사의 최후이다. 말 그대로 '부관참시' 해야 할 사람은 바로 이 의사 같다. 이따위 의사를 죽이는 데에는 총알 한 개도 아깝지 않은가? 환자의 생명을 담보로 돈을 벌려는 의사가 역겹기 짝이 없다. 세상에는 '직업에 귀천이 따로 없다'라는 말이 있지만 어떠한 직업이건 그 직업을 천하게 만드는 것이 따로 있음을 절감한다.

미겔 앙헬 아스투리아스
Miguel Ángel Asturias Rosales

1899년 10월 19일 과테말라 과테말라 시에서 출생.
카브레라 독재 정권에 의해 판사직에서 물러난 아버지의 영향으로
반독재 운동을 하며 성장. 과테말라에서 법학을, 프랑스로 건너가 인류학을 전공.
프랑스 생활 중 마야 문명에 심취하고 문인들과 교류하면서 작품을 쓰기 시작.
첫 소설 《과테말라의 전설》로 큰 호평을 받음. 과테말라로 귀국 후
언론인, 외교관 등으로 활동하면서 집필 지속. 독재를 비판하는 내용으로
출판에 어려움을 겪음. 1950년에 정권을 잡은 아레발로를 후원하나
쿠데타로 실각하자 시민권을 박탈당하고 아르헨티나로 망명.
프랑스 주재 과테말라 대사 역임.
노벨 문학상(1967), 소련 레닌 평화상 등 수상.
주요 작품 《과테말라의 전설》, 《대통령 각하》, 《옥수수의 인간들》, 《강풍》,
《푸른 감자》, 《녹색의 교황》, 《매장된 자의 눈》 시집 《소네트》 등.
1974년 6월 9일 스페인 마드리드에서 사망.

화가 날 때 숫자 100을 세는 군의관

안톤 체호프《결투》

'부부 생활에서 가장 중요한 것은 인내'라더군. 어때?
사랑이 아니라 인내란 말이야. 사랑이란 영속하는 게 아니야.

"의학은 나의 아내요, 문학은 나의 애인이다"라는 근사한 말을 아시는지…….

의사이면서 작가인 인물들을 거론하라면 나는 이 말의 주인공인 안톤 체호프를 제일 먼저 손꼽는다. 그는 평생 책상 위에 청진기를 올려놓은 채 글을 썼다고 하니 의사라는 직업에 대해 자부심을 갖고 있었던 것 같다. 그 덕분에 여러 계층 환자들의 적나라한 모습을 직접 관찰할 수 있었고 결과적으로 체호프는 인간과 인생을 누구보다 잘 이해한 작가라는 평가를 받는다.

개인적으로 나는 체호프에게 남다른 감정이 있다. 어떤 친구가 내게 별명을 붙이기를 그의 단편 제목에서 유래한 '귀여운 여인'이라

체호프 박물관에 있는 체호프의 방과 책상. 그는 폐결핵으로 고생하면서도 의사로서 무보수로 빈민을 돌보고 작가로서 뛰어난 작품을 지속적으로 발표했다.

고 했기 때문이다. 귀엽다는 긍정적인 표현과는 달리 소설 〈귀여운 여인〉의 주인공 올랭카는 남자 복을 타고나지 못하여 여러 차례 결혼해야 하는 운명이었다. 남편이 바뀔 때마다 그녀는 상대의 의견을 존중하느라 삶의 중심이 바뀌는 모습을 보인다. 귀여울 수도 있겠으나 진정한 자아를 상실한 여인, 참다운 주체로 살지 못하는 여인…….

당시에는 약간 기분 나쁜 별명이었지만 돌이켜보면 잘 어울린다는 생각도 든다. 여전히 '귀여운 여인'으로 주체성 없이 살고 있기 때문이다.

형편이 어려웠던 체호프는 학비 조달뿐 아니라 가족을 부양하느라 생계를 위해 글을 썼다. 의과 대학 입학 후부터 매주 한 편씩 작품을 잡지사에 기고하느라 과로한 나머지 젊은 시절부터 폐결핵을 앓기 시작했고 결국 44세의 젊은 나이로 세상을 떠났다. 그가 남긴 단편 소설과 희곡이 540편에 이르는 것으로 보아 그의 창작열을 가늠할 수 있다.

군의관 사모이렌꼬는 못생긴 총각 의사이다. 크고 붉은 얼굴에다 자라목을 가졌고 짙은 눈썹과 희끗희끗한 구레나룻은 투박해 보인다. 거칠고 쉰 목소리를 가졌지만 하도 성품이 선량하고 성실해서 사귀고 나면 이내 그 투박함조차 사랑스럽다.

그는 누구에게나 돈을 잘 빌려주고 중매를 서거나 화해시키기를 좋아하고 늘 앞장서서 피크닉을 주선한다. 피크닉을 가면 양고기 산적을 만들고 숭어 수프도 무척 맛있게 끓인다. 항상 누군가를 돌봐주느라 동분서주하고 언제나 즐거운 표정을 짓고 있다.

이곳 까프까즈에서는 이른 아침이면 밤사이의 무더위를 식히느라 해변에서 수영을 하곤 한다. 군의관 사모이렌꼬도 수영을 하다가 재무성의 관리 라예프스끼를 만난다. 그는 스물여덟 살의 호리호리한 체형의 금발로 늘 슬리퍼만 신고 다닌다. 그가 의사에게 묻는다. 가령 동거하던 여자가 2년쯤 지나 싫증이 난다면 어찌하겠느냐고.

"그야 물론, 싫증이 난 여자와 함께 산다는 건 괴로운 일이야. 하지만 인정을 잊어서는 안 돼. 만일 내가 그런 처지에 놓인다면 싫증 난 기색을 전혀 보이지 않고 죽을 때까지 그냥 함께 살겠어."

그러나 라예프스끼는 동거녀에 대한 불만을 털어놓는다.

"2년 동안 함께 살고 나니 이제는 싫증이 났어. 아니, 사실은 처음부터 사랑 같은 감정은 없었다는 걸 이제야 겨우 깨달은 거지……. 2년간의 생활은 기만이었던 거야."

라예프스끼는 유부녀를 유혹해 까프까즈로 따라오게 해놓고서 이제 와서 권태를 느낀다는 것이었다. 그러자 의사는 일단 둘이 결합한 마당에는 죽을 때까지 함께 살아야 한다고 말해준다.

"8년 전쯤 일인데, 여기서 일을 하던 아주 머리가 좋은 노인이 있었지. 그 노인이 늘 말하기를 '부부 생활에서 가장 중요한 것은 인내'라더군. 어때? 사랑이 아니라 인내란 말이야. 사랑이란 영속하는 게 아니야. 자네도 2년쯤 애정 생활을 했으니 지금은 가정생활에 자네의 인내력을 최대한 발휘해야 할 거네. 말하자면 그런 단계에 들어선 것 같아……."

인내에 대해 강의할 거면 집어치우라며 라예프스끼는 의사의 말을 새겨듣지 않는다. 그가 더욱 괴로워하는 건 최근 동거녀의 전남편이 뇌연화증으로 죽었다는 소식을 들었기에 이제는 꼼짝없이 결혼해야 할 처지에 놓였기 때문이다. 그는 동거녀에게 전남편의 부고를 전하지도 않는다.

"만일 나에게 그 여자와 한 달 이상 더 같이 살아야 한다고 말하는 사람이 있다면, 난 차라리 이마에 총을 한 방 쏠 정도란 말이야" 라고 하소연하는 라예프스끼가 정작 여자와 헤어지지 못하는 이유는 돈이 한 푼도 없기 때문이다. 그는 여자 문제로 어머니와도 의절한 상태이다.

의사는 이제야말로 제대로 결혼식을 올리고 떳떳하게 살라고 충고한다. 사랑할 수 없다면 존경하고 받들어주라며.

라예프스끼가 동거녀 나제지다에게 혐오감을 느끼게 된 이유는 그녀가 교양 있는 여성인 척하면서 거짓말을 하고 잘난 체하는 데 있다. 이전에 한창 사랑에 열을 올리고 있을 때에는 그녀가 아프다고 하면 불쌍해 보이고 걱정도 되었으나, 이제는 아프다는 것마저 거짓말처럼 여겨진다는 것이다.

라예프스끼는 연애를 하거나 애정이 식었다고 해서 사람을 나무랄 수 없다고 믿는다. 좋아하고 싫어하는 것이 인력으로는 어쩔 수 없는 문제이기 때문이다. 그러므로 라예프스끼는 '달아나는 거야, 달아나는 거야. 깨끗이 청산하고 달아나는 거야'라고 중얼거리며 몰래 떠날 결심을 한다.

까프까즈는 시골이라 식당이나 여관이 따로 없으므로 군의관 사모이렌꼬는 자신의 집에다 식당을 마련해두고 지낸다. 밥을 먹으러 오는 사람 중에는 동물학자 폰 꼬렌과 보좌 신부가 있다. 식사 중에 라예프스끼가 고통받고 있다는 이야기가 화두에 오른다.

그러자 폰 꼬렌이 발끈하며 "만일 그 작자가 물에 빠지려고 한다면 난 막대기로 더욱 처넣어줄 작정이오. '자 빠져 죽어, 빠져 죽어버려' 하면서 말이오"라고 화를 낸다. 라예프스끼와 같은 인물은 콜레라균처럼 사회에 유해하고 위험한 존재라는 것이다. 그가 2년 동안 한 일이라고는 이 도시 사람들에게 카드놀이, 맥주 마시는 법을 알려주고 공공연하게 간통을 자랑하고 다닌 것뿐이라며.

폰 꼬렌은 라예프스끼가 타락하여 썩어빠졌다며 "인류의 복지를 위해 또한 그 자신을 위해서도 그런 인간들은 멸종되어야 해. 단연코 그렇지"라고 못 박는다.

한편 라예프스끼의 동거녀 나제지다는 자신이 스스로 이 도시에서 가장 젊고 아름답고 교양 있는 여자라고 자부하고 있다. 전남편을 버리고 도피 행각을 벌일 때에는 시골에서 땅을 일구고 노동을 하겠다는 계획을 세웠지만, 막상 짜증 나도록 덥기만 한 이곳 황무지에 도착하자 노동은커녕 2년간 진 빚만 해도 3백 루블이나 되었다. 게다가 남자가 없는 새에 경찰서장을 두 번이나 집에 끌어들인 일까지 있었다.

나제지다는 이웃집에 사는 관리 부인에게 마을에서 개최하는 피크닉 소식을 듣는다. 그 부인은 무심결에 나제지다를 피크닉에 초대한다. 평소 라예프스끼 커플을 '원숭이 부부'라 부르며 이들에게는 피크닉에 대해 알리지 말라 했던 폰 꼬렌의 당부를 깜빡 잊고 한 일이다.

피크닉 날 마을 사람들은 마차를 타고 흑해 끝으로 가서 맛있는 숭어탕을 끓여 먹는다. 함께 간 경찰서장은 나제지다에게 치근덕거

작품의 배경이 되는 흑해가 어딘가 찾아봤다. 이렇게 여러 나라에 에워싸여 갇혀 있는 모양의 바다라는 점이 신기했다.

리고 그녀가 외상을 진 상인의 아들도 그녀 주위를 맴돈다. 남자들과 술래잡기를 하고 노는 나제지다에게 라예프스끼는 "뭐야, 이 꼴이. 마치 창녀같이……"라고 사람들 앞에서 면박을 준다.

그런 행태를 보이는 그들 커플을 보고 폰 꼬렌이 의사에게 말한다.

"악덕을 용서하지 말라는 거죠. 우리는 언제나 숨어서 악덕을 비난하고 있어요. 그러나 이것은 마음속에서 혀를 내미는 거나 같은 짓입니다. 나는 동물학자, 즉 사회학자요. 이것은 피차일반이지. 당신도 의사니까. 사회는 우리를 신뢰하고 있어요. 우리는 저 나제지다 같은 부인의 존재가 현재의 사회 및 다음 세대에 미치는 무서운 해독을 사회에 알려줄 의무가 있습니다."

그러면서 폰 꼬렌은 라예프스끼와 같은 인간을 멸종시키는 일에서 결코 손을 떼지 않을 것이라 호언장담한다. 피크닉을 다녀온 후로 라예프스끼와 나제지다의 사이는 더욱 냉랭해진다. 라예프스끼는 끝장을 내리라 결심하며 그녀에게 전남편이 죽었다는 편지를 보여준다.

나제지다는 "그이가 죽은 걸 왜 좀 더 일찍 말해주지 않았어요? 그럼 난 피크닉에도 가지 않았을 거고, 그렇게 주책없이 떠들지도 않았을 텐데. 남자들이 날 희롱했어요. 아아, 어떻게 하면 좋아. 나를 구해줘요. 구해줘요……. 난 미쳤나 봐. 난 끝이야"라며 울부짖는다.

여자의 한탄을 듣던 라예프스끼는 견디다 못해 창문으로 도망쳐 나온다. 한밤중에 군의관을 찾아가서 "날 좀 살려줘. 제발 부탁이야. 내 말을 이해해줘. 난 더 이상 참을 수가 없어. 이런 상태가 앞으로 이틀만 더 계속되면 난 개라도, 개라도 죽이듯이 내 목을 매고 말거야"라고 하소연한다. 그가 부탁하는 것은 돈이다. 이미 의사에게 4백 루블의 빚을 지고 있지만 추가로 3백 루블을 더 달라는 것이다. 당장 수중에 그만한 돈이 없던 의사는 다른 데서 빌려서라도 주겠다고 에둘러 대답한다.

의사의 눈에는 라예프스끼가 가엾기 짝이 없다. 그에게 다정하게 포도주를 따라주며 어머니와 화해할 것과 폰 꼬렌과도 잘 지낼 것을 권한다. 라예프스끼의 넋두리가 이어진다.

"나는 한 푼어치 가치도 없는 패배자에 불과해. 내가 지금 호흡하고 있는 이 공기, 술, 연애 말하자면 생활 전체를 여태까지 허위와 안일과 비열로 메워왔던 거야. 여태껏 난 남과 나 자신을 기만하고 그 때문에 고민해왔으나 이따위 고뇌란 값싸고 비열한 것에 불과해. 저 폰 꼬렌의 증오 앞에 나는 못난이처럼 고개를 숙이지. 왜냐하면 난 때때로 나 자신이 미워지고 나 스스로도 비겁한 놈이라고 생각하기 때문이야. 난 자신의 결점을 분명히 알고 또 인정할 수 있는 것이 기쁘네. 이것은 내가 갱생해서 딴 인간이 되는 데 힘이 되겠지. 아, 여보게, 내가 얼마나 몸부림치며 갱생을 갈망하고 있는지 알아준다면 얼마나 좋겠는가. 나는 자네에게 맹세하네. 반드시 올바른 인간이 되겠다고! 정말 그렇게 되어 보이겠네!"

한편 나제지다 집에 이웃집 관리 부인이 찾아온다. 나제지다의 전 남편이 죽었다는 소식을 뒤늦게 듣고 위로하러 온 것이다. 하나도 달가워하지 않는 나제지다를 향해 그녀는 충고를 늘어놓는다.

"댁은 무서운 죄인이에요. 제단 앞에서 주인 양반에게 한 맹세를 댁은 저버렸으니까요. 만약에 당신을 만나지 않았다면 신분에 어울리는 양갓집 아가씨와 정식으로 결혼해서 지금쯤은 남들처럼 올바른 생활을 하고 있을 훌륭한 청년(라예프스끼)을 당신이 유혹했거든요. 댁은 그분의 청춘을 망치고 말았어요. 댁의 옷은 언제나 소름끼치는 것뿐이었어요. 화려하고 야한 댁의 의상만 보아도 단번에 댁의 행실이 드러나죠. 댁을 보면 모두들 킥킥거리고 어깨를 움츠리는 걸요. 그리고 또 집 안 꼴이라니, 놀라지 않을 수가 없어요. 이 고장의 어느 집에 가보아도 파리가 있는 집은 없는데, 댁은 그야말로 굉장하더군요. 쟁반이나 접시가 새카맣지 뭐예요. 그리고 창문이나 테이블 위를 좀 보셔요. 그 먼지, 죽은 파리들, 컵의 행렬. 어디 그뿐인가요. 침실에는 들어가기가 부끄러울 지경이지요. 속옷은 사방에 흩어져 있고 벽에는 평소에 쓰는 갖가지 고무 제품들이 걸려 있고 식기들은 널어둔 채 그냥 있지요. 남편에게는 이런 꼴을 보여서는 안 돼요. 아내란 언제나 남편 앞에서는 천사와 같이 청순해야 하는 거예요."

이웃에게까지 망신당한 나제지다는 그만 앓아눕고 사모이렌꼬가 왕진을 온다. 그를 집에서 보자마자 라예프스끼는 돈부터 재촉한다. 의사한테 돈이 없다는 게 이해가 안 된다는 것이다. 의사는 궁색하게 말한다.

"여러 사람이 몽땅 빌려 가버렸어. 내가 지금 받을 게 7천 루블이나 돼. 그리고 나 역시 빚투성이야. 이게 내 탓이란 말인가?" 하지만 의사는 어떻게 해서든 돈을 마련해주고 싶었다.

그래서 의사는 동물학자 폰 꼬렌에게 부탁한다. 동물학자는 의사에게 백 루블을 선뜻 내주지만 라예프스끼에게 빌려주는 거라면 안 된다는 조건을 단다.

"여보, 선생, 그건 친절도 사랑도 아무것도 아니오. 마음이 약해서야. 태만이야, 독이야! 이성이 만들어낸 것을 당신의 그 약한 마음이 부숴버리고 마는 거요" 하며 절대로 라예프스끼를 돕지 말라고 못 박는다.

라예프스끼가 돈을 꾸려고 군의관을 찾아왔을 때, 공교롭게도 폰 꼬렌과 먼저 마주친다. 폰 꼬렌은 라예프스끼를 보자 경멸의 눈빛을 건넨다. 라예프스끼는 폰 꼬렌의 그런 태도가 견딜 수 없어서 군의관을 향해 한바탕 해댄다.

"빌려주지 않으면 되는 거야. 거절하면 되는 거야. 무엇 때문에 내 처지가 절망이니 뭐니 하고 이 골목, 저 골목 떠들고 다니느냐는 말일세. 한 푼 쥐놓고 한 냥이나 준 것처럼 떠들어대는 그런 자선이나 우정은 딱 질색이네. 멋대로 자기 자신을 자랑하고 다니는 건 좋아. 그러나 자네에게 남의 비밀을 들춰낼 권리는 없어"

이유 없이 공격을 당하자 의사는 당황하고 화가 난다.

"싸우러 왔거든 돌아가 주게. 나중에 와줘."

그리고 '친구에게 화가 날 때는 마음속으로 100까지 세라'는 격언을 생각하고 그는 재빨리 수를 세기 시작한다. 서른다섯까지 센 후 의사는 라예프스끼에게 부디 자신의 인격을 존중해달라고 말한다. 그러나 라예프스끼는 아랑곳하지 않고 간첩 행위를 한다고 군의관을 몰아세운다.

"뭐라고? 아니, 자네 지금 뭐라고 했나?"

100을 다 센 의사는 얼굴이 홍당무처럼 새빨개져서 되묻는다.

"나는 러시아의 군의관이야, 귀족이야. 오등관이란 말이다. 간첩 행위 같은 건 아직 한 번도 해본 적이 없어. 나를 모욕하는 자는 누구라도 용서할 수가 없어! 닥쳐!"

자신이 무슨 말을 했는지 기억도 나지 않는 라예프스끼는 결투라도 불사하겠노라 오히려 소리친다.

"라예프스끼 씨, 내가 당신의 도전에 응하겠소." 때를 기다렸다는 듯이 곁에 있던 폰 꼬렌이 나선다.

그렇게 해서 라예프스끼와 폰 꼬렌은 결투하게 된다.

시간은 다음 날 새벽으로 정하고 몇 명의 입회인을 세웠다. 라예프스끼는 늦게까지 카드놀이를 하며 불안감을 잠재우려 한다. 오직 푸시킨의 시가 머릿속을 맴돌 뿐이다.

우수에 잠긴 내 가슴속에
괴로운 상념들이 들끓도다
추억은 말도 없이 내 눈앞에서
기나긴 두루마리를 펼친다
그리하여 덧없이 흘러간 지난날의
인생을 읽으며
나는 떨며 저주하노라
아픈 이 가슴 쓰디쓴 눈물을 뿌려봐도
애달픈 글월은 지울 길 없도다

라예프스끼는 온갖 후회와 비애감에 견디기 어려웠지만 그래도 그는 결투에서 살아 돌아오고 싶다.

탕……. 먼저 총을 쏜 라예프스끼는 의도적으로 폰 꼬렌을 빗나가도록 발사한다.

다음은 폰 꼬렌의 차례다. 라예프스끼는 마지막이라는 걸 감수한다. 자신에게 똑바로 향한 총구와 폰 꼬렌의 증오와 모멸의 표정에서 완벽한 살의가 느껴지기 때문이다.

폰 꼬렌이 '암, 죽여주고말고……'라고 결의를 다지며 방아쇠를 당기는 순간, 누군가 곁에서 필사적으로 고함친다. 동시에 울린 총소리는 라예프스끼를 쓰러뜨리지 못한다.

고함친 사람은 갈대밭 속에서 결투 현장을 지켜보고 있던 보좌 신부다. 그는 직업상 결투에 참석할 수 없지만 궁금증을 못 이겨 몰래 따라왔다. 숨어서 상황을 주시하다가 폰 꼬렌이 상대를 죽일 것만 같아 소리를 질러 훼방을 놓은 것이다.

3개월 후, 동물학자 폰 꼬렌은 까프까즈를 떠난다. 그는 배를 타기에 앞서 라예프스끼가 사는 곳을 들여다본다. 그날의 결투 후에 라예프스끼는 완전히 딴사람으로 변해 있다. 세간을 줄여 작은 집으로 이사하고 책상 앞에 앉아 글을 쓰면서 온종일 집구석에 틀어박혀 있다. 빚을 갚을 일념에 거지보다 못한 생활을 꾸려나가지만 떳떳하게 결혼식도 올렸고 안절부절못하던 과거의 모습과는 달리 생활 태도도 반듯해졌기에 폰 꼬렌은 탄복하고 만다. 폰 꼬렌은 라예프스끼에게 지난 일을 사과하며 잘 지내라는 인사를 전한다. 이들의 정겨운 이별 장면을 지켜보던 보좌 신부가 기뻐서 폰 꼬렌에게 소리친다.

"당신은 오늘 인류 최대의 적을 이겨냈어요. 바로 오만을 말예요."

빗방울이 떨어지고 폰 꼬렌이 배에 올라타자 사람 좋은 군의관 사모이렌꼬가 외친다.

"편지 꼭 보내시오!"

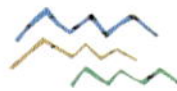

체호프 자신이 추구하는 의사상이 있었다면 바로 군의관 사모이렌꼬의 모습이 아닐까? 남을 위해 동분서주하면서도 노상 즐거운 표정을 짓는 사람. 불그레한 얼굴로 보아 다혈질이 분명한데도 다투기 전에는 100까지 숫자를 세어가며 실수하지 않으려고 노력하는 자세가 본받을 만하다. 그 어떤 극한 상황이라도 1부터 100까지 숫자를 센다면 그사이 어지간한 흥분은 가라앉을 테니 참으로 현명한 대처 방법이 아닐 수 없다.

수중에 없는 돈도 빌려주려고 애쓰는 그는 다소 오지랖이 넓어 보이지만 상대의 단점을 잘 알면서도 사랑으로 감싸려는 태도는 작품을 읽는 내내 마음을 훈훈하게 만든다. 의사에게 바로 이런 점을 요구하는 게 아닐까? 머리로 판단하는 사랑이 아닌, 가슴으로 다가가는 사랑……. 반면, 같은 과학을 공부한 동물학자 폰 꼬렌은 냉철하고 이성적인 인물로 의사와 큰 대비를 이루고 있다.

단지 결투에서 죽을 뻔했다 살아났다는 이유로 나태했던 라예프스끼가 대번에 개과천선한다는 결말이 조금 억지스럽지만 그만큼 의사의 노력이 주요하게 작용한 것으로 이해하면 될 성싶다. 흔히 사람은 좀체 변하지 않는다지만 살기 위해서는 변해야만 하는 것 아닐까?

체호프의 숱한 단편 중에서 아쉽게도 의사가 등장하는 건 많지 않다. 〈6호실〉, 〈바아냐 아저씨〉, 〈갈매기〉, 〈세 자매〉, 〈티푸스〉 정도이다.

그중에서 희곡 〈바아냐 아저씨〉에는 흥미로운 의사가 나온다. 체호프가 태어난 때가 지금으로부터 150년 전인데 그 당시에 벌써 지구 온난화 문제 등의 환경 문제를 예측한 것이다. 작품 속의 의사 아스뜨로프는 진료뿐만 아니라 틈틈이 숲의 도면을 그리는 작업에 몰두한다. 그러면서 50년 전에 비해 숲의 총면적이 3분의 1밖에 남지 않았다는 것과 산양이나 사슴, 백조 등 동물들이 사라진 정도를 도식화한다. 또 10년이나 15년 후 미래에는 자연에 아무것도 남지 않을 것이라 단언한다. 내일에 대한 생각 없이 몽땅 파괴해버리는 무지와 몰지각에 대해 경각심을 주려는 것이다.

작가 체호프는 의사로서 인간에 대한 통찰력을 보여줬을 뿐 아니라 생태계에 대한 관심까지 표명했다는 점에서 놀라움과 존경심을 갖게 한다. 마치 체호프의 예언을 실현시키기라도 하려는 듯 자연은 급속도로 파괴되어가고 있다. 체호프를 기억하는 의미에서라도 환경 문제에 더욱 관심을 가져야겠다.

안톤 체호프
Anton Pavlovich Chekhov

1860년 1월 17일 제정 러시아 타간로크에서 출생.
16세 때 아버지의 파산 후 고학으로 중등 과정을 마치고
모스크바 의과 대학에 입학. 가족을 부양하기 위해 잡지와 신문에
유머 단편과 수필을 기고. 폐결핵을 앓으면서도 의사 생활과 집필 작업을 병행하며
단편집 《잡화집》 이후 날카로운 심리 묘사로 주목받음.
재능을 낭비하지 말라는 중견 작가 그리고로비치의 조언과 시베리아를 횡단하여
찾아간 수인들의 유배지 사할린 섬 여행을 기점으로 그의 작품은 유머를 탈피,
진지한 사회 문제 등을 다루며 본격적으로 작품 활동.
단편집 《황혼》으로 푸시킨상 수상(1888).
주요 작품 단편 소설 〈관리의 죽음〉, 〈슬픔〉, 〈개를 데리고 다니는 부인〉,
〈귀여운 여인〉, 〈약혼녀〉, 희곡 《바아냐 아저씨》,
《세 자매》, 《갈매기》, 《벚꽃 동산》 등.
1904년 7월 2일 요양지인 독일 바덴바일러에서 장결핵으로 사망.

환자를 짝사랑한 내과 의사

프랑수아 모리아크 《사랑의 사막》

아버지는 죽는 그 날까지 괴로움에 시달릴 거다. 그러나 그런 인생이 또 어디 있으랴! 혹시 난봉이라도 부렸더라면 정열에서 해방되었을까? 문제는 거기에 있다. 모든 것이 정열을 돋운다. 굶으면 자극이 되고, 양을 채우면 더욱 강해진다. 아무리 덕이 있더라도 정열을 잠재우기는커녕, 도리어 콕콕 찔러대기만 한다.

대학 합격 소식을 전했을 때 주위 사람들은 축하와 함께 앞으로 무슨 과를 전공할 거냐는 질문을 많이 했다. 그때는 멋모르고 정신과를 가장 우아하고도 인간을 잘 이해하는 학문으로 여겨 정신과 의사가 되겠노라고 답했다.

더불어 산부인과는 절대로 안 하겠다는 말도 덧붙였는데 막연히 정신과는 형이상학을, 산부인과는 형이하학을 대표하는 과목처럼 느껴졌기 때문이다. 그렇게 선언했음에도 불구하고 나는 산부인과의 길로 들어서게 되었다. 그건 학창 시절 존경하던 은사님의 영향이 컸다. 내가 흠모하던 그 교수님은 학창 시절 내게 논문 번역을 자주 시켰다. 그 덕에 여성 수태의 신비함에 다가갈 기회가 일찍 생겼던

진료실에 앉아 골똘히 생각 중인 내 모습. 오랜 세월을 진료실에서 보내다 보니 이제는 환자가 여자이거나 남자이거나 하는 분별이 하나도 중요하지 않게 되었다.

것이다.

산부인과란 그 특유의 은밀함으로 환자와 밀착할 수 있다는 매력이 있으므로 지금은 조금도 후회하지 않지만 개업 초기에는 무척 따분하게 생각했다. 왜냐하면 온종일 여자 환자만 상대해야 했기 때문이다.

'나도 남자 환자를 치료하고 싶은데…….'

말하자면 환자를 이성으로 볼 가능성을 꿈꾸었다고나 할까? 이 작품에 바로 그에 대한 사연이 나와 소개하려고 한다.

시인이자 소설가, 극작가, 수필가, 칼럼니스트였고 1952년 노벨 문학상을 받은 모리아크는 프랑스를 대표하는 지성인 가운데 한 사람이다. 그는 무솔리니의 파시스트 군대가 에티오피아를 침공했을 때나 히틀러가 무차별로 게르니카를 폭격할 때 앞장서서 정의의 이름으로 그들을 비판하는 글을 썼고 베트남과 알제리에 대한 프랑스의 가혹한 식민 정책에 대해서 반대했던 작가이다.

가톨릭 입장에서 인간의 심리를 성찰하던 모리아크를 종교 소설가 혹은 도덕주의자라고도 하지만, 그는 여느 설교자와는 달리 죄와 악에 시달리고 유혹당하는 가련한 인간의 영혼 속에서 신이 내린 은총의 빛을 찾아내려고 노력했던 작가라고 평가받는다.

이 작품 제목에 쓰인 '사막'이라는 단어가 바로 작가 세계를 가장 적절하게 상징하는 말일 것이다. 고독의 사막을 넘어가려는 서툰 몸짓의 인간들…….

의사의 아들 레이몽은 마리아 크로스와 마주친다. 실로 17년 만이다. 그간 레이몽은 그녀에게 앙갚음을 해주려고 별러왔다. 술집에서 우연히 마리아를 만나자 레이몽은 지난 기억이 주마등처럼 떠오른다.

그는 자신이 계집에게 속아 넘어가도 가만히 있을 그런 쓸개 빠진 남자가 아니라는 것을 똑똑히 알려주고 자신에게 몹쓸 짓을 한 걸

응징해주겠다는 의지를 17년간 굳게 간직해왔던 것이다.

그렇다면 대체 무슨 일이 있었던 것인가?

당시 스물일곱 살이었던 마리아 크로스는 어린 아들을 홀로 키우고 있었다. 군의관이었던 남편이 일찍 죽고 생계가 곤란해지자 마리아는 대부호인 빅토르의 별장을 관리하며 생계를 꾸렸다. 세간에는 그런 마리아가 빅토르의 정부라고 소문이 나서 평판이 매우 나빴다. 그 와중에 마리아의 여섯 살 난 아들이 뇌막염으로 죽고 말았다. 아이를 치료하던 의사가 레이몽의 아버지인 꾸레에쥬였다. 의사는 마리아에게 특별한 감정을 품고 있었다. 아이를 잃고 힘들어하는 그녀에게 왕진을 갔을 때 이런 대화를 나눴다.

"정말로 위대하신 선생님……, 제가 아는 사람 중에서 누구보다 고상하신 선생님……, 선생님이 옆에 계시기만 해도 저는 이 세상의 선(善)을 믿을 수가 있어요."

늘 이런 말로 의사를 떠받드는 그녀에게 의사는 이렇게 항의하고 싶었다.

'마리아, 나는 당신이 생각하는 그런 사람이 아니오. 나도 다른 사람들과 마찬가지로 욕망을 감당할 수 없는 가련한 인간에 지나지 않소.'

"선생님은 자신을 경멸하고 계시네요. 그러니까 성인이시죠."

"아니, 당치도 않은 소리요. 마리아, 성인이라니 어림도 없소. 당신은 모르겠지만 사실은……."

마리아는 의사 꾸레에쥬에게 존경을 표하고 있지만, 속으로는 따분한 노인일 뿐이라고 여겼다. 반면에 꾸레에쥬는 마리아에 대한 특별한 감정을 남모르게 간직하고 있었다.

쉰두 살의 의사는 노모를 모시고 딸과 사위 그리고 아직 학생인 아들 레이몽과 함께 살고 있었다. 아내는 부잣집에서 시집와 언제나 남편에게 잔소리를 늘어놓는 여자였다.

꾸레에쥬는 아끼던 맏딸을 위해 제자 중에서 사윗감을 점찍어두었으나 딸이 제 맘대로 군인과 결혼해버린 것도 불만이었고 아들 레이몽이 식구들과 잘 어울리지 않고 겉도는 점도 걱정이었지만, 무엇보다 성격이 맞지 않는 아내와 한집에 사는 것이 힘들었다. 진료뿐 아니라 강의와 연구 등 업무에 시달리는 의사에게 마리아를 만나는 시간만이 유일한 기쁨이었다.

그녀는 편지로 의사에게 만날 시간을 알려주곤 했다. 의사는 날마다 그녀의 집을 찾아가 함께 이야기를 나누는 동안 커다란 행복을 느꼈다.

그런데 하루는 마리아에게 갔으나 그녀가 집을 비우고 없었다. 죽은 아들의 묘지에 갔다고 했다. 마리아를 기다리는 동안 집주인 빅토르가 나타났다. 거만하고 뚱뚱한 그 남자는 꾸레에쥬가 가장 만나기 싫은 사람 중 하나였다. 허탕을 치고 돌아온 의사는 안색이 창백해졌다. 그는 얼빠진 사람처럼 한 가지 생각에 빠졌다.

"마리아 크로스! 마리아! 괴로움, 그대를 만나지 못한 이 괴로움. 말 한마디 남겨놓지 않고 나가버렸다니 몹시 언짢군. 나 같은 건 그녀 생활에 끼어들 가치조차 없다는 말인가. 나를 만나지 않아도 괜찮다니……. 그녀에게는 아무렇지도 않을 몇 분 동안을 나는 이렇게 끝없는 시간처럼 생각했다니……."

나중에 마리아에게서 미안하다는 편지를 받았지만 의사는 여전히 화를 풀지 못했다. 허영심이 많고 게으른 마리아는 의사의 충고를 받아들여 마차를 팔고 전차를 타기 시작했다. 나름대로 건실한 생활을 하겠다는 결심이었다. 그래서 의사가 들른 그 시각까지 귀가할 수가 없었다는 게 그녀의 변명이었다. 의사는 본심은 숨긴 채 쌀쌀한 몇 마디의 사연을 보냈다.

'단 하루도 오후에 집에 있지 않기로 했다는 걸 보니 건강 상태가 완전히 회복된 것 같아 이제는 나의 진찰이 필요 없을 것'이라는 내용이었다.

그녀를 다시 만난 것은 그로부터 두 달 후였다. 마리아는 편지를 보내 투우 경기가 열리는 일요일에 집에 혼자 있을 테니 방문해달라고 했다.

의사는 마리아를 다시 만난다면 사랑을 고백하고 말리라고 결심하며 몽상에 빠져들었다.

다만 아내와 헤어지기만 하면 되는 것이다. 남들처럼 아내와 사는 것이 우울하고 이제 싫증이 났다는 단 한 가지 이유만으로. 쉰두 살이라면 아직도 행복을 맛볼 여유는 있다. 뉘우침에 괴로워하는 행복이라 할지라도. 여태껏 행복이라고는 통 모르고 살아왔는데, 비록 착각일망정 왜 그것을 물리쳐야 한다는 말인가? 한집에서 살아왔지만 아내에게도 자신은 행복을 주지 못한 것이 아닌가? 그리고 딸이나 아들은 어떤가? 나는 가족의 사랑을 단념한 지 벌써 오래다.

그의 상상은 이어졌다.

"마리아, 우리 두 사람은 막다른 골목에 와 있는 거야. 이제는 벽에 부딪쳐 죽든지, 그렇지 않으면 지금까지 온 길을 되돌아가서 살든지 둘 중 하나밖에 없어."

"당치도 않은 말씀을 하시는군요. 선생님은! 부인과 자제분들은 어떻게 하시려고요?"

"그들은 나를 필요로 하지 않아. 생매장을 당한 사람이라도 가능하다면 자기를 짓누르는 그 돌멩이를 들어낼 권리가 있는 거요. 내 아내와 딸 ……. 그들과 나 사이에 얼마나 광막한 사막이 가로놓여 있는지 당신은 모를 거요."

이렇게 의사는 머릿속으로 마리아와 대화를 반복했다.

약속한 일요일, 마리아에게 가는 길은 투우 경기를 관람하려는 인파로 막혀 의사는 약속 시각을 지킬 수가 없었다. 5시 반까지 오라고 했는데 6시가 다 되어서 도착했다. 의사는 마리아가 얌전히 소파에 드러누워 기다리고 있으리라 기대했건만 뜻밖에도 그녀는 잘 차려입고 집을 나서고 있었다. 그 모습이 마치 약속 시각이 어긋난 걸 기뻐하며 딴 남자에게 달려가는 것처럼 보여 의사는 마음에 상처를 받았다. 그날 이후 다시는 마리아를 찾지 않게 되었다.

하지만 진실은 따로 있었다.

마리아가 처음 전차를 탔을 때 멋진 남자를 보게 되었다. 노동자들이 가득한 전차 속에서 지친 얼굴들 사이로 잘생긴 학생의 모습이 돋보였던 것이다. 그 학생이 바로 의사의 아들 레이몽이었다.

열여덟 살의 레이몽은 불량하게 굴어서 문제아로 취급받고 성적도 나빴지만 유난히 부끄러움을 잘 타는 학생이었다. 그는 가출을 꿈꾸고 남몰래 권총 자살을 기도하는 등 사춘기를 힘들게 보내는 중이었다.

그날 전차 안에서 레이몽도 마리아를 발견했다. 기름때에 절은 노동자들 틈바귀에 귀부인의 티가 나는 그녀는 검은 상복을 입고 있었다. 평소 하녀가 쳐다보아도 부끄럼을 탔던 레이몽은 이상하게도 그 여인의 시선을 받았을 때는 그렇지가 않았다. 무엇보다 그 표정에는 호기심이나 조소 또는 경멸의 눈빛이 보이지 않았던 것이다. 그때부터 레이몽은 변모하기 시작했다. 소년에서 청년으로 성장하는 계기가 된 것이다.

마리아는 날마다 레이몽을 만나기 위해 6시 전차를 타러 갔다. 그 때문에 의사의 왕진 시간에 맞출 수 없게 되었다. 그리고 의사가 약속 시각에 늦었던 일요일에는 레이몽이 등교하지 않는 날인 줄 알면서도 혹시 자신을 보려고 전차를 타지 않았을까 싶어 달려 나가는 중이었다.

어느 날 정전으로 전차가 멈추자 여태까지 서로 얼굴만 바라보며 지내던 마리아와 레이몽이 비로소 대화를 나누게 되었다. 이야기를 하다 레이몽이 의사의 아들이라는 걸 알게 되어 마리아는 깜짝 놀랐다. 또한 레이몽도 그녀가 마리아 크로스라는 데 더욱 크게 놀랐

저미다 소통의 단절에서 오는 갈증을 해소하고자 끊임없이 사랑을 찾지만 결국 사막 같은 고독을 만날 뿐이다. 모리아크는 이처럼 인물들이 겪는 비극적 사랑을 제목인 '사랑의 사막'을 통해 함축적으로 보여준다.

다. 그 이름은 집에서나 마을, 학교에서까지 이미 유명했던 것이다. 비록 그녀의 평판이 나빴지만 레이몽은 마리아의 관심을 받았다는 것이 기쁘기 짝이 없었다. 천하의 마리아 크로스가 내게 반하다니…….

레이몽이 날마다 면도하고 옷을 다려 입으며 부쩍 멋을 내자 피어오르는 장미처럼 근사해졌다.

레이몽은 식구들 앞에서 마리아 이야기를 꺼냈다. 아버지는 몹시 당황하며 마리아가 여교사의 딸이는 점을 강조하며 소문처럼 난잡한 여자가 아니라 오히려 누구보다 순수한 여자라고 비호했다. 아들은 그런 아버지가 의아하면서도 설마 그녀를 사랑하리라고는 생각지 못했다.

마리아와 레이몽은 나날이 가까워졌다. 학교 앞까지 찾아온 마리아는 레이몽과 함께 공원을 산책하곤 했다. 마리아는 마리아대로 흔들리고 있었다. 레이몽의 젊음에, 그의 잘생긴 외모에……. 마침내 그녀는 레이몽을 집으로 초대했다. 그러고는 곧 취소하는 편지를 보냈다.

'다음 일요일에는 오지 마세요. 절대로 오시면 안 돼요. 나는 다만 당신을 위하는 마음에서 이런 희생을 하는 것이니까요……. 괴롭고 망가진 이 생활에서 오직 당신만이 단 하나의 기쁨이었어요. 지난겨울, 전차로 같이 돌아올 때 나는 당신을 위안으로 삼은 거예요. 아마 그런 줄은 모르셨겠지만, 당신의 얼굴은 바로 내가 갖고 싶은 영혼의 반영이었죠. 당신에 대해 샅샅이 알고, 당신의 불안에 대해 답해주고, 앞길을 막는 나뭇가지를 치워주고, 어머니나 친구가 할 수 없는 일까지 해주는 것……. 내게는 그런 생각뿐이었어요……. 그렇지만 아무리 애써보아도 딴사람이 될 수는 없는 거예요……. 내가 뭐래도 또 당신이 아무리 애써봐도, 결국 당신은 썩은 공기를 들이마실 수밖에 없죠. 세상이 내 가슴을 막히게 하는 그 공기를……'

그러나 레이몽은 취소 편지를 무시하고 그녀를 찾아갔다. 마리아는 편지를 못 받았느냐고 호들갑을 떨면서도 그의 방문을 내심 좋아했다. 또 한편으로는 죄책감이 들어서 죽은 아들 이야기만 하며 사진들을 보여주었다. 실망한 레이몽이 돌아가자 마리아는 그의 방문을 기다리기 시작했다. 다시는 레이몽이 오지 않을까 봐 초조해했다.

일주일 후, 그가 다시 찾아왔을 때였다. 오늘은 잔꾀에 넘어가지 않겠노라고 레이몽이 완력으로 마리아를 잡아끌자 마리아는 완강하게 거절했다.

"아니, 당신은 여자를 힘으로 마음대로 할 수 있을 것 같아요?"

레이몽은 웃지 않았다. 굴욕을 맛본 청년은 분노했다. 어느 틈에 끓어오른 육체의 자부심에 큰 타격을 받고 피를 흘리고 있는 것이었다. 한 여인이 자기를 퇴짜 놓고 자기를 끔찍하고 우스꽝스러운 인간으로 만든 이 사건을 레이몽은 일생을 두고 잊지 못하리라. 훗날 아무리 승리를 얻고, 수없는 여자들을 떨게 해놓은들 이 최초의 굴욕이 남긴 상처는 영영 가시지 않을 것이다. 오랜 세월을 두고 레이몽은 그 추억이 떠오르기만 하면 입술을 깨물고 밤이면 베개를 쥐어뜯었던 것이다.

그러나 마리아의 속마음도 복잡했다. 레이몽을 내쫓아버리기는 했지만 그녀는 혼자 갈등했다. "나는 왜 그런 서툰 정열에 휩쓸려 들지 못했을까! 이 몸을 함부로 굴렸으면 특별한 안식을 얻을지도 모르는데. 어쩌면 안식만이 아니라……, 사람과 사람 사이의 심연이 아무리 깊다 해도 서로 열렬히 부둥켜안으면 메꿔 볼 수 있을지도 모르지……. 하지만 어떻게 부둥켜안는다는 말인가?"

이야기의 무대인 프랑스 보르도. 아름다운 항구와 세계적으로 유명한 보르도 와인의 생산지로 유명하다. 푸른 물결과 녹음으로 빛나는 이곳이 사랑의 '사막'의 무대라니 아이러니하다.

그녀는 어린 레이몽을 아슬아슬한 데까지 유혹해놓고 결정적인 순간에 그의 타락을 막아보려고 안간힘을 쓴 것이었다.

레이몽이 떠난 후 마리아는 실의에 빠져 창문에서 떨어졌다. 하녀가 다급하게 의사 꾸레에쥬를 모시러 왔다. 의사는 그때 협심증을 치료받기 위해 48시간 금식하며 절대 안정을 취하는 중이었다. 먹은 것이 없어 기운이 빠진 꾸레에쥬였지만 환자가 마리아라는 걸 듣자마자 침대에서 벌떡 일어나 옷을 입고 그녀에게 향했다. 마리아는 크게 다친 것은 아니었다. 그녀는 의사를 향해 넋두리를 늘어놓았다.

"저와 제가 사랑하던 사람과의 사이에는 언제나 깊은 지대가 가로놓여 있었어요. 늪과 진흙의 지대가……. 그 사람들은 모르고 있지만요……. 그런 곳에 같이 빠져버리려고 내가 자기들을 부른 줄로 알고 있었던 거예요."

"뭘 그래. 당신도 남들과 마찬가지로 그것밖에는 찾고 있지 않는 거요. 쾌락의 생활 말이요……. 우리는 누구나 그런 데만 정신을 팔고 있는 거요……."

"그래요. 저 역시 그런 여자예요. 하지만 선생님도 같은 순간에 번갯불을 보고, 천둥소리를 들으신 일이 있죠? 그렇게 제 가슴속에는 쾌락과 혐오가 한데 얽혀 있어요. 꼭 번갯불과 천둥소리처럼요. 한꺼번에 두 감정이 밀어닥치는 거죠. 쾌락과 혐오 사이에 간격이 없다는 말이에요"

진료를 마친 의사는 밖으로 나와 아내가 대기하고 있던 마차에 타자마자 실신해버렸다. 협심증에다 유행성 감기까지 겹쳐 며칠이나 자리에 눕게 되었다. 레이몽은 여느 때와 달리 아버지를 자주 들여다보며 그를 안쓰럽게 생각했다.

그로부터 17년의 세월이 지나 마리아와 레이몽이 대면하게 된 것이다.

그동안 마리아는 빅토르와 결혼했다. 졸업 후 중개업을 하는 레이몽은 30세가 되었을 때 누나와 똑같은 지참금을 달라고 조르다가 거절당한 후 가족과 연락을 끊고 지내고 있었다.

마리아와 레이몽은 서로를 대번에 알아본다. 레이몽이 말한다.

"나는 사랑을 체험했죠. 내게 행복의 문을 열어준 것은 바로 당신이죠." 또 그가 묻는다.

"그 전차의 일을 기억하고 계시죠?"

마리아는 "어느 전차 말이죠?"라며 시치미를 뗀다. 둘이 이야기를 나누는 동안 마리아의 품위 없는 남편 빅토르가 술을 많이 마시고 쓰러져버린다. 레이몽이 그를 부축하고 마리아의 집으로 간다. 빅토르는 깨진 술병에 손을 다쳐 의사가 필요한 상황이다. 레이몽이 학회 참석차 파리에 와 있는 아버지에게 전화를 건다.

레이몽은 3년 동안 본 적 없는 아버지를 마리아의 집에서 만나게 된다. 의사는 아직도 희망을 버리지 않고 있다. 마리아가 "자, 붙잡았어요, 선생님. 이제는 놓치지 않을 거예요"라고 말해주기를 기대하며 달려온 것이다.

그러나 마리아는 레이몽이나 의사 꾸레에쥬나 둘 다 모두 성가시게 생각하고 그들에게 무관심하다.

마리아의 집에서 나온 부자는 오랜만에 서로의 안부를 묻고 집안 이야기를 한다. 아버지의 괴로움을 눈치챈 레이몽은 혼자 생각한다.

'아버지는 죽는 그 날까지 괴로움에 시달릴 거다. 그러나 그런 인생이 또 어디 있으랴! 혹시 난봉이라도 부렸더라면 정열에서 해방되었을까? 문제는 거기에 있다. 모든 것이 정열을 돋운다. 굶으면 자극이 되고 채우면 더욱 강해진다. 설령 덕성이 있더라도 정열을 잠재우기는커녕 도리어 쿡쿡 찔러대기만 한다. 정열은 우리를 몸서리치게 하고 매혹시켜버린다. 그러나 일단 유혹에 빠져도 비겁한 우리는 정열의 욕구를 따라가지 못한다. 아아, 미쳐 날뛰는 정열! 이런 악 덩어리를 지니고 어떻게 살아왔는지 아버지에게 물어봤으면 좋을 뻔했다. 모범적인 생활을 하면 거기 무엇이 있을까, 무슨 뾰족한 수라도 생길까? 신이 무엇을 할 수 있다는 말인가?'

레이몽은 17년간 별러왔던 마리아 크로스와 다시 마주쳤으나 오랜 세월 간직한 원한은 가라앉아 분노 따위는 더는 느끼지 않는다. 단지 "어떤 한 사람이 뜻하지 않게 다른 사람의 운명을 그렇게도 짓누르다니 정말 어처구니없는 일이었다"라고 회상하고 만다. 그는 기차역으로 달려가 고향 보르도로 돌아가는 아버지에게 정겨운 작별 인사를 전한다.

오늘날처럼 사랑이 즉흥적이고 일회적인 시대에는 사랑 때문에 이토록 번민하는 주인공들의 모습이 다소 진부해 보이기도 하지만, 읽고 나면 가슴속에 모래알이 스며든 것처럼 깔깔해진다. 소통할 수 없는 사랑이란 사막보다 더 황량한 것일까? 아니면 사랑 속에는 언제나 사막 같은 황폐함이 내재해 있는 것일까?

앞서 말했듯이 25년간 의사 생활을 해온 내가 이 작품을 읽으며 안도하는 점은 산부인과를 선택하길 참 잘했다는 것이었다. 산부인

에콰도르에 사는 스페인어 선생님 파블로의 가족 사진. 실제로 만난 적은 없지만 사진만으로도 사랑이 넘치는 가족임이 보인다. 말하자면 모든 사랑이 죄다 이 작품처럼 사막은 아닐 것이라는 생각을 하게 만든다.

과에는 남자 환자가 드나들 일이 없기 때문에 꾸레에쥬 의사처럼 가슴 아프게 환자를 연모하는 사건이 발생할 우려가 없다.

의사와 환자 간의 관계를 의학적으로는 전이-역전이(transference-countertransference)라는 용어로 설명한다. 전이란 환자가 의사에게 느끼는 감정이고 역전이란 의사가 환자에게 느끼는 감정을 말한다. 예컨대 환자가 의사를 아버지처럼 여기고 존경하거나 또는 두려워할 때를 전이라 설명하고 반대로 의사가 환자에게 감정을 투영할 때 그것을 역전이라 말한다. 전이가 생기면 치료가 쉬워지지만, 프로이트는 정신 분석 이론에서 의사의 역전이는 극도로 피해야 할 일이라고 규정했다. 의사란 항상 중립적인 태도로 판단해야지 자신의 감정을 개입시켜서는 안 된다는 의미에서다. 그것이 사랑이든 미움이든.

아버지와 아들의 사랑을 동시에 받은 마리아 크로스라는 여인은 매력적인 여성임에는 틀림없다. 또한 그녀는 혼자 사는 처지에 젊은 레이몽을 원하면서도 거절했다는 점에서 진가가 드러난다. 그럼에도 불구하고 그 거절이 레이몽에게 너무 큰 좌절을 맛보게 했다는 점이 또 다른 아이러니다.

의사 꾸레에쥬는 감정이 메마른 아내와 서로 담을 쌓은 채 무미건조한 가정생활 속에서 질식할 것처럼 산다. 나름대로 아내와 대화해보려 노력하지만 그녀는 하녀들에 대한 불평만 일삼고 있다.

남몰래 간직한 사랑 때문에 머릿속에서는 수십 번 가족을 죽여보고 상상으로는 수없이 외도를 꿈꿨던 의사. 침묵의 그늘에서 혼자 괴로워하는 그의 모습이 정녕 사막에 버림받은 사람처럼 느껴진다. 원초적인 오해에 싸여 사는 고독한 육신들이 융화되는 일은 결코 꿈꿀 수 없는 일인가? 사랑이란 본래 그렇게 쓸쓸하게 어긋날 수밖에 없는 것인가?

프랑수아 모리아크
Francois Mauriac
(본명 에밀 에르조그 Emile Herzog)

1885년 10월 11일 프랑스 보르도에서 출생.
일찍 아버지를 여의고 가톨릭 신자인 어머니로부터
엄격한 종교적 교육을 받으며 성장. 대학 졸업 후 고문서 학교에 입학했으나
중퇴하고 문학에 정진. 시, 소설, 평전, 소설론, 에세이, 일기, 희곡 등
다양한 장르의 작품 집필. 제2차 세계 대전 중에는 레지스탕스 운동에 가담했고
전후에는 사회 평론가로 활약. 아카데미 프랑세즈 회원으로 선출.
노벨 문학상 수상 및 레종 도뇌르 훈장 수훈.
주요 작품 《쇠사슬에 묶인 아이》, 《사랑의 사막》, 《문둥이에게 키스》,
《육체와 피》, 《떼레즈 데케루》, 《독사 덩어리》, 《밤의 종말》, 《긴꼬리원숭이》,
《옛날의 젊은이》, 《불의 강》 등.
1970년 9월 1일 프랑스 파리에서 사망.

독가스에 희생된 의사

로제 마르탱 뒤 가르 《티보 가의 사람들》

나는 자만심에 현혹되어 살아왔다. 지금까지 내가 이루어놓은 모든 것을 나의 두뇌와 정력 덕분으로 생각해왔다. 내 스스로가 운명을 창조하고 성공을 이루었다고 믿었다. 하지만 망상이나 환상은 오래가지 못하는 법. 삶은 나에게 무한한 실망을 미리 마련해 놓았는지도 모른다. 나는 선량한 의사 이상은 기대하지 말았어야 하는 위인이다.

우리나라에 전쟁이 난다는 소문은 항상 바깥에서 먼저 들려온다. 미국에 사는 친지들이 느닷없이 나라의 안녕을 물어온 적이 여러 번 있었다. 한반도 평화에 이상 기류가 흐른다고 외국에서는 크게 걱정한다는데 국내에 있는 우리는 아무런 감각이 없다. "설마!"라고 말한다. 번번이 늑대가 나타났다는 '양치기 소년'의 거짓말에 속아온 사람들처럼 전쟁이라는 말에 초연하다.

최근에도 북한이 미사일을 발사한다고 연일 위협했다. 대형 마트에는 물과 라면이 동났다고 하지만 내 주변에서는 실제로 전쟁을 대비하는 사람을 본 적이 없다. 전쟁이 발발하면 이제는 모든 것이 끝장이라는 생각에 딱히 무엇을 장만할 엄두를 내지 않는 것 같다. 그저 마음의 준비 정도가 필요할까? 평소에 사랑한다는 말을 미처 못 전했던 사람에게 얼른 그 말을 해야 하는 건 아닐까? 아직도 미움을 간직한 사람과는 빨리 화해를 해야 하는 건 아닐까?

전쟁의 위협 앞에 생각나는 소설이 있다. 로제 마르탱 뒤 가르의 《티보 가의 사람들》이다. 제1차 세계 대전 당시의 유럽 정세가 상세하게 그려져 있는데 주인공이 의사라서 더 공감하며 읽었던 작품이다. 장장 여섯 권으로 이뤄진 대하소설이지만 분량의 방대함에 상관없이 포기하지 않고 읽을 수 있었던 이유는 재미있기 때문이었다. 19년에 걸쳐 집필했다는 이 작품은 반전운동과 평화주의에 기여한 공로로 1937년 노벨 문학상을 받았다.

티보는 전직 국회의원으로 프랑스 최고 훈장을 받았다. 파리의 저택에서 사는 자산가로 사회사업을 하고 있다. 집안에는 아들이 둘 있는데 큰아들 앙투안느는 의사이고 그보다 아홉 살 아래인 자크는 학생이다. 아내가 둘째를 낳자마자 사망하였으므로 줄곧 티보 혼자 아이들을 키워왔다. 비록 귀족 출신은 아니지만 사회적 명망을 얻은 티보는 청소년 선도 단체를 운영하고 가톨릭 자선 사업에 관여하고 있다. 매우 권위적이고 명예욕이 높으며 부르주아 계급을 대표하는 인물로 독실한 가톨릭 신자이기도 하다.

어느 날 열네 살의 둘째 아들 자크가 가출한다. 학교에서 신부에게 '회색 노트'를 들켰기 때문이다. 그 노트에는 친구 다니엘과 주고받은 편지글이 적혀 있다.

호주에 유학 간 딸도 이따금 전화를 걸어와 "엄마! 여기 사람들이 한국에 전쟁 난대, 정말이야?"라고 묻곤 했었다. 아이가 코알라를 안은 이 사진은 평화를 상징하는 것만 같다.

'한낱 짐승이여,

사랑만이 인간을 높일 수 있다는 생각이 든다. 이것은 상처 입은 내 마음의 부르짖음이고 그것은 나를 속이지 않는다! 사랑하는 친구여, 네가 없다면 나는 한낱 열등생, 바보에 지나지 않을 것이다. 내가 이상을 열망하게 된 것은 순전히 너의 덕택이다.

잘 있어. 그리고 나를 사랑해다오!'

이런 대화가 담긴 회색 노트는 문학 이야기 일색이지만 신부는 자크와 다니엘 둘이 동성연애를 하는 사이라고 단정한다. 더욱이 학교에서는 다니엘의 집안이 신교도인 점이 거슬렸으므로 회색 노트를 빌미로 퇴학시키려고 한다. 자크는 학교의 이런 부당한 처사에 격분하여 다니엘에게 도망치자고 종용한다. 그래서 둘은 무작정 집을 떠났던 것이다.

티보는 정신과학회의 부의장 선거에 출마한 마당에 자크가 가출한 점이 몹시 못마땅하다. 아들이 자신의 성공에 걸림돌이 된다며 화를 낸다. 큰아들 앙투안느는 얌전히 공부만 해서 의사가 된 반면, 둘째 자크는 과격하고 반항아인 점이 항상 불만이었다. 잡히기만 하면 이번 기회에 단단히 혼을 내주리라 각오한다. 가출한 아이들은 오래지 않아 마르세유에서 경찰에 의해 집으로 인도된다.

다니엘의 가족은 돌아온 아들을 따뜻하게 맞아주지만 티보는 냉랭하게 아들을 대한다. 속으로는 반갑고 기쁘면서도 내색하지 않는 것이 어른다운 태도라고 믿는 것이다. 그리고 자크를 곧장 자신이 운영하는 소년원으로 보내버린다. 그곳은 일종의 감옥 같은 곳이다.

얼마 후 형 앙투안느가 소년원을 찾아간다. 보기에 참담하다. 비열하고 저급한 감독관들 속에서 자크는 우울한 날을 보내고 있었다. 말로는 그곳 생활이 만족스럽다고 하지만 예민하고 섬세한 자크가 견딜 수 있는 곳이 아니었다. 자크는 무기력한 상태에 빠져버린 것이다. 앙투안느는 아버지의 반대를 무릅쓰고 자크를 집으로 데려온다.

이 두 형제는 판이하게 다르다. 형 앙투안느는 전통 사회 속에서 행복을 느끼는, 합리적이고 활력이 넘치는 긍정적인 청년이다. 반면 동생 자크는 기성사회의 틀에 박힌 인습을 참지 못하고 허위와 권위에 반항하는 사색형 인간이다.

두 사람은 사랑에 대해서도 완전히 다른 성향을 보인다. 가정부의 조카딸이 이 집에 잠시 기거하게 되자 두 형제는 동시에 애정을 느낀다. 지극히 현실적인 앙투안느는 그녀와 성관계를 맺는 방식으로 다가가지만 이상주의자 자크는 입맞춤에서 그친다. 그에게 육체와 정신은 완전히 분리되어 있기 때문이다. 이는 앙투안느가 육체적 사랑을 우선으로 여기는 것과 대조적이다.

어느덧 5년의 세월이 흘러 자크는 고등 사범 학교 입학시험에 합격한다. 3등이라는 우수한 성적에도 그는 기쁘지 않다. 자크는 톱니바퀴 같은 사회의 규범 속에서 탈출하고만 싶다. 그 무렵 자크는 다니엘의 여동생 제니를 마음에 두기 시작한다. 제니는 열정적이면서도 말이 없고 신중한 여자이다. 다니엘의 아버지 제롬은 가정을 돌보지 않고 방탕한 생활을 하므로 그의 어머니는 가슴을 태우며 산다. 이런 기질은 아들 다니엘에게 이어지고 그가 훗날 예술성을 펼쳐 화가가 되는 것과 무관하지 않다.

의사로서 자리 잡은 앙투안느는 어느 날 오토바이에 치인 5세 여아를 치료하게 된다. 아버지 비서의 양녀인 이 아이는 대퇴부가 골절되어 정신을 잃었다. 앙투안느는 병원도 아닌, 집에 임시로 마련된

긴 소설로 유명한 《티보 가의 사람들》은 이렇게 여러 권이다. 평소 역사, 정치, 사회에 문외한이던 나는 1900년 초의 유럽 정세를 따라잡느라 고생깨나 하며 읽었다.

수술대 위에서 응급 수술을 집도하여 아이를 살려낸다. 앙투안느는 의사가 갖춰야 할 모든 자질을 겸비했다고 자부한다. 주의력, 침착성, 과단성, 능숙한 기술……. 그는 열여섯 살 때부터 의학에 끊임없이 매력을 느껴왔으므로 이 직업에 큰 만족을 느낀다.

이 수술로 앙투안느는 주위의 찬사를 받으며 의사로서 지위를 더욱 공고히 한다. 또한 앙투안느는 수술을 집도하는 동안 곁에서 등불을 비춰주던 이웃 여인과 사랑에 빠진다. 그녀의 이름은 라셀. 미모와 지성을 갖춘 동시에 베일에 싸인 여인이다. 그녀와 사랑을 쌓아가는 동안 앙투안느는 일만 아는 의사에서 완숙한 남자로 변모해간다. 그는 라셀에게 죽은 아들이 있었다는 과거를 알고 그 상처를 달래주고 싶어 한다. 그러나 그녀에게는 또 다른 남자가 있어 그녀는 아프리카로 떠나간다. 이 아픈 사랑이 앙투안느를 성숙하게 한다. 앙투안느는 라셀과의 사랑을 통해서 인간의 복잡한 심리를 알게 되고 또 다양한 감정을 경험한다.

공교롭게도 앙투안느가 라셀을 전송하고 돌아오던 날 동생 자크가 없어진다. 또다시 가출을 감행한 것이다. 식구들은 자크가 자살이라도 할 것 같아 애를 태운다. 그렇게 3년이 흘러 여전히 자크의 행방이 묘연한 가운데 아버지 티보가 병석에 눕는다. 앙투안느는 아버지의 임종이 가까워졌음을 직감한다. 아버지가 죽음에 당면해 있을 때 앙투안느는 마침 동료의 두 살 된 딸의 왕진을 가게 된다. 아이는 장애아로 언청이와 구개열 수술을 받았고 심장병과 뇌막염으로 죽어가고 있었다. 이때 앙투안느는 주사 한 대로 아이의 고통을 영원히 없애달라는 부탁을 받는다.

"그만두게." 아까보다는 마음을 가라앉히고 앙투안느가 말했다. "자네 마음은 잘 알아. 빨리 편하게 해주고 싶은 마음, 그것은 우리가 모두 알고 있지. 하지만 그건 어설픈 사람들이 느끼는 유…… 유혹에 지나지 않아! 무엇보다도 중요한 게 있다네. 생명의 존엄성! 그래, 생명의 존엄성……."

앙투안느는 환자의 고통스러운 죽음 앞에서 큰 갈등을 느낀다. 그는 환자들이 불안감이나 공포심으로 고통을 겪지 않고 죽을 수 있도록 도움을 주는 것이 의사의 소임이라 생각한다. 그 때문에 안락사를 시킬 것이냐 마느냐 하는 문제로 깊이 고민하는 것이다. 마침내 아이는 처절하게 숨을 거둔다. 아이의 죽음 앞에서 앙투안느는 처음 의사가 되었을 때의 이기적이고 자만심에 차 있던 모습과는 달리 인간의 고통을 근본적으로 이해하려고 애쓰는 의사의 모습을 갖게 된다.

어느 날 앙투안느는 자크 앞으로 온 편지를 보고 소식이 두절된 자크가 살아 있다는 단서를 잡는다. 자크는 스위스에서 소설을 쓰고 있었던 것이다. 앙투안느는 동생을 찾아 나선다. 자크는 방랑생활을 하다가 스위스 로잔에서 국제노동자사회주의혁명가 그룹에 참여했다. 이상하게도 그는 부르주아 출신이면서도 프롤레타리아 계급의 동료들에게서 신임을 받았다. 성격이 과격하고 고집불통이던 자크도 그사이 정신적으로 균형 잡히고 목적의식이 뚜렷한 청년으로 성장했다. 그는 이제 학교와 사회에 대한 반항을 혁명 정신으로 바꾸어 전쟁을 증오하는 반전 운동가로 변신한 것이다. 앙투안느는 임종을 앞둔 아버지 생각에 자크를 데리고 서둘러 집으로 돌아온다.

아버지는 고통스러운 최후를 맞이하고 있다. 아들 형제가 도착했을 때 아버지의 요독증은 더욱 심하다. 전신 발작이 일어나 경련이 계속된다. 그 모습을 차마 눈 뜨고 볼 수 없었던 자크는 아버지가 편안히 가실 수 있도록 안락사시켜 드리자고 형에게 제안한다. 앙투안느는 아버지에게 다량의 모르핀 주사를 놔 최후를 맞게 해준다. 아버지의 장례식은 소년원에서 성대하게 치러진다. 유품을 정리하다가 아버지가 남긴 글들을 읽어보고 앙투안느는 여태 생각해왔던 것처럼 아버지가 권세욕이 강한 위선자가 아니었다는 사실을 알게 된다. 죽은 아내에게 보내는 편지 등을 통해 아버지도 애정을 품을 수 있는 한 남자라는 것을 깨닫는다. 티보의 죽음과 함께 한 세대의 막이 내린다. 이후에는 전쟁이다.

1914년 여름, 사라예보에서 총성이 울려 퍼지며 유럽 전역은 제1차 세계 대전의 포화에 휩싸인다. 자크는 스위스로 돌아가 무정부주의자들의 연락책으로 활동한다. 아버지 때문에 잠깐 파리에 돌아왔을 때 제니와 재회하고 사랑을 고백하며 뜨거운 밤을 보냈다. 하지만 개인의 감정보다는 세계 평화를 위한 신념이 더 중요했으므로 자크는 그녀를 떠날 수밖에 없었다. 자크는 상속받은 유산도 평화를 위해 사용한다. 낡은 비행기를 얻어 타고 알자스 전선의 상공에서 전단을 뿌리는 일을 자원한다. 거기에는 독일어와 프랑스어, 두 나라말로 '만일 군인들이 없다면 전쟁은 계속될 수 없으니 모두 무기를 버리고 조속히 집으로 돌아가라'는 내용을 적었다. 전쟁을 막을 수 있는 힘은 민중들 자신에게 있으며 전쟁을 멈출 수 있는 기회도 그들 손에 있음을 설득하려는 것이다. 하지만 전단을 단 한 장도 뿌려보지 못하고 비행기는 아군에게 격추당한다.

강렬한 열기……, 불꽃이 튀는 소리, 화재로 인한 악취……. 뾰족한 것, 예리한 것이 그의 두 다리를 뚫는다. 숨이 차서 몸부림친다. 열화 속에서 밖으로 기어 나오기 위해 초인적 노력을 한다. 꼼짝할 수가 없다. 그의 두 다리는 화염에 꼭 묶여 있다.

뒤쪽에서 단단한 두 개의 갈퀴 같은 것이 어깨를 붙잡고 그를 끌고 간다. 처참하게 찢기고 찢긴 그는 울부짖는다……. 사람들이 그를 징 박힌 횡단보도로 끌고 간다. 몸은 갈가리 찢긴다.

자크는 심한 화상을 입어 신원을 확인할 수도 없다. 그는 간첩으로 오인된 채 퇴각하는 군인들에게 질질 끌려다니다가 총살당하고 만다. 그토록 믿었던 민중에게 죽임을 당하고 만 것이다. 하지만 그 가운데에도 희망이 남았으니 그것은 자크와 제니 사이에 아들이 생겼다는 사실이다.

전쟁이 날로 치열해지자 앙투안느도 입대한다. 자크가 전쟁을 예고했을 때 그는 귀담아듣지도 않았다. 유럽에 전운이 감돈다는 이야기는 자크뿐 아니라 외교관에게서도 들어왔지만 앙투안느는 안이한 생활 속에 파묻혀 아무런 관심을 쏟지 않았던 것이다. 그것은 한동안 태평성대를 누려오던 당시 프랑스 국민의 일반적인 모습이었다.

입대한 앙투안느는 전선을 순찰하다가 독일군이 살포한 이페리트 독가스에 중독되고 만다. 방독면을 반드시 써야 한다는 규정을 지키지 않은 결과였다. 이페리트는 겨자 냄새가 나서 머스타드 가스라고도 부르는데 호흡기에 침범하여 폐 조직을 경화시킨다. 독가스를 쐰 피부에 물집이 잡히는 것을 시작으로 후두염, 기관지염이 생기고 점차 폐가 굳어져 호흡 곤란과 고열에 시달리게 된다. 의사인 앙투안느로서는 자신이 아프다는 게 믿기지 않는다. 병세를 대수롭지 않게 생각하지만 날로 살이 빠지고 통증이 가중된다. 요양소에서 치료받으며 그는 자신을 한 사람의 환자를 치료하듯 관찰하고 기록해나간다. 비망록을 작성하고 증상 분석과 엑스선 검사를 되풀이

제1차 세계 대전에 참전한 의사 앙투안느는 이페르트 독가스에 중독되어 죽는다. 사진은 이페리트 가스의 분자 구조이다.

한다. 앙투안느는 도저히 자신의 질병을 받아들일 수 없다. 하지만 휴가를 얻어 은사를 만났을 때 그의 눈빛에서 자신에게 희망이 없음을 알아차리게 된다. 그는 나머지 삶을 지난 일들을 성찰하며 보낸다. 그의 일기의 한 구절이다.

'나는 자만심에 현혹되어 살아왔다. 지금까지 내가 이루어놓은 모든 것을 나의 두뇌와 정력 덕분으로 생각했다. 나 스스로가 나의 운명을 창조하고 성공을 이루었다고 생각했다. 그런가 하면 누구보다도 앞장서 가는 인물로 자처하고 있었다. 왜냐하면 나보다 재능이 뒤떨어지는 자들이 그렇게 여기도록 만들었기 때문이다. 위장. 나는 선배 박사조차 속였었다. 망상이나 환상은 언제나 오래가지 못하는 법. 어쩌면 삶은 나에게 무한한 실망을 미리 마련해놓고 있었는지 모른다. 나는 선량한 의사 이상은 기대하지 말았어야 할 위인이다.'

앙투안느는 양쪽 폐의 타는 듯한 통증을 호소하다가 37세의 나이로 절명한다. 전쟁이 끝나고 며칠 후의 어느 날이었다. 그의 마지막 일기에는 "죽음이란 사람들이 생각하는 것보다 간단하다"라고 적혀 있었다.

이제 티보 가에 남은 사람은 자크의 아들 장 폴밖에 없다. 어린 폴은 영리하고 대담하고 강건하다는 점에서 진짜 티보 가의 사나이다. 그를 통해 희망의 메시지는 계속 전해질 것이다.

이 길고 긴 작품은 1904년부터 제1차 세계 대전이 끝나는 1918년까지의 프랑스가 배경이다. 티보 가의 두 형제를 대비시켜 당시 젊은이들의 고뇌와 시대상 등을 담았는데 이렇게 축약하기에는 무리가 있을 것이다. 고맙게도 주인공 앙투안느가 의사인 덕분에 의료에 대한 이야기가 많이 나온다. 처음에 의사 앙투안느는 인간미가 부족한 사람처럼 보였다. 동생을 소년원에서 구출해 데려오면서도 혹여 동생이 자신의 삶에 방해가 되지 않을까 우려할 만큼 냉정한 면모가 있었다. 부유한 가정에서 태어나 풍족한 생활을 영위하고 있어

구태여 남을 돌아볼 이유가 없었던 이기적인 성격의 소유자였다. 하지만 진료에 임하면서 인간에 대해 긍정적으로 생각하게 된다. 예를 들어 어떤 고아 소년을 치료해야 하는데 예전 같으면 당장 자선 병원에 보내버렸을 것을 그가 여러 차례 왕진을 가서 성심껏 돌봐주는 장면이 나온다. 이는 앙투안느가 따뜻한 의사로 변모했다는 것을 단적으로 보여준다. 더욱이 라셸과의 이뤄질 수 없는 사랑을 겪으면서 내면이 성숙해지는 기회를 얻는다. 앙투안느는 환자의 처지를 배려하는 의사이면서 죽음에 대해 고뇌하는 한 인간이 된 것이다.

의사란 인간의 아픔을 돌보는 가운데 내면적으로 성숙하게 되는 그런 직업인가 보다. 오늘날 우리 사회에 의사가 되려는 젊은이들이 많은데, 의사라는 직업을 투철한 사명 의식으로 남을 위해 헌신하기 위해서가 아닌, 안일한 삶을 보장받기 위한 수단으로 여기는 것이 우려스럽다. 공부 잘하는 수재들이 자꾸 의과 대학에 진학하려는 추세도 앞으로의 의료 환경을 걱정스럽게 하는 일 중 하나이다. 치열한 경쟁으로 다양한 인재들이 제대로 빛을 발하지 못할 수도 있기 때문이다.

이 작품은 1900년대 초반기의 시대상을 말하고 있지만 당시 인물들이 겪었던 고뇌와 고통은 지금과 다를 것이 없다. 인간이라면 누구나 피할 수 없는, 삶의 근원적인 갈등에 대해 섬세하게 말하고 있기 때문이다. 더욱이 마지막에 앙투안느가 독가스를 쐬어 죽어가는 과정은 안타깝기 짝이 없고 나도 모르는 사이에 전쟁에 대한 두려움이 솟구치게 된다. 인류가 부디 전쟁만큼은 피할 수 있기를.

로제 마르탱 뒤 가르
Roger Martin du Gard

1881년 3월 23일 프랑스 뇌이쉬르센에서 출생.
파리 고문서 학교에서 공부. 톨스토이의 《전쟁과 평화》의 영향으로 소설을 쓰기 시작하여 《장 바루아》로 작가로서 주목받음.
제1차 세계 대전에 참전 후 대하소설 《티보 가의 사람들》 집필(1922~1940).
이 작품으로 1937년 노벨 문학상 수상.
주요 작품 《장 바루아》, 《티보 가의 사람들》, 《부풀음》, 《옛 프랑스》, 《앙드레 지드에 대한 회상》, 《룰뢰 영감의 유언》 등.
1958년 8월 22일 프랑스 벨렘에서 심근경색으로 사망.

고요와 그늘을 드리우는 의사

오노레 드 발자크 《시골 의사》

'Fuge, late, tace(피하라, 은신하라, 침묵하라).'
그때부터 그는 이 말을 좌우명으로 삼았다. 그리고 상처 입은 영혼에게
고요와 그늘이 있기를 바라게 되었다.

왜 의사가 되려 하는가?

의과 대학 지원율이 드높은 오늘날 입시생들에게 물어보면 어떤 대답이 나올지 궁금하다. 슈바이처처럼 남을 위해 봉사하고 헌신하려는 것일까? 당장 나부터 왜 의사를 선택했었는지 뚜렷하지 않다. 아무런 소명 의식도 없이 남들이 좋다고 하기에 또 과정이 어렵다기에 도전한 게 아닌가 싶다. 어쩌다가 어영부영 이 길로 접어든 것이 사실이다 보니 소설에서 훌륭한 의사를 만나게 되면 기가 죽게 마련이다.

이 작품이 그랬다.

19세기 당시 프랑스 사회의 풍속을 그리는 데 주력했던 발자크는

의과 대학 졸업식 때 꽃을 들고 동창생들과 함께. 의사가 되기만 하면 불쌍한 사람들을 돕고 사회에 좋은 일을 할 거라는 기대에 찼던 시절이다.

고맙게도 의사 이야기를 빠뜨리지 않았다. 바람직한 의사의 태도라든가 소양이라든가 자격이라든가 논할 거리를 남겨놓은 것이다.

지난봄에 우리나라에서는 원격 진료를 반대한다고 의사들이 파업을 벌였다. 간단한 이야기는 아니지만, 만일 시골에도 의사들이 충분하다면 원격 진료와 같은 행정 계획은 애초에 나오지도 않았을 것이다. 의사들이 저마다 도시를 선호하는 현실 세태에 비춰볼 때

이 작품의 주인공 브나시와 같은 시골 의사는 매우 귀한 존재이리라.

그는 의사가 된 이유부터 남다르다.

"내가 남을 위한 삶을 살기로 마음먹었을 때 신부, 의사 그리고 치안 판사 중 하나를 정하느라 오랫동안 망설였습니다. 사람들은 '세 벌의 검은 법복'이라며 성직자와 법조인, 의사를 한 부류로 묶어왔습니다. 신부는 마음의 상처를, 법관은 주머니의 상처를 그리고 의사는 몸의 상처를 치료해주기 때문이지요. 그들은 삶에 있어서 중요한 세 단어 즉 양심과 소유권, 건강으로 사회를 대표합니다. 그 세 직업만이 가난한 사람을 구할 수 있습니다. 그런데 농민은 영혼의 구원을 위한 장광설을 늘어놓는 신부보다는 몸을 치료해주는 의사의 말을 더 잘 듣습니다. 의사는 농부에게 경작하는 땅에 대해 말할 수 있지만 신부는 하느님에 관해서만 말할 수 있습니다. 그런 생각에서 나는 의사가 되기로 했습니다."

이렇게 멋진 통찰력을 가진 의사가 어떤 삶을 살았는지 살펴보자.

작품 배경은 1829년 프랑스다. 당시는 보나파르트 나폴레옹이 세인트헬레나 섬에 유배된 후 이미 사망한 시점이지만 프랑스 사람들은 모두 나폴레옹을 그리워하고 있었다.

그들 중 하나인, 나폴레옹의 모든 전투에 참가했던 즈네스타 소령이 등장한다. 그는 싸우는 일에만 충실한 군인으로 군대를 고향으로 생각하고 연대를 가족으로 여기는 외롭고 용감한 사람이다. 그는 말을 타고 시골 의사 브나시를 찾아온다. 브나시가 용하다는 소문을 들은 것이다. 그곳은 수도 파리에서 멀리 떨어져 있는 스위스 국경 근처의 그랑드 샤르뢰즈다.

소령은 이 마을에 도착하여 여러 차례 놀란다. 마을 사람들이 의사에게 무한한 존경심을 보내고 부모처럼 따른다는 사실을 실감하기 때문이다. 주민 가운데 아침저녁 기도 때마다 의사를 위해 기도하지 않는 사람이 없을 정도다. 브나시는 의사일 뿐 아니라 면장도 맡고 있다.

의사는 10년 전 황무지와 다름없는 이곳에 처음 도착했을 때 일부 지역 주민들이 크레틴병에 시달리는 것을 보고 그들을 다른 좋은 환경으로 이주시켰다. 크레틴병은 갑상선 호르몬 부족이 원인이므로 풍토병으로 취급하여 환자들의 환경을 바꾸는 것이 치료에 주효했다. 이 과정에서 의사는 원성을 사서 주민에게 총을 맞기도 했지만, 개인의 이익이 아닌 마을을 위해 헌신적으로 일하는 그의 진심을 주민들도 차차 알게 되었다. 의사이자 면장으로서 브나시는 놀라운 업적들을 이루었다. 700명이던 마을의 인구를 10년 사이에 세

엘바 섬에 유배되었던 나폴레옹이 다시 파리로 입성하여 권력을 장악하고 연합군과 총격을 벌인 전투지가 바로 워털루이다. 예상치 못하게 참패한 나폴레옹은 마침내 세인트헬레나 섬에 유배되었으므로 프랑스 사람들이 가장 싫어하는 지명이 워털루가 아닐는지.

배로 만들었던 것이다.

브나시는 먼저 관개시설을 건설하여 목초지를 개간함으로써 우유와 치즈를 더 많이 생산하게 했다. 숲을 가꾸어 목재를 외지에 내다 팔게 했는데 이전에 없던 도로를 먼저 닦아 효율성을 높였다. 또, 버드나무를 심고, 그 나무로 바구니를 만들기 위해 광주리 공장을 세우는 등 마을의 제조업을 발달시켰다. 피혁 제품의 기술력을 높이는 등 제반 사업도 번성시켰다. 교육에도 신경 써서 기숙학교를 건립하기도 했다.

설명을 들은 군인은 같은 방법으로 한 마을뿐 아니라 국가 전체도 발전시킬 수 있지 않겠느냐고 의사에게 묻는다.

하지만 의사의 생각은 다르다.

"나는 국가의 지도자가 아닙니다. 세상에는 졸렬한 위정자가 많이 있는데 그 이유는 정치를 고상하고 순수한 감정으로 하기 때문입니다. 통치란 대중에게 사상을 강요하는 것이 아니라 대중이 전체의 선에 부합하도록 유익한 방향을 제시하는 것입니다. 시민적 용기의 조건은 자기희생인데 우리가 모두 자신의 의견만 강조한다면 어떻게 용기 있는 시민이 되겠습니까? 우리가 훌륭한 시민이 되지 않는 한 아무리 안락해진다고 해도 우리는 스스로 매우 따분해하는 불행한 삶을 살 것입니다."

의사는 이렇게 행정가의 개념을 잘 정리해준다.

즈네스타 소령은 의사의 거처에다 숙소를 정하고 둘은 함께 저녁을 먹는다. 식사 중에 주민이 급하게 왕진을 청하자 브나시는 밥을 먹다 말고 다녀온다.

이튿날 의사는 즈네스타 소령과 함께 진료를 나간다. 소령은 몇몇 환자의 임종을 지키기도 하고 마지막 크레틴병 환자가 죽은 후에 치러지는 이 마을의 독특한 장례식 풍습을 지켜보기도 한다. 또 참전했던 몇몇 퇴역 군인들이 저녁에 모여 나폴레옹 이야기를 나누는 것을 듣다가 러시아 전쟁에서 퇴각할 때 강에 뛰어들어 다리를 놓았다는 한 퇴역 군인은 연대를 살린 공로자인데도 그의 연금을 공무원이 착복했다는 사실도 알게 된다.

즈네스타 소령은 온종일 브나시와 함께 지내고 나서 그에게 더욱 감탄하게 된다. 마을을 극진히 보살펴 누구나 잘살게 만든 점이 눈에 보이기 때문이다. 마을 주민 모두에게 존경과 사랑을 받는 의사는 결혼도 하지 않은 채 홀로 지낸다. 그 점이 궁금한 즈네스타 소령이 기어이 질문을 던진다.

"선생님, 선생님의 삶은 보통 사람들과 너무나 다릅니다. 왜 이처럼 은퇴하여 사시는지 여쭤도 실례가 되지 않겠지요?"

그 질문에 의사는 지난 12년 동안 아무에게도 말하지 않았던 자신의 과거를 털어놓는다.

지방 소도시에서 태어난 브나시는 파리에 올라와 대학 공부를 마쳤다. 파리에서 그는 심히 타락의 일로를 걷게 되었다. 파리는 모든 젊은이를 유혹하기 쉬운, 도덕적으로 방탕한 곳이었다. 궁핍한 생활 때문에 사교계에 진입도 못 하고 우울한 나날을 보낼 수밖에 없었는데, 한 처녀를 알게 된 것이 그에게는 큰 위안이 되었다. 첫사랑

작가의 사랑 이야기를 거론할 때 대표적으로 등장하는 이 여인은 러시아 한스카 백작의 부인이다. 발자크에게 팬레터를 보내 알게 된 후 이들은 18년간이나 서신을 왕래하며 지냈는데 남편이 죽고 나서도 8년 후에야 발자크와 재혼할 수 있었다. 하지만 결혼 5개월 만에 발자크는 세상을 떠나고 말았다니까 그 사랑이 더 애틋하게 느껴진다.

은 그에게 위로와 행복을 주었다. 그녀는 브나시를 매우 신뢰하여 그에게 성공과 영광과 행운을 빌어주었다.

그녀 덕택에 브나시는 그동안 팽개쳐두었던 의학 공부를 다시 시작했는데 착한 처녀는 검약하게 살면서도 남자에게는 호사를 누리게 해주었다. 목표가 생기고 사랑하는 사람이 있던 그때가 일생 중 가장 좋은 시절이었다고 브나시는 회상했다. 왜냐하면 브나시의 아버지가 갑자기 돌아가시면서 막대한 유산을 남겨주자 그가 변심했기 때문이었다. 헌신적인 여자를 헌신짝처럼 버리고 자유를 맛보기 시작했다. 그는 야심 찬 계획과 돈 많은 자의 지위에 어울리는 결혼을 꿈꿨다. 저택을 구해 풍족한 생활을 영위하며 방탕한 파리를 즐기면서 천사와 같은 자신의 여자는 돌아보지 않았다. 그는

2년 후 여자에게서 연락을 받았다.

'제게는 이제 살날이 얼마 남지 않았어요. 제발, 당신을 만나고 싶어요. 제 아이의 운명에 대해 알고 싶어요. 당신이 이 아이를 맡아 키워줄 것인지도 알고 싶어요. 그리고 저의 죽음에 대해 당신이 느낄지도 모를 슬픔을 덜어드리고 싶어요.'

그 세월 동안 여자는 홀로 아이를 낳아 키우며 돈을 버느라 건강을 모두 잃은 것이었다.

그가 의학적 지식을 총동원하여 극진히 간호했음에도 불구하고 여인은 세상을 떠났다. 아이는 어머니를 죽인 게 아버지라는 사실을 모르는 채 미소를 지었다. 브나시는 걷잡을 수 없는 수치심과 회한에 빠졌다. 아가트라고 이름 지은 그 아들은 브나시의 전부가 되었다. 그는 아이를 잘 키우기 위해 온갖 노력을 기울였다. 세계 각 나라의 언어를 가르치느라 가정교사를 여러 명 구하기도 했다. 그렇게 아이가 의연하게 자라나자 그는 다시 고독해졌다. 아들을 기숙학교에 보내고 나서 그는 새로운 사랑을 찾게 되었다. 그가 서른두 살 때의 일이었다. 그가 사랑하게 된 에블리나는 얀선파의 가정에서 태어나 과도할 정도로 순결을 중시하였다. 얼굴은 기품이 있었고 용모는 귀족 자녀답게 세련되었으며 부드러운 시선에 고결하고 평온한 여인이었다.

브나시는 에블리나에게 청년기의 실수를 고백하고 용서받고 싶었으나 말할 기회를 놓쳤다. 에블리나의 부모도 브나시를 인정했으므로 브나시는 그들 가족 여행에 합류하여 40일간 함께 지냈다. 여행

중에 브나시는 아들의 가정교사가 보낸 편지를 받고 갑자기 떠나야 했다. 그리고 누군가의 투서로 브나시에게 아들이 있다는 과거가 밝혀졌다. 얀선파의 신도로서는 절대로 용납할 수 없는 일이었다. 그녀의 부모는 한 여인의 죽음과 사생아의 출생에 대해 책임 있는 브나시와 같은 남자에게 딸을 결코 주지 못하겠다는 말을 반복했다.

브나시는 에블리나에게 변명의 편지를 보내지만 다시는 편지를 보내지 말라는 답장을 받았다. 그의 절망은 거기서 끝나지 않았다. 일년 후 아들이 사망한 것이었다. 자살이라도 하고 싶었던 브나시는 그랑드 샤르트뢰즈 수도원을 찾았고 그곳에서 문에 새겨진 이런 글귀를 발견했다. 'Fuge, late, tace(피하라, 은신하라, 침묵하라).'

그때부터 그는 이 말을 좌우명으로 삼았다. 그리고 상처 입은 영혼에 고요와 그늘이 있기를 바라게 되었다. 그래서 이 마을로 찾아와 헌신하기 시작했다는 것이다.

의사의 말을 듣고 난 후 즈네스타 소령 또한 자신의 이야기를 털어놓았다. 그에게도 숨은 사연이 있었다. 그가 모스크바에서 퇴각한 후 폴란드에서 황제를 기다리고 있었을 때였다. 퇴각 때 여러 차례 목숨을 구해준 르나르 중사와 그는 형제처럼 지내고 있었다. 그런데 즈네스타가 그 지역 유대인 처녀 쥐디트에게 마음을 빼앗기는 일이 생겼다. 그는 르나르에게 자신의 사랑을 털어놓으며 편지를 전해달라는 부탁까지 했다. 하지만 정작 쥐디트가 사랑하는 사람은 즈네스타가 아니라 르나르였다. 르나르는 명문가의 자제로 공증인 교육을 받은 남자였다. 르나르와 쥐디트는 유대인 방식으로 급하게 결혼

나는 평소 나폴레옹을 뛰어난 군인이나 전략가 혹은 영웅으로 알고 있었는데 이 작품《시골 의사》를 읽다 보니 프랑스 사람들은 나폴레옹을 완벽한 사람으로 평하면서 아예 신의 경지에까지 올려놓은 것 같았다. 그림은 1822년 다비드가 그린 〈튈르리 궁전 서재의 나폴레옹〉으로 나폴레옹의 형형한 눈빛을 느낄 수 있다.

을 올려버렸다. 금화 하나만 훔쳐도 수치심으로 자살할 만한 남자가 왜 그렇게 친구의 여인을 훔쳤는지 즈네스타는 곰곰이 생각했다. 어쩔 수 없이 그는 르나르의 아내가 된 쥐디트를 황홀하게 올려다보며 지냈다. 그러다 1813년 어느 화창한 아침에 마을이 러시아군에

포위되었을 때 다급하게 도주하며 즈네스타와 르나르는 러시아 기병대에 의해 차단된 길을 정면으로 뚫고 나갔다. 러시아 병사가 즈네스타를 찌르려는 찰나 르나르가 나서서 막아주고는 말에서 떨어졌다. 부상당한 르나르는 마지막 말을 남겼다.

"중대장님, 저는 더 이상 안 될 것 같아요. 난 빚을 갚았어요. 중대장님에게서 쥐디트를 빼앗았지만 목숨을 구해드렸으니 그녀를 돌봐주세요. 만일 아이가 생겼으면 그 아이도 부탁합니다. 또한 그녀와 결혼하세요."

즈네스타는 쥐디트를 찾아 나섰다. 러시아 기병대가 그 도시에 불을 질러 모두 피난을 떠났지만 쥐디트는 르나르를 기다리고 있었다. 즈네스타는 그녀를 구해 말 등에 앉히고 연대에 합류했다. 전쟁터에서 쥐디트는 아이를 낳았다. 하지만 쥐디트는 슬픔으로 죽어가는 중이었다. 즈네스타는 그녀와 결혼하기로 했다. 그러나 그가 서류를 꾸려 결혼 신고를 하는 동안 쥐디트는 사망했다. 이렇게 즈네스타는 한 아이의 아버지가 된 것이다. 그 아이에게 아드리앵이라는 이름을 붙였다. 아드리앵은 병약하고 발육이 나빴다. 의사들은 아이의 폐가 나쁘다고만 진단했다. 그래서 즈네스타는 브나시에게 아드리앵의 치료를 부탁하고자 이 마을을 찾게 된 것이다.

소령의 사연을 들은 브나시는 당장 아이를 데려오라고 한다. 다음 날 아침 즈네스타는 옆 마을에 체류시켰던 아이를 데려온다. 아드리앵은 열여섯 살이지만 열두 살밖에 되어 보이지 않는다. 브나시는 아드리앵을 진찰하고 나서 건강을 찾게 해주겠노라고 장담한다. 그의 폐는 아무 이상도 없고 단지 전신이 허약할 따름이라는 것이다.

그리고 8개월이 지난 후 즈네스타는 아들 아드리앵에게서 편지를 받는다. 좋은 환경에서 완전히 회복되었다는 소식이다. 이제는 열여섯 살이 아니라 스무 살처럼 보이게 되었다는 것이다. 그런데 비보가 함께 전해진다. 의사 브나시가 갑자기 죽었다고…….

의사는 저녁 식사 후에 어떤 편지를 읽더니 "아, 이런. 어쩌면 그녀가 자유롭게 되었는지도 몰라"라고 말한 후에 얼굴이 보랏빛이 되었다는 것이다. 편지를 태워버리라고 지시하고 침대에 눕자 이미 그는 죽은 사람처럼 보였다고 한다. 이후에 달려온 의사들이 처치해도 깨어나지 못했다. 아마도 통풍 발작에다 뇌출혈이 동시에 일어났다고 추정할 뿐이다. 브나시가 받은 편지는 에블리나의 사망 소식으로 짐작된다.

의사의 장례식에 참석한 즈네스타는 사람들이 이렇게 말하는 소리를 듣는다.

"그분은 전투만 안 했다 뿐이지 우리 계곡의 나폴레옹입니다."

의사의 묘비에는 이렇게 쓰여 있다.

무한히 선하시고 크신 하나님
여기
선량한 브나시 씨가 잠들어 있사오니
우리 모두의 아버지시여
그를 위해 기도해 주소서

한 의사의 생애가 이렇게 끝났다. 의사 브나시가 환자 개인의 치료뿐만 아니라 마을 전체의 개선에도 많은 힘을 기울였다는 점을 주목하면 그는 중국의 루쉰이나 아르헨티나의 체 게바라와 같은 의사 출신 정치가를 떠올리게 한다.

의사 혼자의 힘으로 한 지역에 유토피아를 건설한다는 이야기가 현실적으로 불가능해 보이지만 이 작품 덕분에 새롭게 알게 된 사실이 많다. 예를 들면 나폴레옹에 관한 것이다.

브나시는 나폴레옹에게 무류성(無謬性, infallibility)이라는 수식어를 붙인다. 종교가 하느님을 전하는 데에 그르침이 없듯 나폴레옹에게는 전혀 오류가 없다는 뜻이다. 만일 세상 사람들이 워털루에서의 패망 소식을 듣지 않았더라면 나폴레옹의 절대적인 무류성은 그를 신으로 만들었을 것이라고 의사는 말한다. 그리고 그런 무류성은 정복자에게나 면장에게나 똑같이 요구된다고 주장했다.

그러자 즈네스타 소령이 그 말에 이렇게 덧붙인다.

"나폴레옹이 워털루 전쟁에서 패한 것은 그가 인간 이상의 존재였기 때문입니다. 그는 너무 무거운 존재여서 땅이 그의 무게를 견디지 못하고 아래로부터 튀어 올랐던 것입니다."

이 둘의 대화로 미루어 나폴레옹이 프랑스 사람들에게 얼마나 큰 존경을 받는 인물인지 실감할 수 있었다. 나폴레옹 1세에 대한 향수 때문에 그의 조카뻘인 나폴레옹 3세를 추대한 프랑스 근대 역사도 새삼 흥미롭게 찾아보았다.

의사 브나시는 지도자의 덕목을 말해주고 있다. 지도자에게는 역량과 도덕성 그리고 고결함이 요구된다는 것이다. 우리나라에도 의사 출신의 정치가가 없지는 않지만 현대 사회는 발자크 때와는 달리 개인이 이룰 수 있는 일에 한계가 있는 것 같다.

브나시는 실제 의사를 모델로 했는데, 발자크가 시골 여행 중에 한 의사에 대한 이야기를 들었단다. 그 의사는 폐허가 된 땅에 사람들을 불러 농지를 경작하여 거의 파괴된 농촌을 다시 살려낸 롬이라는 인물이었다. 발자크는 롬의 이야기를 듣고 깨달은, 공간도 창조가 가능하다는 점을 소설에 담은 것이다.

이 작품은 발자크의 다른 작품에 비해 재미가 없었고 전반부에는 의사가 마을에 이뤄놓은 치적만 나열하여 약간 지루했지만, 나중에 브나시가 어떤 말 못할 사연을 안고 살아가는지 알게 되자 그의 삶이 훨씬 빛나 보였다. 상처 입지 않은 영혼이 어디 있으랴. 고요와 그늘을 덮고 자신 안에서 평화를 구하라는 메시지를 시골 의사에게서 받았다.

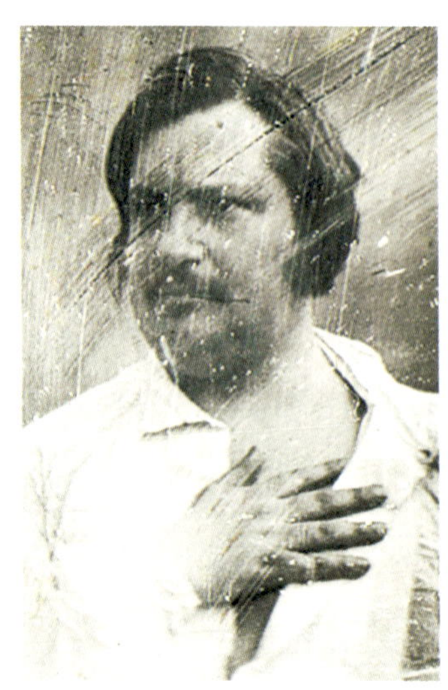

오노레 드 발자크
Honoré de Balzac

1799년 5월 20일 프랑스 투르에서 출생.
대학에서 법학을 공부하고 법률 사무소에서 일했으나 문학을 위해 포기.
연인인 베르니 부인의 격려로 몇몇 작품을 발표했으나 실패. 인쇄업, 출판업 등
사업에도 손을 댔으나 실패. 빚을 갚기 위해 익명으로 잡문을 써오다
30세에 본명으로 발표한 《올빼미 당》, 《결혼 생리학》으로 비로소 명성을 얻음.
한스카 부인과 사귀면서 왕성한 집필 활동 시작.
레종 도뇌르 훈장 수훈(1845).
주요 작품 《고리오 영감》, 《외제니 그랑데》, 《올빼미 당》, 《골짜기의 백합》,
《잃어버린 환상》, 《인간 희극》, 《나귀 가죽》 등.
1850년 8월 18일 프랑스 파리에서 사망.
죽기 5개월 전, 18년간 사귄 한스카 부인과 결혼식을 올림.

완두콩을 먹여 사람을 당나귀로 만들려는 의사

게오르크 뷔히너 〈보이체크〉

"박사님께서는 자연의 이중 현상을 경험해보신 적이 있으십니까? 해가 중천에 떠 있고, 그래서 세상이 불 속에 타는 듯하면, 내 귀에는 무시무시한 음성이 들립니다!" 보이체크가 이렇게 말하자 의사는 좋아하면서 그의 부분 착란 증세를 연구하고 싶다고 했다. 그를 인간의 변종이라 규정지었다. 완두콩만 잘 먹으면 특별 수당을 주겠노라 약속했다.

아담한 체형에 당차 보이는 아주머니가 진료실에 들어왔다. 낭랑한 음성의 "안녕하십네까?"라는 인사로 조선족임을 쉽게 알 수 있었다. 건강 검진을 원했으므로 옷을 걷어 내진하려다 말고 나도 모르게 손을 거두었다. 아주머니의 복부 한가운데에는 마치 누군가 도끼 자국을 내어놓은 듯이 기다란 흉터가 있었다. 요즘에는 장기 이식처럼 큰 수술을 받아도 거미줄처럼 가는 흔적만 남기 마련인데 과격한 수술 자국에 흠칫 놀라고 말았다. 그런데 흉터가 남게 된 사연을 듣고 나니 더욱 섬뜩했다.

연변에 살던 아주머니는 20년쯤 전에 소련 땅에 갔었단다. 흑룡강 건너 하바롭스크에 가서 옷을 떼어다 파는 장사를 하기 위해서였다. 기차역과 역 사이를 걸어가면 꼬박 3일이 걸리는 그 넓은 땅에서 어쩌다 일행과 잠시 헤어지게 되었다. 그러다 보니 6일이나 굶는 일이 생겼다. 엿새 만에 라면 한 그릇을 얻어먹었는데 갑자기 배가 너무 아파 데굴데굴 구르게 되었다. 함께 간 사람들이 거금을 들여 앰뷸런스와 통역사를 불렀다. 도착한 소련 병원에서는 마취도 없이 배를 다짜고짜 갈랐단다. 하도 오래 굶은 나머지 장이 들러붙었다는 것이었다. 당시 소련에서는 중국 사람을 개보다 더 못하게 취급하던 시절이었다. 누군가 귀띔하길 소련 의사들이 중국인을 대상으로 생체 실험을 하고 있으며 살아서는 절대로 병원 밖으로 나가지 못할 것이라 했단다.

아주머니는 침대 시트를 찢어 수술 부위를 감싸 매고 그날 밤으로 탈출을 감행했다. 그런 모험담을 아주머니는 대수롭지 않은 듯이 담담하게 말했지만 흉터를 바라다보는 내 마음은 그렇지가 못했다. 진위에 관계없이 의사의 비정함을 느끼게 하는 이야기였다. 이와 비슷하게 정나미 떨어지는 의사를 본 적이 있다. 가난한 병사에게 푼돈을 주고 완두콩만 먹여 당나귀로 변하는지 임상 시험을 하는 그런 의사 말이다. 바로 독일 작가 게오르크 뷔히너의 희곡 〈보이체크〉에 그런 의사가 나온다.

프란츠 보이체크는 보병으로 나이는 서른 살이다. 가난한 형편이라 결혼식을 올리지 못했지만 사랑하는 아내 마리와 어린 아들이 있다. 가족을 부양하기 위해 그는 군대 안에서는 물론 바깥에서도

보이체크의 친필 원고.
대위와 의사 스케치.

일을 찾느라 바쁘다. 그는 이상한 소리를 자주 한다. 예를 들면 동료 안드레스와 덤불에서 가지치기할 때 고슴도치인 줄 알고 집어 든 것이 사람 해골이었다는 식이다. 또 하늘에서 계시가 내려 불꽃이 일었고 나팔 소리가 들린다고도 말했다.

보이체크의 아내 마리는 예뻤다. 그녀는 군인들이 행진할 때 아기를 안고 창가에서 행렬을 내다보았다. 선두에 있는 북 치는 군악대장에게 인사하자 앞집 아주머니가 마리를 나무랐다. 외간 남자에게 눈길을 주면 안 되는 거라고. 마리는 이렇게 대꾸했다.

"그래서 어떻다는 거예요! 댁의 두 눈알도 뽑아서 유대인한테 갖다 주지 그래요. 그러면 반짝반짝 닦아서 단추로 팔 수 있을 테니까."

앞집 아주머니는 새파랗게 젊은 게 못하는 소리가 없다며 마리에게 남자의 가죽 바지 일곱 벌도 꿰뚫어 볼 여자라고 말했다. 마리는 창문을 확 닫았다.

잠시 후 보이체크가 창문을 두드렸다. 그는 땅에서 연기가 피어오른다는 둥 괴상한 소리를 하며 큰일 났다고 말하고는 다시 황급히 떠나는 것이었다. 들어오라고 해도 점호에 가야 한다며 쫓기듯 아들의 얼굴도 보지 않고 가버리는 남편에 대해 마리는 두려움을 느꼈다. 아무래도 남편은 생각이 너무 많은 나머지 제정신이 아닌 것 같았다.

보이체크는 군대에서 면도를 담당했다. 보이체크에게 면도를 받는 사람 중에 대위도 있었다. 대위는 면도를 받는 동안 쉬지 않고 설교를 늘어놓았다. 서두르지 마라, 시간을 낭비하지 마라, 허둥대지 마라 등등 훈계를 하고 보이체크가 결혼식을 올리지 않고 아이를 낳은 것을 비난하기 시작했다. 보이체크는 돈이 없는 사람들은 그런 식으로 밖에는 자식을 낳지 못한다고 설명하며 가난해도 감정은 있노라고 대꾸했다. 대위는 감정보다는 도덕이 중요한 거라면서 자신은 매우 도덕적인 사람이라고 했다.

"예, 대위님. 도덕 좋지요." 보이체크는 자신처럼 천한 인간은 갖고 싶어도 도덕을 가질 형편이 못되고 오직 본능밖에는 없노라고 솔직히 말했다.

하루는 가설극장 앞을 마리와 보이체크가 지나갔다. 극장 앞에서는 노인이 손풍금에 맞추어 노래하고 아이가 춤을 추고 있었다.

이 세상에 영원한 것은 없으니
우리 모두 죽어야 할 몸
이건 이미 알고 있는 것

보이체크는 이들 노인과 아이를 보고 불쌍하게 여기며 슬픈 축제라 불렀다. 마리와 보이체크는 극장 안으로 들어갔다. 무대에서는 말, 원숭이, 카나리아가 공연을 했다. 극장에서 만난 부사관과 군악대장이 마리를 보고 눈독을 들였다. 군악대장은 마리의 새까만 눈이 마치 우물이나 굴뚝을 들여다보는 기분이 들게 한다며 마리가 앞 좌석에 앉도록 안내해줬다.

며칠 후 남편이 없는 동안 마리의 방에 군악대장이 다녀갔다. 그리고 마리는 아이를 무릎 위에 앉히고 군악대장에게 선물 받은 귀고리를 손거울에 비춰보았다. 어떤 보석이 이렇게 빛날는지, 아마도 금일 거라며 좋아했다. 보이체크가 조용히 들어와서 마리에게 번쩍거리는 것이 무엇이냐고 물었다. 마리는 귀를 감추면서 길에서 귀고리를 주웠다고 대답했다.

완두콩은 보석처럼 예쁘다. 밥에 섞여 있으면 마치 밥을 에메랄드로 장식한 것만 같다. 모든 콩이 그렇듯 완두콩에는 단백질과 무기질, 비타민과 식이 섬유가 많다. 의사는 완두콩을 먹여 보이체크를 당나귀로 만든다지만 오히려 뇌 기능이 향상되어 똑똑하고 건강한 사람이 될 것 같다.

"한 쌍을 한꺼번에 줍는 건 못 봤어."

자신을 의심하느냐고 마리가 묻자 보이체크는 아기를 보며 그만하라고 했다. 보이체크는 중대장에게 받은 급료를 마리에게 내어주었다. 아기가 잠자며 땀을 흘리는 모습을 안쓰럽게 들여다보면서 그는 태양 아래 모든 게 일이라고 중얼거렸다. 돈을 받은 마리는 고마워하면서 밤에도 일하러 나가는 남편에게 죄책감을 느꼈다.

보이체크는 한 의사의 임상 시험에 참여하고 있었다. 의사는 보이체크에게 그가 길에서 오줌 싸는 모습을 보았다며 야단을 쳤다. 개처럼 담벼락에다 오줌을 싸면 세상이 더러워진다는 것이다. 그러고도 매일 2그로셴이나 받아먹느냐고 비난하며 지금 다시 한 번 오줌을 누어보라고 했다. 의사는 보이체크의 오줌을 분석하려고 했다. 요소, 염화암모늄, 과산화물 등등을. 오줌을 누는 건 생리적인 본능일 뿐이라고 보이체크가 변명하지만 의사는 귓등으로 흘려들었다.

의사는 보이체크에게 매일 완두콩만 먹게 하고 그의 신체적 변화를 관찰하는 중이었다. 의학계를 뒤집어놓겠다는 야심을 가진 의사는 보이체크에게 완두콩을 잘 먹으라고 다짐을 놓았다.

"박사님께서는 자연의 이중 현상을 경험해보신 적이 있으십니까? 해가 중천에 떠 있고, 그래서 세상이 불 속에 타는 듯하면, 내 귀에는 무시무시한 음성이 들립니다!" 보이체크가 이렇게 말하자 의사는 좋아하며 그의 부분 착란 증세를 연구하고 싶다고 했다. 그를 인간의 변종이라 규정지었다. 완두콩만 잘 먹으면 특별 수당을 주겠노라 약속했다.

한번은 거리를 바삐 지나가는 보이체크를 대위가 붙잡았다. "마치 면도날처럼 세상을 자르듯 달려가는군. 사람 다치겠네"라 하더니 대위는 혹시 국그릇에서 부사관이나 군악대장의 수염 털을 발견하지 못했느냐고 물었다. 그 말은 보이체크의 아내가 정숙하지 않을 거라는 암시였다. 보이체크는 가난한 자신이 가진 거라고는 세상에서 아내밖에 없다고 제발 농담하지 말아 달라고 부탁했다. 대위는 다

보이체크를 위해 해주는 이야기라 했다.

"가겠어요! 그럴 수도 있지. 더러운 년! 그럴 수도 있어. 날씨가 좋군요. 대위님, 하늘이 저렇게 아름답고 넓지 않습니까. 저 하늘에 쇠갈고리를 던져서 목이라도 매고 싶군요. 긍정에 부정이 죄입니까, 아니면 부정에 긍정이 죄입니까?" 이런 아리송한 말을 남기고 보이체크는 바삐 걸어갔다.

아내를 의심하게 된 보이체크는 골목에서 마리를 만나자 뚫어지게 바라다보다가 머리를 흔들었다. 왜 그러느냐고 묻자 보이체크는 마리에게 입술이 키스로 부르트지는 않았느냐고, 죄악이 이렇게 두껍고 넓은 거냐고 한탄했다. 마리가 진정하라고 해도 보이체크는 똑똑히 두 눈으로 남자를 보았다고 했다.

"두 눈이 있으니까 장님이 아닌 이상, 태양이 환한데 뭔들 못 보겠어요." 마리는 뻔뻔하게 대꾸했다.

위병소에서 일하는 동안에도 보이체크는 안절부절못했다. 동료 안드레스에게 마리의 손이 얼마나 뜨거웠는지 모른다면서 눈앞이 빙빙 돌아 미칠 것 같다며 밖으로 달려 나갔다.

술집 앞에서 그는 마침내 마리와 군악대장이 춤추며 지나가는 걸 발견했다.

"계속해! 계속해! 돌아봐라, 얼싸안고. 하느님은 왜 태양을 꺼버리지 않을까. 사내와 계집이, 수컷과 암컷이 저렇게 음탕하게 얼싸안고 뒹구는데. 벌건 대낮에 손바닥 위에서도 그 짓을 하는 모기들처럼. 계집이, 저 계집이 뜨거워졌어! 계속해! 계속해!"

한밤중에 보이체크는 안드레스를 흔들어 깨웠다. 보이체크는 잠이 오지 않는다고, 눈을 감으면 세상이 자꾸만 빙빙 돌면서 바이올린 소리가 계속 들리고 벽에서 말소리가 난다고 어쩔 줄 몰라 했다. 그의 착란 증세를 안타까워하며 안드레스는 소주에 가루약을 좀 타서 마시면 열이 가라앉을 거라 알려주었다. 보이체크는 눈앞에 칼이 어른거리고 귀에서는 찔러! 찔러! 하는 소리가 쉬지 않고 들려온다고 했다.

의사는 마당에 학생들을 모아놓고 강연하다가 지나가는 보이체크를 불러 세웠다. 3개월 전부터 보이체크가 실험을 위해 완두콩 이외에는 아무것도 먹지 않았다는 사실을 학생들에게 설명하고 그 효과를 함께 관찰하자고 했다. 맥박이 얼마나 불규칙한지, 눈이 얼마나 어두워졌는지를. 그리고 귀를 한번 움직여보라고 지시했다. 보이체크가 머뭇거리자 의사는 "이런 짐승! 내가 네 귀를 잡아 흔들어야 시작하겠어? 고양이처럼!" 하고 거칠게 굴었다.

"자, 여러분, 이것은 인간이 당나귀로 변해가는 중간 단계입니다. 며칠 사이에 머리카락 숱이 아주 옅어졌어요. 네, 여러분, 이건 완두콩의 효과입니다." 의사는 득의양양했다.

술집에서 군악대장과 보이체크가 마주쳤다. 군악대장이 자신이 진짜 사나이라고 으스대자 보이체크는 휘파람을 불어 야유했다. 둘은 엉겨 붙었고 그 결과 보이체크는 흠씬 얻어맞아 피를 흘렸다. 복수심에 찬 보이체크는 유대인 잡화점에 가서 칼을 하나 샀다.

그는 병영으로 돌아가 소지품을 정리했다. 옷을 안드레스에게 주

연극 〈보이체크〉의 한 장면이다. 우리나라에서도 종종 막을 올리는 이 작품은 기존의 연극 주인공들이 왕이나 귀족, 거물들이었던 것에 반해 하층 계급이 최초로 비극의 주인공을 맡았다는 데 의미가 있다.

고 십자가와 성경책 등도 치웠다. 장의사가 관을 만들 때는 그 안에 누가 눕게 될지 아무도 모른다는 모호한 말을 남기고 부대를 떠났다.

그는 집으로 갔다. 마리가 소녀들과 함께 이웃 할머니에게서 동화를 듣고 있었다.

“옛날 옛적에 불쌍한 아이가 살았는데 아빠도 엄마도 없고 세상에 혼자만 남았단다. 모두 다 돌아가셨지. 그래서 낙담한 아이는 밤낮으로 울기만 했어. 이 세상에 아는 사람이 아무도 없기 때문에 아이는 하늘나라에 가려고 했지. 그런데 달님이 자기를 친절하게 내려다보지 않겠어. 그래서 아이는 달나라로 갔지. 그런데 달님은 썩은 나무 조각이었어. 그래서 아이는 해님에게로 갔지. 그렇지만 해님은 시든 해바라기였던 거야. 그래서 별님에게로 갔지. 그런데 별님은 황금 모기였어. 때까치가 황금 모기를 가시나무에 꽂아놓았던 거야. 그래서 아이는 다시 지구로 돌아왔는데 지구는 엎어진 요강이었어. 여전히 아무도 없었고 아이는 주저앉아 엉엉 울었단다. 아직도 그 아이는 거기 앉아 있지. 혼자서 말이야.”

보이체크는 시간이 되었다며 마리를 시내 밖으로 데리고 나갔다. 그와 만난 지 얼마나 되었는지 묻자 마리가 2년이라 대답했다. 보이체크는 달을 바라보며 “피 묻은 낫 같군” 하더니 품에서 칼을 꺼내 마리를 마구 찔렀다.

사람들이 몰려오는 기척을 느끼자 보이체크는 도망쳤다.

현장에 도착한 법원 관리가 말했다. “훌륭한 살인입니다. 진짜 살인이에요. 아름다운 살인입니다. 이렇게 해달라고 누가 주문이라도 한 것처럼 아름답습니다. 이런 살인을 본 지도 오래됐어요.”

보이체크는 증거 인멸을 위해 연못에 피 묻은 칼을 던지기로 했다. 행여 누가 볼세라 연못 더 깊은 곳으로 칼을 던지려고 보이체크는 자꾸 물속으로 들어갔다.

"그 남자 물에 빠졌다. 그 남자 물에 빠졌다." 합창 소리가 울리며 막이 내린다.

미완성의 유고인 이 작품에서 가난한 군인 보이체크는 일개미와 같다. 푼돈 때문에 의사의 실험 도구가 되어 인간 이하의 대접을 받는다. 그에게 가장 큰 재산은 사랑하는 아내다. 하지만 그녀의 부정을 알게 되자 칼로 찔러 죽이고 자신도 물에 빠져 죽고 만다. 권력층을 대변하는 대위와 지식층을 대변하는 의사에게서 보이체크는 천대만 받았다. 가정에서도 사회에서도 인간적 소통이 차단되고 철저히 소외된 인물이 바로 보이체크다.

1821년 라이프치히에서는 어느 이발사가 연상의 과부를 일곱 군데나 찔러 죽인 사건이 발생했다. 그 범인의 이름이 보이체크였고 훗날 공개 처형당했다. 이 작품은 그 사건을 토대로 만들어진 것이다. 이런 경우의 살인은 개인의 일이 아닌, 사회 모두의 책임이라는 걸 작가는 말하고 싶어 했다.

작품에 임상 시험을 하는 의사가 나오는데 그는 보이체크에게 완두콩만 먹여 당나귀로 변해가는 것을 입증하려 한다. 참으로 어이없는 생체 실험이 아닐 수 없다.

오늘날 대학병원에서는 약물의 효과 등을 검증하기 위해 임상 시험을 하고 있다. 이런 경우 임상 시험의 과정은 매우 복잡하고 치밀하다. 먼저 자원자를 모집한다. 1단계로 약물의 독성 여부를 관찰한다. 2단계는 소기의 효과가 명백히 나타나는지를 확인한다. 3단계에서는 위약과 진짜 약을 무작위로 준 다음 일정한 효과가 얻어지는지 증명하는 과정을 밟는다.

독일 현대 문학의 효시라 일컬어지는 뷔히너는 불과 스물네 살의 나이에 티푸스에 걸려 사망했다. 남긴 작품은 세 개의 희곡과 단편소설 〈렌츠〉뿐이지만 후세 사람들은 그를 요절한 천재라 부른다.

뷔히너가 죽은 지 170년이 지난 지금도 〈보이체크〉는 자주 연극으로 상연되고 오스트리아 작곡가 알반 베르크가 만든 오페라 〈보체크〉도 음악 애호가들에게 사랑받고 있다. 또한 이 작품은 하층 계급의 인물이 비극의 주인공으로 그려진 최초의 작품이라는 점에서도 의미가 있다. 하층민일수록 사회에서 보호하고 최소한의 생활을 보장해주어야 하는데 의사가 그를 임상 시험의 도구로 사용하고 함부로 대하는 모습이 몹시 거슬렸다. 의사는 보이체크를 마치 실험용 기니피그나 생쥐처럼 취급하고 그의 인격을 전혀 존중하지 않았던 것이다. 더 이상 의학이나 과학의 이름으로 비정함이 난무하지 않길 바란다.

게오르그 뷔히너
Georg Büchner

1813년 10월 17일 독일 고델라우에서 의사의 아들로 출생.
김나지움(독일의 중등 교육 기관)에서 고전과 문학을 공부하고
대학에서 의학, 자연 과학을 전공. 자유사상을 접하고 정치 활동으로
경찰에 쫓기게 되면서 망명 비용 마련을 위해 희곡 집필 시작.
스위스 취리히 대학에서 철학 학위를 받고 강사로 임용되어 스위스로 이주.
주요 작품 《당통의 죽음》, 《보이체크》, 《레옹스와 레나》, 〈렌츠〉 등.
1837년 2월 19일 24세의 나이로 스위스 취리히에서 티푸스로 사망.
그를 기리기 위해 1923년 '게오르그 뷔히너상'이 제정되어
지금까지 귄터 그라스, 하인리히 뵐 등이 수상.

해가 뜨면 총살당할 사형수를 돌보는 의사

장 폴 사르트르 〈벽〉

의사가 후안에게 다가와 머리와 목을 어루만졌다. 그러자 후안이 그의 손을 잡더니 갑자기 입으로 가져가 물어뜯으려 했다. 의사는 손을 뿌리치고 휘청거리며 한쪽으로 물러가 한동안 놀란 눈으로 죄수들을 바라보았다. 자신과 그들이 같은 사람이 아니라는 것을 깨달은 것이다.

올해로 97세인 친정어머니는 이따금 막내딸네인 우리 집에 놀러 오신다. 비슷한 연배의 사돈과 밤새 고스톱을 치며 짜릿한 경쟁의 시간을 보내곤 하는데, 어느 날 밤에 내가 읽는 책을 유심히 들여다보셨다. 그러면서 무슨 내용이냐고 물으셨다. 그때 나는 블라디미르 나보코프의 소설 《사형장으로의 초대》를 읽고 있었는데 도저히 설명해드릴 수 없을 만큼 난해한 작품이었다. 대답을 못 하는 내게 어머니는 당신 이야기가 쓰인 게 아니냐면서 "이렇게 늙고 보니까 사형 선고를 받은 것만 같구나. 원! 내일 죽을지, 모레 죽을지 알 수가 있어야지……"라고 혼잣말을 하셨다.

듣고 보니 인간이 모두 사형 선고를 받았다는 어머니의 말씀이 진리처럼 느껴졌다. 우리는 언제 죽을지 그 시간만 모를 뿐 어차피 죽도록 운명 지어져 있다는 현실이 새삼 서글프게 다가왔다. 어쩌면 삶이란 큰 배를 타고 떠나는 여정이 아닐까? 그 여행의 목적지가 바로 죽음인 줄도 모르고 긴긴 여행을 하는 인간들이라니……. 백 년도 못 살면서 천 년 만 년 살 것처럼 굴지는 않았는지.

나는 아직 죽음을 염두에 두지 않지만 연로하신 어머니는 매 순간 운명을 감지하며 사셨던가 보다.

죽음, 사형……. 이렇게 무시무시한 단어들에 골몰하다가 삶과 죽음이 묘하게 대비된 사르트르의 단편 소설 〈벽〉이 생각났다. 거기에는 삶을 구걸하지 않고 실존에서 도피하려고 시도했던 주인공 파블로가 결국은 벽에 부딪혀 모든 것이 허사로 돌아가는 상황이 묘사된다. 실존을 정면으로 보지 않으려 했던 주인공 파블로를 함께 따라가 보자.

스페인 내전(1936~1939) 중의 일이다.

주인공 파블로 이비에타는 무정부주의 운동에 가담하고 있었다. 그는 라몬 그리스라는 지도자급 인물을 은닉시킨 죄로 체포되었다. 파블로가 들어가게 된 감방에는 톰과 후안이라는 죄수가 두 명 더 있었다.

톰은 '국제여단' 소속이기 때문에 잡혀 왔고 나이 어린 후안은 형이 아나키스트라서 끌려왔다. 후안은 형이 한 일로 희생당하는 것은 억울하다며 자신은 죄가 없다고 하소연했지만 아무도 그의 말을

97세 친정어머니는(중앙) 언제 죽을지 모르는 우리네 삶이 사형 선고를 받은 것과 똑같다고 말씀하신다. 사진은 우리 집에 놀러와 사돈과 고스톱을 치는 모습인데 이날은 마침 오빠도 합류하여 '열 고!'를 외치고 있다.

귀담아듣지 않았다.

감방으로 사용되는 곳은 한때 병원 지하실이었다. 그곳은 싸늘한 바람이 새어들어 몹시 추웠다. 톰은 몸을 떨기 시작했다. 일어나서 체조를 해봐도 여전히 떨렸다.

저녁 8시경에 어떤 소령이 병사 두 명을 데리고 들어왔다. 그는 명부를 펼쳐 보며 죄수 세 명은 모두 사형이라고 전했다. 후안이 그럴 리 없다고 소리쳤지만 선고 내용이 바뀔 리 없었다. 소령은 벨기에인 의사가 와서 그들과 하룻밤을 함께 보낼 것이라 알려주고 나갔다.

어린 후안의 얼굴은 공포와 고통으로 일그러져 온몸이 뒤틀렸다. 사흘 전만 해도 귀여운 어린애 같았을 후안은 이제는 피폐해진 난봉꾼 같은 몰골로, 설사 식방이 된다 할지라도 다시는 젊어지지 않을 것만 같았다. 그는 온몸이 잿빛이 되어 있었다. 톰도 따라서 잿빛이 되어갔다.

잠시 후 문이 열리고 회색 제복을 입은 금발의 사나이가 들어왔다. 그는 죄수들에게 경례했다.

"나는 의사입니다. 괴로운 처지의 여러분을 도와드리도록 허락받았습니다"라고 제법 품위 있고 점잖은 목소리로 말했다.

파블로가 대체 무엇하러 왔느냐고 묻자 "당신들을 도와주러 온 것입니다. 앞으로 몇 시간 동안 당신들의 고통을 조금이라도 덜어드리기 위해 최선을 다할 것입니다"라고 답했다. 병원도 환자들로 미어터질 지경일 텐데 왜 왔느냐고 하니 의사는 모호한 태도로 "이리로 가라고 합디다"라고 답했다.

파블로는 체포되던 날 병영 뜰에서 파시스트들과 함께 있는 의사를 봤으므로 그가 단지 동정심 때문에 이곳에 와준 것은 아닐 것으로 생각했다. 즉 정치적 소신에 따른 결정이란 뜻이다.

톰은 머리를 두 손에 파묻고 있어 뒷덜미만 보였다. 어린 후안은 한층 맥이 풀려 있었다. 의사가 후안에게 다가가 기운을 돋워주려는 듯 어깨 위에 손을 얹었다. 의사의 눈빛은 냉랭했다. 의사의 손이 슬그머니 후안의 손목까지 내려가더니 시계를 꺼내 들고 맥박수를 세었다. 그리고는 벽에 기대어 주머니에서 수첩을 꺼내 뭔가를 적기 시작했다.

'개 같은 자식! 내 맥을 짚으러 오기만 해봐라. 골통을 부숴버리고 말 테다.'

파블로는 그런 생각으로 기다렸지만 의사는 그의 곁에 오지 않은 채 특색 없는 목소리로 물었다.

"추워서 그렇게 떠는 게지요?"

"나는 춥지 않습니다."

그렇게 대답했지만 파블로도 자신의 변화를 깨달았다. 한겨울인데 그는 땀을 흘리고 있었다. 손으로 머리를 쓸어 올려보니 머리털이 땀범벅이었다. 셔츠가 젖어서 가슴에 달라붙었다. 적어도 한 시간 전부터 그랬던가 보다. 그런데도 아무것도 느끼지 못했다. 그러나 의사의 눈은 그를 세심히 관찰하고 있었다. 의사는 땀방울이 흘러내리는 것을 보고 병리학적 공포 상태라고 여겼을 것이다. 반면에 의사 자신은 추위로 떨고 있었으므로 건강에 아무런 문제가 없다는 것을 느끼고 자랑스럽게 여겼을 것이다. 파블로는 당장 일어서서 의사의 낯짝을 후려갈기고 싶었다. 그러나 몸을 움직이자마자 어느 틈에 수치심과 분노가 사라지고 무감각한 상태로 의자 위에 쓰러져 버렸다. 파블로는 손수건으로 목을 닦았다. 닦아도 소용이 없었다. 온몸이 땀에 푹 절었고 엉덩이에서도 땀이 나서 바지가 의자에 그대로 달라붙고 말았다.

어린 후안이 갑자기 말했다.

스페인 내전은 비단 스페인 한 나라만의 싸움이 아니라 민주주의와 파시즘 세력 간의 전쟁인 탓에 세계 각국에서 지원병이 많이 몰려들어 프랑코의 파시즘과 맞섰다. 《카탈루니아 찬가》를 쓴 영국의 오웰도 사진 속에 있을지 모르겠다.

"당신은 의사인가요?"

"그래."

"아픈 것이…… 오래 계속되나요?"

"언제? 아, 그렇지 않아. 곧 끝나버려."

의사는 짐짓 친절한 목소리로 말했다. 마치 진찰받으러 온 환자를 안심시키려는 듯한 태도를 보였다.

"하지만…… 두 번 쏘는 경우도 있다는 말을 들었는데요."

의사는 만일 사형수의 급소를 맞추지 못하면 총알을 다시 장전해서 겨눈다고 설명했다.

톰과 파블로는 마치 거울로 서로 마주 보는 것처럼 똑같이 추한 꼴이었다. 그들은 자신들과는 다른 벨기에인 의사를 주시했다.

"자네는 알겠나? 난 모르겠어." 의사를 노려보며 파블로가 톰에게 말했다.

"뭘 말이야?" 톰이 대꾸했다.

파블로는 무슨 일이 닥쳐오고 있는데 그것에 대해 아무것도 예상할 수 없는 게 답답했다.

'용기를 가지려면 뭐든 알아야 할 것이 아닌가? 마당으로 끌고 가겠지. 그다음에는 병사들이 죄수 앞에 열을 지어……. 몇 명이나 될까? 여덟 명쯤…… 총대 앞에 서서 벽 속으로 기어들어가고 싶어질 것이고 있는 힘을 다해 벽을 등으로 밀겠지. 그때 벽은 꿈속에서처럼 꿈쩍도 하지 않을 거야.' 그런 것은 충분히 상상이 되었다.

"나도 상상이 가. 굉장히 아플 거야." 톰도 같은 생각을 말했다.

"얼굴을 으스러뜨리려고 눈과 입을 겨눈다는 것을 자네는 아는가?"

"벌써 나는 고통이 느껴지는걸. 한 시간 전부터 머리와 목이 쓰라려. 정말로 아픈 것은 아닐 텐데 그보다 더 괴로워."

둘은 대화를 나누는 내내 의사를 바라보았다. 물론 의사는 그들의 말 따위에는 관심이 없었다. 그는 멀쩡한 죄수들이 빈사 상태에 허덕이는 것을 보러 온 것이었다.

톰에게서 이상한 냄새가 났다. 오줌소태에 걸린 늙은이처럼 톰에게서 발산되는 오줌 냄새가 코를 찔렀다.

"발밑을 좀 봐. 바지에 오줌을 싸고 있잖아." 파블로가 지적했다.

"그럴 리가……. 이게 무슨 오줌이야? 나는 아무 냄새도 안 나는데……." 톰은 얼이 빠져 있었다. 의사가 다가와 짐짓 성의를 보이며 물었다.

"몸이 괴로우십니까?"

톰은 대답하지 않았다. 대신에 "이게 뭐야? 난 무섭지 않아. 정말로 두렵지 않아"라고 사납게 말했다.

의사는 수첩에 뭔가를 기록하고 있었다.

세 사람 모두 의사를 바라보았다. 그가 살아 있는 사람이기 때문이었다. 그는 산 사람의 동작, 산 사람의 일거리를 가지고 있었다. 산 사람이라면 떨고 있을 그 지하실에서 그도 떨고 있었다. 그는 마음대로 움직일 수 있는 기름진 육체를 가지고 있었다. 우리들은 우리의 육체를 거의 의식할 수 없었다. 어쨌든 살아 있는 사람처럼 느낄 수 없었다. 나는 바짓가랑이를 만져보고 싶었지만 그럴 용기가 없었다. 두 다리로 버티고 서서 근육을 제 맘대로 놀릴 수 있는 그 의사, 내일을 생각하고 있을 그 녀석을 나는 바라보고 있었다. 우리 세 사람은 핏기 없는 그림자에 지나지 않았다. 우리는 그를 바라보며 흡혈귀처럼 그의 피를 빨고 있었다.

의사가 후안에게 다가와 머리와 목을 어루만졌다. 그러자 후안이 그의 손을 잡더니 갑자기 입으로 가져가 물어뜯으려 했다. 의사는 손을 뿌리치고 휘청거리며 물러가 한동안 놀란 눈으로 죄수들을 바라보았다. 자신과 그들이 같은 사람이 아니라는 것을 깨달은 것이다.

파블로는 피곤해도 잠을 이루지 못했다. 자신에게 총구가 겨눠진 장면이 떠올랐다. 스무 번 정도나 사형당하는 모습을 떠올렸다. 잠시 눈을 붙인 사이에는 벽 쪽으로 끌려가 용서해달라고 애걸하는 꿈을 꾸었다.

의사는 사랑하는 사람에게 그들의 유언을 전해주겠다고 제안했다. 파블로에게는 애인 콘차가 있지만 아무 말도 전하기 싫었다. 하루 전날 밤만 해도 단 5분만 그녀를 만날 수 있다면 도끼로 한 팔을 찍어내도 상관없을 것 같았는데 이제는 아니었다. 설사 그녀를 안을 수 있더라도 그러기가 싫었다. 스스로가 잿빛이 되고 땀이 흐른 제 몸뚱이가 역겨웠다.

어린 후안이 울부짖기 시작했다. 그는 손을 비비 꼬며 애걸하고 있었다.

"나는 죽기 싫어. 죽기 싫단 말이야."

날이 밝아오고 발소리가 들려왔다.

병사들이 톰과 후안을 호명해 데려갔다. 파블로에게는 기다리라고 했다. 후안과 톰을 사살하는 총소리가 들려왔다.

파블로는 다른 방으로 끌려갔다. 두 명의 뚱뚱한 장교가 새로운 심문을 시작했다.

"라몬 그리스는 어디 있지?"

모른다는 대답에 그들은 겁을 주려고 파블로의 팔을 비틀면서 말

나는 아직 프랑스에 가 보지 못했으므로 사르트르의 이 작품이 늘 의아하다. 묘지란 허허벌판에 있기 마련인데 도대체 은신처가 될 수 있을까? 오히려 살아 있는 사람을 가장 잘 드러나게 하는 곳이 묘지가 아닐까?

했다.

"라몬 그리스와 네 목숨을 맞바꾸자는 거야. 그가 어디 있는지 말해주면 너는 살려주지."

15분의 여유를 줄 테니 잘 생각해 보라고 했다. 사실 파블로는 그가 어디 있는지 알고 있었다. 그는 사촌 집에 숨어 있었다. 사실을 말하면 목숨을 구하겠지만 파블로는 그러고 싶지 않았다. 그들이 벽에 붙여놓고 쏘아 죽이려는 대상은 파블로든 다른 사람이든 별로 다를 게 없었다. 이제는 중요한 것이 아무것도 없었다.

15분 후 파블로가 거짓 대답을 했다.

"그가 어디 있는지 압니다. 묘지에 숨어 있어요. 구덩이 속이나 그렇지 않으면 무덤 파는 인부 집에 있을 겁니다."

군인들은 벌떡 일어나 묘지를 향해 갔고 파블로는 빈 무덤구덩이를 들춰 볼 그들을 상상하며 혼자 코웃음을 쳤다.

얼마 후 군인들이 돌아오고 파블로의 사형 선고는 취소되었다. 의아해하는 파블로에게 다른 죄수가 소식을 들려주었다. 라몬 그리스는 사촌과 말다툼하고 숨어 있던 집을 나와 묘지로 갔다는데 그때 마침 놈들에게 발각되어 총에 맞아 죽었다는 것이다.

"묘지에서!"

파블로는 '모든 것이 빙빙 돌기 시작했다. 그는 땅에 주저앉았다. 하도 기가 막혀서 미친 듯이 웃음이 쏟아졌지만 눈가에는 눈물이 그렁그렁 맺혔다.'

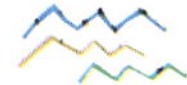

"실존주의는 휴머니즘이다"라고 외친 사르트르는 문학이 사회에 참여해야 한다고 역설한 참여 문학의 기수이며 행동하는 지식인이다.

"인간에게는 그를 억압하는 그 어떤 본질이 없다는 것. 그래서 인간은 자유롭다는 것. 어느 누구도 어떤 사회적 관습이나 제도도 심지어 신마저도 인간을 억압할 수 없다는 것. 그 때문에 운명은 자기 손에 달려 있으며 매 순간 스스로 선택하고 결정해야 한다"는 것이 사르트르가 말하는 존재의 의미이다. 실존이 본질에 선행하고 인간의 본질은 결정되어 있지 않으니, 그렇기 때문에 인간의 자유는 선물이 아니라 짐이라는 걸 강조한 사르트르는 이성이나 인간성보다 실존이 앞선다는 걸 누차 말해왔다.

피할 수 없는 죽음이 임박했음을 상징하는 〈벽〉은 사르트르의 대표적인 단편이다. 인생을 허망한 아이러니로 보는 실존주의가 사형수 파블로를 통해 표현되어 있다. 사르트르의 말대로 물고기를 감싸 안은 꽉 찬 강물 같은 실존이란 인간이 벗어날 수 없는 일종의 충만임을 드러내고자…….

이 작품에 등장하는 벨기에인 의사는 다음 날 사형당할 죄수들을 밤새 돌보라는 소임을 맡고 감방에 들어간다. 죽음을 앞둔 세 사람의 의식과 신체 반응을 눈여겨보고 기록한다. 사형수들을 위로하는 듯이 말하지만 진심은 아니고 아주 냉정한 태도를 취한다. 이미 죽은 목숨이나 마찬가지인 죄수들에게 의사는 산 사람으로 비치며 생사의 대비를 이룬다.

사형수에게 변호사도 신부도 목사도 아닌 의사를 들여보내는 제도가 조금 의아하게 느껴진다. 죽기 직전까지는 의사가 밀착해서 돌본 다음에 가차 없이 총살한다는 게 얼마나 아이러니한가 말이다.

총살이라는 선고를 받아 죽음에 직면한 세 명의 죄수는 죽기도 전에 이미 죽은 몸이나 다름이 없다. 스스로 오줌을 싸고 있는지 의식하지도 못하고 맹추위에도 걷잡을 수 없이 땀을 흘린다. 병리학적 공포 상태의 표현인 것이다.

이 작품 속의 인물들과는 정반대로 의연한 최후를 맞은 고대 철학자들이 있다.

기원전 399년, 70세의 소크라테스는 사형 선고를 받았다. 사형 예정 날 새벽에 평상심을 유지할 수 있었던 사람은 소크라테스뿐일 것이다. 그의 의연함에 그동안 많은 사람들의 최후를 지켜보았던 간

수조차 감동받았다. 사형 집행인이 으깬 독미나리가 든 잔을 건네자 소크라테스는 가뿐하게 받아 마셨다. 그리고 벌떡 일어나 독이 잘 퍼지도록 감옥 안을 걸어 다녔다. 마침내 두 다리가 뻐근해짐을 느끼자 누워 죽음을 청했다. 소크라테스의 가장 절친한 친구 크리톤이 곁에 다가가 초점을 잃어가는 눈을 감겨주었다고 전한다.

또 다른 사람은 로마의 세네카이다. 광기에 빠진 네로 황제는 스승 세네카에게 반역죄를 씌워 자결할 것을 명했다. 기원후 65년, 세네카는 처음에는 칼로 정맥을 끊었지만 나이가 들어 피가 별로 나오지 않았다. 의사에게 독약을 청해 먹어보아도 효과가 없었다. 하는 수 없이 세네카는 자신을 증기탕 안에 넣어달라고 요구했고 그곳에서 평온하게 서서히 질식해 죽어갔다고 한다.

그렇다면 예고된 죽음 앞에서 나는 어떤 모습일까 생각해보게 된다. 죽음이 다가왔을 때 내가 의연한 태도를 취할 것이라고 절대 장담할 수 없다. 살려달라고 울부짖는 많은 영화 속 장면이 내 몫이 아니라고 단언할 수 없다. 하지만 만일 나더러 아침이 오면 죽어야만 하는 그 누구와 밤을 지새우라고 한다면 작품 속의 벨기에인 의사와는 달리 두 눈 가득 연민을 담아 전해주고 싶다. 삶의 마지막 순간인데 무엇인들 못 해주랴.

장 폴 사르트르
Jean Paul Sartre

1905년 6월 21일 프랑스 파리에서 출생.
슈바이처 박사의 백부이기도 한 엄격한 외조부 슬하에서 성장.
파리 고등 사범 학교와 소르본 대학에서 철학,사회학, 심리학을 전공.
군 제대 후 교직 생활을 하면서 작품 활동 시작.
《구토》, 희곡 《파리》 등으로 대중적 사랑을 받으면서도 행동하는 지식인으로
인간의 주체성(실존)을 강조하며 문학, 철학, 정치, 연극, 언론 등 다양한 분야에서
왕성하게 활동. 문학성에 등급을 매기는 것은 잘못이라며
《말》의 노벨 문학상 수상 거부(1964).
주요 작품 《상상력》, 《구토》, 《문학이란 무엇인가》,
《실존주의는 휴머니즘이다》, 《존재와 무》, 《자유의 길》, 《말》 등.
1980년 4월 15일 파리에서 사망.

소신과 목숨을 맞바꾼 의사

나관중《삼국지》

관우는 결국 오나라에 잡혀 참수당한 후 그 목이 조조에게로 보내졌다. 그의 장례를 치른 이후 조조는 괴이쩍게도 눈만 감으면 관우의 모습이 어른거렸다. 조조가 여러 날 잠도 자지 못하고 두통에 시달리자 관원 하나가 화타를 소개하였다. "그의 의술의 신묘함은 세상이 다 아는 바입니다. 환자들을 약이나 침으로 고치기도 하고 뜸을 놓기도 하는데 그의 손이 닿은 사람치고 병이 낫지 않은 사람이 없었습니다."

유명 가수가 의사를 잘못 만나 사망한 사건이 발생한 이후로 명의에 대한 생각을 다시금 하게 되었다. 매스컴을 타고 명성을 얻어 이름이 잘 알려지면 명의일까? '명의'라 소개하며 각종 채널에서 의사를 불러다 진료에 대해 이야기하게 하는 것이 과연 환자에게 도움이 될까? 자칫 잘못된 지식과 선입견을 심어주는 것은 아닐까?

오늘날 명의를 표현하고자 할 때 "화타, 편작이 울고 간다"라는 말을 쓴다. 편작(編鵲)은 전국 시대 사람으로 기원전 5세기경의 인물이었다. 본명은 진월인(秦越人)이고 의학에 정통하였다. 맥진(脈診)의 시조로 추앙받는다. 《사기》에 의하면 괵나라 태자가 죽었는데 편작이 지나다 치료하여 살려내고는 "나는 죽은 자를 살린 것이 아니라 마땅히 살아날 사람을 일어나게 했을 뿐이다"라는 말을 했다고 한다. 언뜻 보기만 하고도 병세를 아는 의원이었으니 그 어떤 칭송도 무색하다. 그는 일찍부터 주술과 미신을 반대하면서 "무당을 믿으면서 의사를 믿지 않는 자는 치료할 수가 없다"라고 했는데 저서로는《편작 내·외경》이 있으나 전해지지 않는다.

그보다 후대 의사인 화타는 뛰어난 외과 의사로 의성(醫聖)이라 불리고《삼국지》에 등장한다.

춘추 전국 시대를 거쳐 진나라가 천하 통일을 이룬 것이 기원전 221년이다. 진시황제가 죽자 천하는 초(楚)나라와 한(漢)나라로 나뉘었고 초나라를 물리치고 유방의 한나라가 200년간 통치한 후에 다시 분열되었다. 이 후한 말기부터 진(晋)나라로 통일되기까지 약 100년 동안(약 184~280년)을 시대적 배경으로《삼국지》는 조조, 손권, 유비 세 영웅의 세력 다툼을 그리고 있다.

"삼국지를 읽지 않은 사람과는 더불어 세상을 논하지 말라"라는 말이 있을 만큼 사람들은 이 책에서 다양한 유형의 인물을 만나고 세상 사는 지혜와 처세술을 배운다. 그 가운데서 화타의 삶을 살펴보고 명의의 조건을 생각해보자.

유비와 장비, 관우 세 명은 도원결의를 맺고 천하 통일을 도모하고자 했다. 촉나라를 세운 이 셋의 우애와 의리는 형제애의 귀감이 되며 특히 관우는 신(神)으로 추앙받을 정도이다.

9척(약 270센티미터) 장수 관우는 무르익은 대춧빛 얼굴에 윤기

《삼국지연의》에 나오는 도원결의 삽화. 후한 말, 황건적을 물리치고 백성을 구하기 위해 유비, 관우, 장비는 복숭아 나무 아래에서 의형제를 맺는다.

흐르는 검은 수염이 가슴께까지 내려와 있는 위엄찬 모습이었다. 그의 자(字)는 운장(雲長)이다.

"쥐새끼 같은 무리야, 어서 나와 항복하지 않고 무얼 그리 꾸물대느냐?"

번성을 공격할 때 그는 적토마에 올라 천지가 진동하도록 호령했다. 위나라 군사들은 일제히 소리 나는 쪽을 향해 화살을 쏘았다. 갑옷을 완벽하게 챙겨 입지 않았던 관우는 화살을 맞고 말에서 굴러떨어졌다. 아들이 급히 그를 구해 영채로 돌아왔다. 재빨리 화살을 뽑았으나 화살촉에 묻어 있던 독이 이미 뼛속까지 스며들어 오른팔이 시퍼렇게 부어올랐다. 팔을 못 쓰게 되자 관우는 꼼짝할 수 없었다. 그의 부상으로 다른 장수들은 군대를 뒤로 물리자고 했으나 관우는 자신의 조그만 상처 때문에 군사들의 사기를 꺾을 수 없다고 버텼다.

그런 중에 어떤 사람이 강동(江東)에서 조각배를 타고 영채에 이르렀다. 자신을 의원으로만 밝힌 그는 머리에는 방건을 쓰고 헐렁한

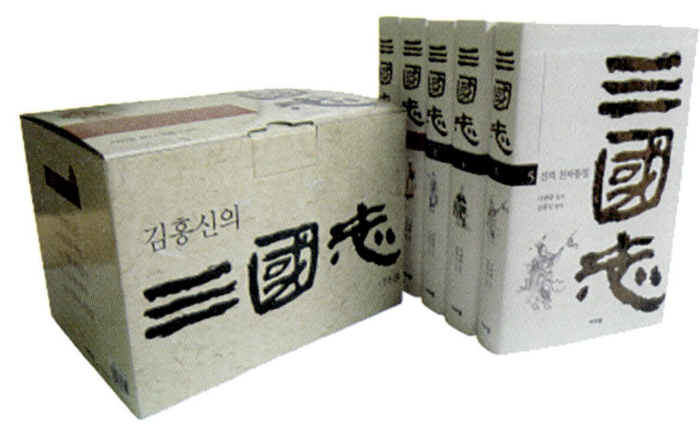

국내에 발간된 《삼국지》는 400여 종이 넘는다고 한다. 나는 우리나라 최초의 밀리언셀러인 《인간시장》의 작가 김홍신의 평역본으로 읽었다.

옷으로 몸을 가린 채 팔에는 푸른 주머니를 차고 있었다. "저는 패국(敗國) 초(礁)나라 사람으로 이름은 화타입니다. 제가 듣기로 천하의 영웅이신 관 장군께서 독화살에 맞아 고생하신다니 그 상처를 고쳐드리고자 찾아온 것입니다"라고 자신을 소개했다.

관우의 아들은 반가워하며 여러 장수들과 함께 아버지의 장막으로 들어갔다.

그때 관우는 마량을 상대로 바둑을 두고 있었다. 그는 고열 때문에 입안이 바싹 말라 입에 가시를 문듯했고 상처가 욱신거려 온몸이 떨릴 지경이었다. 그러나 군사들의 마음이 흔들릴까 봐 아픔을 억누르며 태연히 바둑을 두었다. 이름난 의원이 찾아왔다고 하여 그는 옷을 걷어 팔을 보여주었다. 상처는 마치 잘 익은 복숭아처럼 벌겋게 부어 있었다. 화타가 진찰 후 말했다. "이 상처는 활촉에 오누(烏頭)의 뿌리나 잎에 있는 독을 발랐기 때문에 난 것이며 그 독이 이미 뼛속까지 스며들었습니다. 빨리 치료하지 않으면 영영 팔을 못 쓰게 될 것입니다."

천하의 관우도 놀라 치료 방법을 물었다. 의원은 고칠 방도는 있으나 환자에게 너무 고통스럽기 때문에 관우를 기둥에 묶고 눈을 가린 후에 시술하겠노라고 말했다. 이에 관우는 껄껄 웃으며 술상을 내오게 한 다음 바둑을 계속 두면서 의원에게 팔을 내밀었다.

"내 어찌 세상의 속된 무리처럼 아픈 걸 무서워하겠소. 걱정하지 말고 어서 시작하시오."

의원은 칼로 환자의 팔을 찔러 뼈가 드러나도록 속살을 헤쳤다.

독이 스며든 뼈는 푸른색을 띠었다. 갈그락 뼈를 깎는 소리가 오금이 저리도록 울렸다. 장막 안의 사람들은 모두 새파랗게 질렸다. 도저히 그 자리에 있을 수 없어 장막을 뛰쳐나가는 이도 있었다.

그러나 살갗이 도려지고 뼈가 깎이면서도 술을 마시고 고기를 먹으며 바둑을 두는 관우는 조금도 아픈 기색이 없어 보였다. 화타가 치료하는 동안 흘러내린 피가 큰 대접을 가득 채웠다. 의원은 독을 말끔히 긁어낸 후 약을 바르고 살을 여민 후 실로 꿰맸다. 화타의 이마에는 진땀이 배어났으나 관우는 껄껄 웃었다.

다음 날 안부를 묻는 의원에게 관우가 말했다. "덕분에 잘 잤소. 팔을 마음대로 움직일 수가 있소. 선생이야말로 참으로 신의(神醫)요."

"저는 평생 많은 사람을 치료해 왔습니다만 장군 같은 환자는 처음입니다. 장군이야말로 신장(神將)이십니다."

훗날 사람들이 이런 시를 지었다.

병을 치료하는 데 내과, 외과가 있으나
세상을 놀라게 할 재주는 드무네
그러나 천하의 용장은 관운장이고
천하의 신의는 화타이네

관우는 황금 1백 냥을 내놓으며 사례하려 했으나 화타는 끝내 받지 않았다.

"큰 의원은 나라를 고치고 작은 의원은 사람을 고친다고 했습니다. 제게는 나라를 치료할 만한 의술이 없기 때문에 천하의 영웅이신 장군의 몸이나마 치료해드리러 왔을 뿐입니다. 어찌 보답을 바라겠습니까?" 대답 후에 화타는 표연히 조각배를 타고 떠났다.

이러한 관우는 결국 오나라에 잡혀 참수당한 후 그 목이 조조에게로 보내졌다. 그의 장례를 치른 이후 조조는 괴이쩍게도 눈만 감으면 관우의 모습이 어른거렸다. 조조가 여러 날 잠도 자지 못하고 두통에 시달리자 관원 하나가 화타를 소개하였다. "그의 의술의 신묘함은 세상이 다 아는 바입니다. 환자들을 약이나 침으로 고치기도 하고 뜸을 놓기도 하는데 그의 손이 닿은 사람치고 병이 낫지 않은 사람이 없었습니다."

관원은 화타의 치료 사례를 나열했다.

만약 오장육부에 병이 있어 약으로 낫게 할 수 없을 때에는 마폐탕(痲肺湯)을 달여 마시게 하여 병자를 마취시킨 후 칼로 배를 가르고 내장을 약물로 씻는데, 이때 화타는 병자가 추호도 아픈 줄 모르게 다시 바늘로 배를 꿰맸다. 어느 날 길을 가던 화타가 문득 어떤 사람이 신음하는 소리를 듣고 "저것은 먹은 게 내려가지 않아 앓는 것이다"라 했는데 그 말이 어긋나지 않았고, 그 환자에게 마늘즙 석 되를 먹였더니 환자는 길이가 두어 자나 되는 뱀 한 마리를 토해내고 씻은 듯이 나았다. 또한 어떤 이는 가슴이 답답한 데다 얼굴이 붉어져 음식을 잘 먹지 못했는데 화타가 지어준 약을 먹고 살아 꼬물거리는 붉은 머리 벌레를 서너 되나 토하고 건강해졌다. 화타는 그 병의 원인이 비린 생선을 날것으로 많이 먹어 생긴 것이라 일러주었다. 그리고 또 다른 환자는 이마에 혹이 생겼는데 가려워 견딜 수가 없었다. 화타에게 보이자 "혹 안에 날짐승이 들어 있소"라고 말해 모두 웃었다. 그런데 그 혹을 째니 노란 참새 한 마리가 날아갔다. 또 다른 사람은 개에게 발이 물려 몹시 가렵고 아팠다. 화타는 상처를 보고 "아픈 데는 바늘 열 개가, 가려운 데는 희고 검은 바둑돌 두 개가 들어 있소"라고 진단했다. 이번에도 사람들이 믿지 않았으나 살을 째고 보니 과연 의원의 말 그대로였다.

조조는 내심 기대하며 곧 화타를 불러들였다. 의원은 한동안 조조의 맥을 짚어 병을 살펴본 후 입을 열었다. "대왕의 머리가 몹시 아프신 까닭은 머릿속에 바람이 일어 생긴 병입니다. 이미 병의 뿌리가 골까지 괴었습니다. 바람을 걷어 내려면 약으로는 고칠 수가 없습니다. 제게 한 가지 방법이 있습니다만 대왕께서 허락하실지 걱정입니다."

조조는 얼굴이 밝아지며 방법을 물었다.

"먼저 마폐탕을 달여 마신 후에 제가 날카로운 도끼로 두개골을 열어 골에 괸 바람을 씻어내면 병의 뿌리를 없앨 수 있습니다. 그러면 병이 거뜬히 나을 것입니다."

조조는 도끼로 머리를 쪼갠다는 말에 몸을 떨더니 대뜸 화를 내며 소리쳤다.

"네가 나를 죽이려 하느냐?"

"대왕께서는 전에 관 공이 독화살을 맞았을 때 제가 그 뼈를 긁어 독을 걷어내어 상처를 치료한 일을 알지 못하십니까?" 그때 그분은 조금도 두려워하지 않았습니다. 그런데도 대왕께서는 어찌 저를 의심만 하십니까?"

하필 예로 든 사람이 관우였다. 조조는 자신과 견주어 관우를 은근히 높이자 더욱 화가 뻗쳐 꾸짖었다.

"닥쳐라! 팔과 뇌가 어찌 같다는 것이냐? 네놈이 관우와 가까운 터라 내 병을 기회로 원수를 갚으려는 수작이구나."

화타는 결국 옥에 갇혔다. 조조는 그 속마음을 밝힐 때까지 고문하라 명했다. 부하들이 만류하며 화타와 같은 명의는 결코 죽여서는 안 되고, 세상에서 다시 구할 수 없다고도 진언했으나 부질없는 일이었다. 이렇게 해서 화타는 세상을 떠났다.

더욱 안타까운 일은 화타의 저서가 전해지지 않는다는 사실이다.

감옥에 갇혔을 때 옥지기 중에

화타. 오나라 주태, 촉나라 관우 등을 치료하여 완치시켰다. 조조는 그를 첩자라 의심하여 죽였지만, 후에 아들 조충이 병들자 이를 후회했다고 한다.

조조. 영웅 또는 난세의 간웅이라는 상반된 평가를 받고 있다. 위나라의 기틀을 닦았고, 사후 태조 무황제로 추증되었다. 의심이 많아 화타가 머리를 열어 치료하자고 했을 때, 자신을 죽이려 한다며 화타를 죽였다.

오압옥이 화타의 의술과 인품에 반해 남몰래 술과 음식을 대접했다. 화타가 그를 고맙게 생각하면서 말했다. "나는 이제 곧 죽게 될 몸이오. 죽는 것은 한스럽지 않으나 다만 의술의 비결인《청낭서(靑囊書)》를 세상에 전하지 못함이 한이오. 나는 그대의 각별한 은혜를 입었으니 그대에게 내 의술을 잇도록 하겠소."

오압옥은 화타의 말에 몹시 기뻐하며 다짐했다. "감사합니다. 제가 만약 그 책을 얻는다면 당장 옥사쟁이 노릇을 그만두고 의원이 되어 병든 사람들을 치료해주며 선생의 덕을 천하에 전하겠습니다."

화타가 죽은 다음 오압옥은 그의 시신을 거두어 장사지낸 뒤《청낭서》를 집으로 가져와 아내에게 말했다. "나는 옥리를 그만두고 의원이 되겠소. 천하의 명의가 되어 병든 사람을 구할 것이오."

다음 날 아침이었다. 오압옥의 아내는 낙엽을 모아 모닥불을 피워《청낭서》를 태우고 있었다. 놀란 오 씨가 달려가 불을 꺼보았으나 책은 거의 다 타버린 후였다. 그의 아내는 이렇게 말했다. "설령 당신이 이 책을 읽어 화타처럼 유명한 의원이 된다 한들 그 의술 때문에 옥에 갇혀 죽는다면 무슨 소용이 있겠습니까? 쇤네는 화근을 태워버린 것입니다."

이렇게 해서 화타의《청낭서》는 세상에 전해지지 못했다. 다만 닭이나 돼지를 거세하여 살찌게 하는 등의 하찮은 내용이 타다 만 책 뒤에서 발견되었을 뿐이다.

후세 사람들은 이런 시로 탄식했다.

화타의 의술, 장상군과 견줄 만하고
담 안 들여다보듯 오장육부 훤히 아네
슬프다. 사람 죽고 글마저 끊어지니
뒷날 사람들《청낭서》다시 못 보네

만일《청낭서》가 후대에 전해졌더라면 현대 의학은 더욱 빨리 발전했을 것이다. 그야말로 '코페르니쿠스적 전회'가 의학계에 발생했을 것이다. 당시에 이미 마취제를 사용하고 외과 수술을 했다는 화타는 의학계의 선구자였지만 이렇게 전설로만 전해질 뿐이다. 지금으로부터 1800년 전 이야기이다.

요즘 우리 사회에서는 '쇼닥터'라는 새로운 말이 유행한다. 거액의 사례금을 주고 방송에 출연하여 환자들에게 호객 행위를 하며 심지어 홈쇼핑에서 광고까지 하는 의사를 말한다. 이에 대한 부작용이 불거지자 대한의사협회는 쇼닥터 의사들에 대한 조사에 착수했고, 방송 출연 가이드라인 제정에 나섰다.

"텔레비전에 내가 나왔으면 정말 좋겠네. 정말 좋겠네……"라는 동요가 우스갯소리로 나돌 만큼 방송 출연은 매력이 있는가 보다. 하지만 검증되지 않은 의사가 마구잡이로 출연해 명의로 부각되는 일은 지양해야 할 것이다.

중국에서 발행된 나관중 기념 화폐

나관중
羅貫中

1330년경 중국 원나라 산서성 루링에서 출생.
호는 호해산인(湖海散人).
1364년에 생존해 있다는 기록 외에는 알려진 것이 없음.
'호해산인'이 방랑하며 사는 문사를 의미한다는 점에서
떠돌이 문인, '나관중'이라는 이름의 창작 집단 등으로 추정.
그의 저서로 미루어 역사에 대해 해박한 자임은 확실.
주요 작품 《삼국지연의》, 《수당지전》, 《잔당오대사연의》,
《삼수평요전》, 《비호자》, 희곡 《조태조용호풍운회》,
시내암과의 공저 《십칠사통속연의》, 《수호지》 등.
1400년경 중국 명나라 저장성 항저우에서 사망.

사기일까? 치료일까?

솔 벨로 《오늘을 잡아라》

"사람들을 '바로 지금'으로 데려와야 해. 현실 세계로. 현재 이 순간으로 말이야. 과거는 우리에게 아무 소용이 없어. 미래는 불안으로 가득 차 있지. 오늘 현재만이 실재하는 거야. '바로 지금', 오늘을 잡아야 해."

세상에는 수많은 책이 있다. 대형 서점에 가보면 고전, 신간 서적, 베스트셀러 등등이 칸칸이 나뉘어 빼곡한데 그중 내 손에 잡히는 책은 어떤 연유로 내게 온 것일까? 책도 사람처럼 분명히 인연이 따로 있어 만나게 되는 것이라는 생각이 든다. 바로 이 책이 그 대표적인 예이다.

어느 토요일 오후에 달리 할 일이 없어 책방을 어슬렁거렸다. 한 순간 《오늘을 잡아라》라는 책 제목에 마음을 빼앗겼다. 오늘을 잡으라니? 오늘을 어떻게 잡는다는 말인가? 더구나 지은이 솔 벨로는 생소한 이름이기도 했다. 책을 펼쳐 훑어보다가 내가 찾아 마지않는 의사가 등장한다는 걸 발견했다. 그것도 두 명씩이나……. 게다

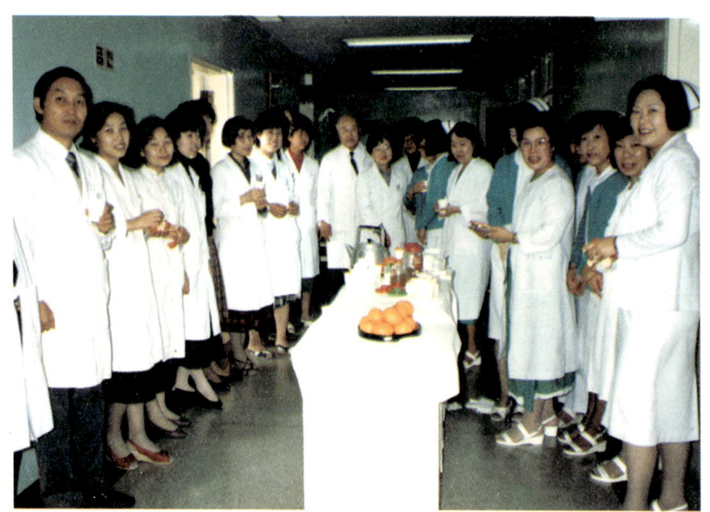

의과 대학을 졸업하고도 인턴과 레지던트 수련 기간을 거쳐야 비로소 전문의가 될 수 있다. 수련 기간 동안에는 층층시하의 시집살이를 하듯 모셔야 하는 선배와 스승들이 참 많았다. 하지만 이렇게 의학 지식을 익혀도 《오늘을 잡아라》의 토미처럼 불행한 인간의 마음을 고치는 방법까지 배울 수는 없었던 것 같다.

가 《오늘을 잡아라》의 원제인 라틴어 '카르페 디엠'을 어디선가 익히 들었던 기억이 났다. 바로 영화 〈죽은 시인의 사회〉에 나오는 말이었다. 영화 속에서 의식 있는 영어 교사 존 키팅은 호라티우스의 시를 인용하여 '카르페 디엠'을 학생들에게 가르친다. 그 말에 어떤 깨달음을 얻은 학생들이 여태까지의 천편일률적인 입시 위주의 교육에서 벗어나 스스로 세상을 바라보는 눈을 얻는다는 것이 대략의 줄거리다. 학생들이 자주 입에 올렸던 말, '카르페 디엠'…….

부랴부랴 책값을 계산하고 돌아와 주말 내내 작품에 빠져 있었다. 그리고 솔 벨로의 문체에 매료됐다. 풍자로 가득 찬 표현들에 이따금 웃음도 나게 하고 간혹 주인공이 불쌍해서 견딜 수 없게 만들기도 했다.

캐나다에서 태어나 미국에 정착한 솔 벨로는 대표적인 유대인 작가로 1976년에 노벨 문학상을 받았다.

"문학이란 인류 전체를 대변해야 하는 것"이라고 믿었던 벨로는 사회에서는 소외되었으나 영혼이 파괴되지 않은 도시인을 그리기를 좋아했다. 그는 물질문명이 지배하는 현대 사회에 적응하지 못하고 심각한 정신적 혼란을 겪는 사람들을 주로 주인공으로 내세웠다. 이 작품에도 그런 주인공과 함께 두 명의 의사가 등장한다.

토미 윌헬름은 아버지를 찾아 뉴욕의 글로리아나 호텔에 온다. 전직 내과 의사였던 그의 아버지는 은퇴 후 호텔에 기거하고 있다. 그곳은 주로 노인들이 장기 투숙하는 호화로운 숙소다.

마흔네 살의 토미는 계속되는 불운과 실패로 인해 거의 쓰러질 지경이지만 한때 연기 공부를 했던 덕에 고민을 감추는 재주를 부리고 있다.

그는 아내와 별거한 지 4년째로 두 아들은 아내가 키우고 있다. 신중하지 못했던 배우자 선택을 후회하다가 따로 사랑하는 여인이 생겨 이혼하려 했으나 아내는 완강히 거절하며 남편에게 돈만 요구하고 있다.

장난감 회사에서 영업 이사로 일하며 한때는 상당한 연봉을 받기도 했지만 회사 측에서 승진 약속을 지키지 않자 배신감을 느끼고 사표를 낸 토미는 몇 개월째 실직 상태이다.

돌아가신 어머니나 화가인 누이동생이 대학 졸업장을 갖춘 반면 자신은 그렇지 못해 그는 열등감을 갖고 있다. 펜실베이니아 주립 대학교 2학년에 재학 당시 토미는 영화사에 발탁되어 그때 학교를 중퇴해버린 것이었다.

준수한 외모의 토미는 '나무에 앉아 있던 새가 홀려서 날아올 정도로 매력적'이라는 말을 들었다. 캐스팅 담당자는 "자네는 전 세계인의 연인이 되는 거야. 배우 한 사람이 웃으면 10억 인구가 따라 웃지. 또 배우 한 사람이 울면 다른 10억 인구가 따라 운다네"라며 유혹의 손길을 내밀었다. 그는 영화배우를 시켜준다는 제안에 솔깃하여 할리우드로 따라나섰으나 스크린 테스트 결과가 신통치 않자 캐스팅 담당자는 그를 버렸다.

집안에서는 대를 이어 의사를 시키려고 영화배우가 되겠다는 그를 극구 만류했다. 그런 반대를 무릅쓰고 학업까지 포기하며 집을 나섰던 일이 실패로 끝나자 그는 단박에 아버지의 눈 밖에 났다. 7년간 배우가 되려고 나름대로 노력했지만 모든 것은 수포로 돌아갔다. 나중에 캐스팅 담당자가 여자 모델과 염문을 일으키고 매춘업에 연루되어 감방에 간 기사를 본 후에야 토미는 자신이 어리석게 이용만 당했다는 걸 깨달았다.

결혼도 마찬가지였다. 워낙 성격 차가 심한 아내와 한시도 함께 지낼 수 없었다. 견디다 못해 아버지를 찾아 뉴욕으로 온 것이다. 하지만 토미의 아내는 두 아들의 양육비 명목으로 쉴 새 없이 청구서를 보내며 남편의 목을 조른다. 아버지와 식당에서 아침을 먹으면서 토미는 생각한다.

'사람들은 돈을 숭배한다! 성스러운 돈! 아름다운 돈! 사람들은 돈 빼고는 아무것도 신경 쓰지 못하게 되어버렸다. 돈이 없으면 바보, 바보가 된다! 지구 상에서 얼굴을 내밀지도 못하게 된다. 순 엉터리! 얼마나 엉터리인가. 세상사가 전부 이 모양이다. 여기에서 빠져나갈 방법을 찾을 수만 있다면 얼마나 좋을까.'

처지가 곤궁한 토미는 아버지의 관심을 얻으려고 애쓴다. 하지만 아버지는 진통제를 줄이라는 충고를 하거나 목욕 요법을 권하며 마치 아들을 자신이 진료하던 환자처럼 대한다.

"나는 너한테 한 푼도 줄 수 없어. 돈을 주기 시작하면 끝이 없을 거야. 너와 네 누이는 내가 가진 마지막 돈까지 가져갈 거야. 그러나 나는 아직 죽지 않고 살아 있어. 나는 여전히 이 세상에 있다는 말이다. 생명이 아직 붙어 있어. 너나 다른 사람처럼 나도 살아 있어. 그리고 나는 누구도 내 등에 짊어지고 싶지 않단다. 다들 내 등에서 내려가! 그리고 얘야, 너에게도 똑같은 충고를 해주마. 누구도 네 등에 태우지 마라."

토미가 비참하게 속으로 대꾸한다.

'그저 아버지는 돈이나 움켜쥐고 사세요. 돈이나 움켜쥐고 마음껏 즐기세요. 꼭 그렇게 하세요.'

아버지와 헤어져 나올 때 토미의 또 다른 의식이 말을 걸어온다.

"결국 인생살이란, 즉 인생의 진짜 임무란 특이한 짐을 짊어지고 수치심과 무력감에 사로잡혀 눈물 맛을 보는 것이다."

토미는 돌아보면 자신은 마치 실수를 저지르기 위해 산 것 같았다. 아마도 자신은 지구에서 실수를 저지르고 그로 인해 고통받도록 예정된 사람 같았다.

분노가 다시 한 번 치밀어 오른다. '내가 아버지에게 원했던 것은 도움이었다. 아니, 도움조차도 필요 없다. 그저 감정이었다. 그러나 아버지는 어른에게는 그런 감정들이 없어야 한다고 나를 가르치는지도 모른다.'

이렇듯 토미의 감정이 몹시 상해 있을 때, 탬킨 박사가 그를 불러 세운다. 자칭 심리학자면서 정신 분석가라는 탬킨도 같은 호텔에서 숙식하고 있다. 그는 대머리에 매부리코인 데다가 허영기가 느껴지는 콧수염과 사기꾼 같은 눈이 몹시 희극적으로 보인다. 아버지는 탬킨이 절대 의사가 아닐 것이라며 믿지 말라고 토미에게 주의를 주었다. 그럼에도 불구하고 토미는 탬킨을 믿고 싶어 한다. 탬킨 박사는 토미를 만날 때마다 친절하게 말을 붙이며 주식 투자를 권한다.

탬킨은 자신이 환자에게 치료 목적으로 그리스어를 가르쳤고 아리스토텔레스를 연구했으며 한때 갱단에도 속했다면서 멕시코 정신병원 원장도 했고 이집트 왕실 주치의도 했으며 가라앉지 않는 배

이 작품은 영화 〈씨즈 더 데이(Seize the Day)〉라는 제목으로 상영되었는데 로빈 윌리엄스가 토미 역을 맡아 열연해주었다. 영화 속에 토미가 증권 시장에 갔다가 눈앞에서 주가가 쭉쭉 떨어지는 장면이 나오는데 수식 시장을 한 번도 못 가본 나로서는 전광판의 숫자가 신기하기 짝이 없었다.

를 고안해냈다는 등등의 황당한 이야기를 늘어놓았다. 한편 이집트 거물들도 자신의 권유에 따라 주식에 투자했다는 소리를 넌지시 흘려 그에게 투자를 권했다.

토미는 그가 사기꾼일 거라고 생각하면서도 그에게 수표를 건네준다. 박사는 자신이 치료했던 환자들의 사례를 말해주곤 했는데 하도 엉뚱해서 토미는 믿을 수도 없고 믿지 않을 수도 없는 혼돈의 상태가 되곤 했다. 그의 말을 듣고 있으면 도대체 위아래 어느 쪽으로 봐도 거꾸로 보이는, 트럼프 카드에 그려진 얼굴처럼 사람들의 정체가 무엇인지 알 수가 없다.

"사람들을 '바로 지금'으로 데려와야 해. 현실 세계로. 현재 이 순간으로 말이야. 과거는 우리에게 아무 소용이 없어. 미래는 불안으로 가득 차 있지. 오늘 현재만이 실재하는 거야. '바로 지금', 오늘을 잡아야 해."

이것이 탬킨이 토미에게 종종 말해주는 삶의 자세이다.

토미도 그에 응수한다. "박사님이 보통 사람들과는 다르다는 것을 알아요. 저도 박사님의 '바로 지금' 철학을 좋아합니다."

"만약 자네가 사랑할 수 없다면 도대체 자네는 무엇이란 말인가? 자네는 뭔가? 아무것도 아니다. 그것이 정답이야. 아무것도 아니다. 가슴속 깊은 곳에서 속삭이지. 아무것도 아니라고! 그래. 물론 자네가 아무것도 아니라는 것을 참지 못하고 뭔가가 되고 싶어 시도해볼 수 있을 걸세. 하지만 자네는 그 뭔가가 되지 못하고 대신 남에게 모든 책임을 떠넘기게 되지. (중략) 영혼은 과학적인 용어는 아니지만 자네가 쉽게 이해할 수 있도록 도와주지. 살인자는 살인을 저지를 때마다 자기 내부에서 사기 치고 속이는 영혼을 죽이길 원하지. 그러면 그의 적은 누구일까? 바로 그 자신이야. 그러면 그가 사랑하는 사람은 누구일까? 역시 그 자신이지. 그러므로 모든 자살은 살인이고 모든 살인은 자살이야. 둘 다 동질적인 하나의 현상이지. 생물학적으로는 가짜 영혼이 기생충처럼 진짜 영혼의 에너지를 빼앗아 무기력하게 만들지."

토미에게 이런 말을 하는 탬킨은 인간에게 가짜와 진짜 영혼이 따로 있다며 영혼에 상처를 입은 토미를 자신이 은밀히 치료하는 중이라고 말한다.

"나는 그런 자네에게 관심을 가지고 상당 기간 자네를 치료해오고 있었다네."

토미는 깜짝 놀라 치료 같은 건 받고 싶지 않다고 거절하지만 박사의 그런 관심이야말로 자신이 갈망하던 것이다. 그는 바로 친절과 자비를 원했던 것이다.

탬킨 박사는 토미를 데리고 주식 시장으로 간다. 그는 자신이 투사한 품목의 값이 오를 것이라고 호언장담하지만 주가는 눈앞에서 형편없이 폭락한다. 그러자 탬킨은 토미의 전 재산인 700달러를 가지고 사라져버린다. 증권사에서도 호텔에서도 탬킨이 더 이상 보이지 않자 토미는 사람들 앞에서 울지 않으려고 애쓴다.

"절대로 안 돼! 안 돼!"

하지만 몸 밖으로 흐르지 못한 눈물이 점점 눈 속에 차올라 그는 물에 빠져 죽기 직전의 사람처럼 보인다. 토미는 아버지에게 달려가 도움을 청한다. 당장 호텔 숙박비도 없는 처지이다. 호텔 수영장 안마대에 누워 있던 아버지는 호통을 친다.

"믿었다고! 그래서 당했다고? 넌 얼마나 더 혼이 나야 깨닫게 될지 정말 모르겠다. 똑같은 실수를 되풀이하고 있으니……. 당장 내 앞에서 꺼져라. 네 꼴을 보는 것이 나에게는 고역이다. 바보 같은 놈!"

고대 로마 시인 호라티우스(B.C. 65~B.C.8)의 동상. '카르페 디엠'의 원조라고나 할까?

토미는 분노를 삼키고 다시 탬킨을 찾으러 나선다. 그때 아내에게서 전보가 온다.

'전화 요망. 긴급.'

토미는 아이들에게 무슨 일이 생긴 것은 아닌지 불안에 떨며 당장 공중전화로 달려간다. 하지만 아내의 급한 용무란 잔인한 돈 재촉이다.

"나를 좀 살려줘. 당신이 살려줘야겠어. 난 지금 벼랑 끝에 몰려서 질식할 것만 같아." 토미가 애원하자 그의 아내가 차갑게 대꾸한다.

"나는 당신의 헛소리를 들어줄 수가 없네요. 진정하고 이치에 맞는 소리를 할 때 들어줄게요. 그럼, 이만."

그녀는 야멸차게 전화를 끊는다.

토미는 거리로 나온다. 탬킨처럼 생긴 사람을 보고 따라가다 보니 어느 장례식장으로 휩쓸려 들어가게 된다. 하지만 인파 속에서 탬킨을 놓치고 그는 관 옆에서 흐느껴 운다.

눈물이 앞을 가려 보이지 않는 토미의 눈에는 꽃과 불빛이 황홀하게 뒤섞였다. 파도 소리 같은 무거운 음악이 귓가에 들려왔다. 눈물이 가져다주는 위대하고 행복한 망각으로 인해 군중들 한가운데 자신의 몸을 숨기고 있던 그에게 음악 소리가 밀려왔다. 그는 그 음악을 듣고 그의 가슴이 궁극적으로 요구하는 극치를 향하여, 슬픔보다 더 깊은 심연으로 빠져들어 갔다.

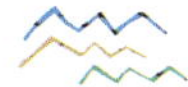

소설은 이렇게 끝나지만 장례식장에서 울고 난 주인공 토미는 새로운 삶을 찾으리라는 암시를 하고 있다. 돈을 갖고 튀어버린 사기꾼 탬킨은 프로이트의 심리학 운운하며 의사 행세를 했는데 토미가 그에게서 큰 치유를 받은 것만은 틀림없다. 아마도 토미는 700달러의 치료비를 내고 인생을 성찰해볼 기회를 얻은 게 아닌가 싶다.

우스꽝스러운 외모에 끊임없이 희한한 이야기를 구사하는 탬킨 박사는 사랑과 인정에 굶주린 토미에게 그가 아버지나 아내에게서 얻지 못했던 따뜻한 관심을 주었다. 그리고 무엇보다 "오늘을 잡아라"라는 대단한 말을 해주었으니 그는 의사가 틀림없다. 치료자일 뿐 아니라 한 걸음 더 나아가 구원자인 셈이다. 현실적으로는 돈을 가지고 달아나버림으로써 토미의 고통을 가중시키지만 그로 인해 토미가 자신의 삶을 성찰하고 새로운 삶의 의미를 터득할 수 있게 하는 중요한 계기를 마련해주었다.

한편 토미의 아버지도 전직 내과 의사면서 교수였다는데 그는 탬킨 박사와는 대조적인 인물이다. 권위적이고 독선적이면서 냉정하고 이기적인 탓에 인간미가 전혀 느껴지지 않는다. 자신의 건강과 안정된 노후 외에는 관심이 없다.

그 의사가 궁지에 빠진 아들을 '마치 진찰하는 환자 대하듯' 했다는 대목이 나오는데 진정한 의사라면 거꾸로 '환자를 마치 자식 대하듯' 해야 하지 않을까? 환자가 의사에게 원하는 것은 어버이와 같

은 따스한 온정일 테니 말이다.

사람이 사람을 치료한다 함은 지식이나 자격증으로 되는 것이 아닐 것이다. 어깨에 짊어진 버거운 고난의 보따리를 함께 들어주지는 못해도 누군가 관심을 갖는 것만으로도 어느덧 사랑이라는 치유의 힘을 받는 것이리라.

하지만 의사가 권위적이고 고압적이라는 것도 어느새 옛말이 된 것 같다. 의료 서비스를 강조하는 요즈음의 의사들은 환자에게 상냥하고 친절하게 대해야 한다는 것을 누누이 교육받고 있다. 인근

'카르페 디엠'이 소개되는 영화 〈죽은 시인의 사회〉의 한 장면이다. 우연히도 로빈 윌리엄스가 여기에서도 주연인 키팅 선생 역을 맡았다. 키팅은 주입식 교육에 익숙한 학생들에게 '카르페 디엠'의 의미를 가르친다. 마지막에 그가 학교를 떠날 때 학생들이 책상 위에서 "캡틴, 오 마이 캡틴"이라 외치는 장면은 그의 가르침이 헛되지 않았다는 걸 보여준다.

에 문전성시를 이루는 의원에서는 원장이 환자가 진료실에 들어올 때와 나갈 때 일일이 일어서서 허리를 굽혀 인사한다고 들었다. 워낙 실력 있는 분이지만 환자를 대하는 태도에서 더욱 경쟁력이 있는 것 같다. 그래서 나도 따라 해보려 했지만 결코 쉽지가 않았다. 다만 연로한 환자분들에게만은 잊지 않고 특별히 일어서서 인사드리려고 애쓰고 있다.

그런데 정말 '오늘을 잡는다'는 게 무슨 의미일까?

어제는 죽어 사라졌고 내일은 눈앞에 보이지 않으니 그건 바로 '현재라는 시간'의 중요성을 뜻하는 것 같다. 불가에서 '어제가 전생이고, 오늘이 바로 이생, 그리고 내일이 내세'라고 말하듯이 '오늘을 잡아라'라는 아마도 매 순간 최선을 다하며 살라는 뜻일 거다. 모쪼록 과거지사에 연연해하거나 허황한 미래를 꿈꾸는 대신에 오늘 이 시간에 내가 할 일을 다 하라는 의미로 생각하면서 호라티우스의 〈카르페 디엠〉을 찾아보았다.

카르페 디엠
이 세상 끝나는 날 신이 우리를 위해
무엇을 준비해두었는지 묻지 마라
우리는 그것을 알 수 없기에
그리고 바빌로니아 점술가들같이
그때가 언제인지를 계산하려 들지 마라
무엇이, 어떠한 상황이 우리에게 닥치더라도

그것을 받아들여라
설사 그것이 천궁의 신 주피터가
우리에게 또 한 번 시련의 겨울을 선사하든
혹은 투스칸 해 절벽의 장벽이 무너져버리고
그 순간이 우리의 마지막 순간이 되든지 간에
그대가 현명하다면 포도주는 오늘 체로 걸러라
짧기만 한 이 인생에서 먼 희망은 접어야 한다
우리가 이렇게 말하는 동안에도
시간은 우리를 시샘하여 멀리 흘러가 버리니
내일이면 늦으리니
카르페 디엠

그리고 톨스토이의 말이 생각난다. '세상에서 가장 중요한 때는 바로 지금, 이 순간이다. 가장 중요한 사람은 지금 나와 함께 있는 사람이고 가장 중요한 일은 지금 내 곁에 있는 사람을 위해 좋은 일을 하는 것이다'라는 말.

솔 벨로
Saul Bellow
(본명 솔로몬 벨로스 Solomon Bellows)

1915년 6월 10일 캐나다 퀘벡 주 라신에서 출생.
러시아 유대인 이민자의 아들로 태어나 9세 때 미국 일리노이 주 시카고로 이주.
랍비가 되기 위해 유대교 교육을 받고, 대학에서 인류학과 사회학을 전공하면서도
교내 신문과 문학지에 단편을 투고하는 등 작가가 되기를 갈망.
졸업 후 브리태니커 백과사전 편집 작업에 참여했고 여러 대학에서 강의.
자신의 재능을 믿고 출간한 《허공에 매달린 사나이》가
크게 성공하면서 본격적으로 작가 활동 시작. 퓰리처상과 노벨 문학상,
세 번의 전미 도서상 수상 및 전미 도서 재단 훈장 수훈.
주요 작품 《오기 마치의 모험》, 《허조그》, 《샘러 씨의 혹성》,
《오늘을 잡아라》, 《험볼트의 선물》, 《실연으로 인한 죽음》 등.
2005년 4월 5일 매사추세츠 주 브루클린 자택에서 별세.

군의관의 직업병이 매독이라니

어니스트 헤밍웨이 《무기여 잘 있거라》

"꺼져버려. 저들은 나를 쫓아버리려고 해. 매일 밤 나를 쫓아내려고 안달이지. 나는 싸워서 그들을 물리치고. 내가 매독에 걸렸다고 쳐. 누구나 다 그런 걸. 세상 사람들 다 걸렸다고. 우선 작은 여드름 같은 것이 생기지. 그런 다음, 어깨 사이에 발진이 나타나. 그다음에는 아무 징후도 나타나지 않아. 하지만 우리에게는 수은이 있잖아." "살바르산도 있지." "그건 직업병이에요. 직업병일 뿐이라고요."

헤밍웨이를 모르는 사람은 거의 없을 것이다. 1954년 노벨 문학상을 받은 미국 작가. 저 유명한 《노인과 바다》의 저자. 세계 대전 이후의 '길 잃은 세대'를 대변하는 작가. 사냥과 수렵을 좋아하고 세 번쯤 결혼했다는 남자. 62세에 돌연 권총 자살을 했다는…….

그 헤밍웨이의 사망 50주년이 되자 저작권이 소멸한 덕에 새롭게 번역된 책이 속속 출간되고 있다. 오래전에 영화로 보았던 〈무기여 잘 있거라〉도 새롭게 책으로 읽게 되었다. 영화에서는 록 허드슨과 제니퍼 존스가 주연으로 열연했다. 먼저 줄거리를 살펴보자.

제1차 세계대전이 한창인 이탈리아 북부 전선에 프레더릭 헨리 중위가 참전하고 있다. 그는 미국인으로 앰뷸런스 담당 의무 장교이다. 하루는 영국에서 구급 간호 봉사대로 온 아름다운 금발의 여인 캐서린 바클리를 만난다. 그녀는 약혼자가 전쟁터로 나가자 뒤따라 전선으로 왔는데 오래지 않아 약혼자의 사망 소식을 듣고 말았다. 그런 상태에서 헨리를 만나 새로운 사랑을 느낀다.

어느 날 헨리 중위는 오스트리아군이 쏜 박격포탄에 의해 다리에 심한 부상을 당하고 머리도 다쳐 밀라노의 미군 병원으로 후송된다. 그리고 마침 그곳으로 배치된 캐서린과 재회한다. 젊은 캐서린은 싱그럽고 아름답다. 두 사람의 사랑은 불타오른다. 처음에는 단순한 유희로 만났지만 시간이 지날수록 애틋한 사랑으로 굳게 맺어진다.

그녀가 헨리에게 사랑스럽게 말한다.

"당신이 원하는 걸 다 해주고 당신이 하라는 말을 다 해줄 게요. 그럼, 우리 사랑은 이루어질 거예요. 그렇죠?"

"당신이 원하는 게 제가 원하는 거예요. '나'라는 존재는 이제 없어요. 당신이 원하는 것만 있죠."

"당신이 날 버리지만 않으면 돼요. 당신이 나의 종교예요. 당신이 내 모든 것이에요."

"난 비가 내리든 눈이 내리든 우박이 떨어지든 당신을 사랑할 거예요. 또 뭐가 있지?"

헨리 중위는 그해 여름을 병상에서 사랑의 나날로 보내고 또 그녀의 임신 소식에 기뻐하지만 귀대해야 하는 날이 돌아온다. 그의 다리가 완치된 것이다. 이별 앞에서 미래를 기약하고 헨리는 전선으로 돌아간다.

그러나 이틀이 지나지 않아 아군이 대패하는 바람에 헨리가 소속된 부대는 퇴각 길에 오른다. 뿔뿔이 흩어져 후퇴하며 눈앞에서 부하의 죽음을 바라보던 헨리는 아군 헌병에게 붙잡힌다. 헌병들은 헨리를 무조건 탈영 장교로 오해한다. 약식 군법 회의 후, 그 자리에서 총살에 처해질 처지에 놓인다. 순간 헨리는 강으로 뛰어들어 목숨을 구한다. 물에서 나온 헨리는 계급장을 떼어 낸다. '무기여, 안녕'을 고하는 것이다. 그의 독백이 이어진다.

"나는 '신성한', '영광스러운' 또는 '희생' 같은 쓸모

사진은 쿠바 하바나에 있는 헤밍웨이의 단골 술집 '엘 플로리디타'에 세워진 헤밍웨이 등신대 동상. 《노인과 바다》의 배경이 쿠바의 코히마르이고 또 헤밍웨이는 쿠바를 제2의 고향으로 여겼다고 한다.

없는 표현을 들을 때마다 당혹스러웠다. 우리는 늘 그런 말들을 들어왔다. 때로는 고함 소리밖에 들리지 않는 빗속에 서서도 그런 말들을 들어야 했다. 오랫동안 게시판에 붙어 있는 게시물에서도 그런 말들을 읽어야 했다. 그러나 나는 신성한 것은 아무것도 보지 못했고 영광스럽다는 것 속에서 영광스러운 것을 본 적도 없었다. 희생적인 행동이라는 것도 시카고의 도살장에서 벌어지는 일과 다를 바 없음을 목격했다. 고기를 먹지 않고 묻는 것만 다를 뿐이었다. 차마 들어줄 수 없는 말들이 너무 많아서 결국은 지명만 위엄 있는 말이 됐다. 숫자나 날짜만이 지명과 더불어 가치 있고 의미를 부여할 수 있는 말이 됐다. 영광이나 명예나 용기나 성스러움 같은 추상적인 말들은 마을의 구체적 이름이나 도로나 강의 이름이나 연대 번호나 날짜 앞에서 그저 외설스럽게만 들렸다."

헨리는 화물 열차에 몰래 올라타고 밀라노의 캐서린을 찾아 나선다. 마침내 극적으로 헨리와 캐서린이 만난다. 그러나 부대를 이탈한 헨리는 탈영병 신세이다. 헌병의 추격을 피해 스위스로 향하는 보트를 탄다. 달빛에 의지하여 밤새 노를 저어 평화의 땅으로 가는 것이다. 아름다운 스위스에서 두 사람은 행복한 몇 개월을 보낸다. 그 행복을 계속 누릴 줄 알았지만 뜻대로 되지는 않는다. 캐서린이 난산 끝에 제왕 절개 수술을 받다가 과다 출혈로 사망한다. 아들이었던 신생아도 살리지 못한다. 사랑과 미래를 잃어버린 헨리가 빗속을 걸어 호텔로 돌아오는 장면이 마지막을 장식한다.

선 밸리에 있는 헤밍웨이 기념비. 쿠바 혁명 후 카스트로에 의해 추방돼 미국으로 돌아온 헤밍웨이는 우울증을 앓다 이듬해 선 밸리에서 자살한다. 만약 그토록 사랑하는 쿠바에서 추방되지 않았다면 그는 천수를 누리지 않았을까.

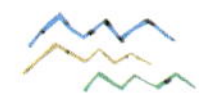

전쟁의 폭력성과 비인간적인 면모와 그에 대한 환멸을 그리고 있는 이 소설의 줄거리는 이렇게 요약된다.

그 가운데 헨리의 친구로 등장하는 리날디 중위의 이야기가 무척 인상적이다. 이탈리아 아말피 출신의 미남인 그는 외과 의사로 헨리

또래이다. 헨리와 리날디는 함께 막사 옆의 장교용 유곽을 자주 드나든다. 전쟁터에는 유곽이 필수적으로 따라붙어 있었는데 거기서 와인도 마시고 기분을 푸는 것이다. 유곽은 사병용과 장교용으로 각각 구분된다. 헨리가 "아침마다 욕을 하며 매춘부들을 저주하면서 유곽 냄새를 닦아내려고 양치질을 했다"는 구절로 미루어 장교들의 생활이 어떤지 유추할 수 있다.

헨리가 상처를 입고 밀라노로 후송되었다가 오랜만에 복귀해보니 군의관 리날디가 몹시 피폐해 보인다. 리날디와 헨리의 대화를 보면 당시의 상황을 잘 알 수 있다.

"이놈의 전쟁이 지겨워 죽겠어. 기분이 아주 엉망이야."

"여름과 가을 내내 수술만 했

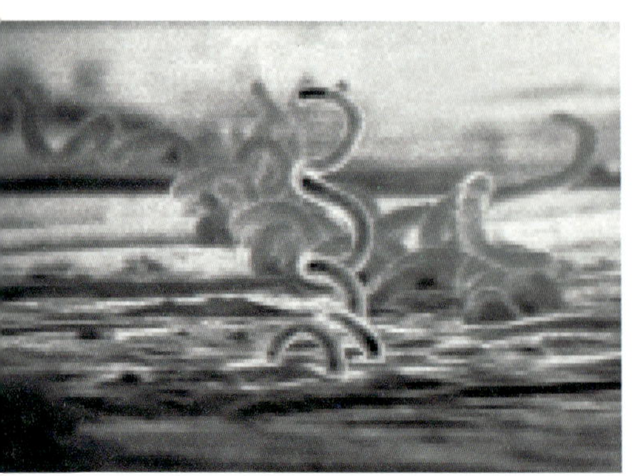

전자 현미경으로 본 매독균의 모습.

H_2N — As=As — NH_2, OH, HO

살바르산의 구조. 독일의 에를리히는 특정 균만 파괴할 수 있는 비소 화합물을 연구하던 중 매독균에 주효한 결과물을 얻는다. 그는 이 물질을 사람을 살리는 비소 화합물이라는 뜻으로 '살바르산'이라 명명한다. 독성이 있어 부작용은 있지만 페니실린이 발견되기 전까지 가장 많이 쓰인 매독 치료제였다.

어. 일만 죽어라 한 거지. 다른 사람이 해야 할 일도 내가 다 하고 있어. 힘든 일은 다 나한테 맡기지. 난 아주 사랑스러운 외과 의사가 된 거야."

"될 대로 되라지. 빌어먹을 전쟁 같으니."

"내게 신경 쓰지 마. 난 단지 조금 미쳤을 뿐이야."

"꺼져버려. 저들은 나를 쫓아버리려고 해. 매일 밤 나를 쫓아내려고 안달이지. 나는 싸워서 그들을 물리치고. 내가 매독에 걸렸다고 쳐. 누구나 다 그런 걸. 세상 사람들 다 걸렸다고. 우선……."

"작은 여드름 같은 것이 생기지. 그런 다음, 어깨 사이에 발진이 나타나. 그다음에는 아무 징후도 나타나지 않아. 하지만 우리에게는 수은이 있잖아."

"살바르산도 있지."

"그건 직업병이에요. 직업병일 뿐이라고요."

리날디의 말을 모아 해석해보면 그는 전쟁에 지친 데다 과중한 수술 때문에 탈진했으며 그 와중에 매독까지 앓고 있음을 알 수 있다. 또 그 때문에 절망하고 상심한 것을 느낄 수 있다. 그에게 매독이란 누구나 다 이미 걸려 있는 병 또 누구나 걸릴 수밖에 없는 병 그리고 군의관에게는 직업병이라고까지 천명했던 것이다. 그 의사는 수은이나 살바르산으로 나을 것을 기대하면서 나름대로 자가 치료를 하지만 몹시 불안정한 상태 같다.

이 작품이 쓰인 1929년 당시만 해도 매독은 불치병이었다. 플레밍이 푸른곰팡이에서 페니실린을 발견한 때가 1943년이었으니까. 매독이란 성적 접촉이나 태반을 통해 전파되는 대표적인 성병으로 트레포네마 팔리듐(Treponema Pallidum)이라는 나선형 세균에 의해 감염된다. 콜럼버스가 신대륙에서 얻어 온 것을 계기로 전 유럽에 퍼졌다는 설이 있으나 확실하지는 않다. 신대륙 발견 이전에도 유럽 지역에서 매독이 만연했다는 기록이 있기 때문이다. 페니실린이라는 획기적인 항생제가 발명되기 전까지 상당한 희생자를 낸 악명 높은 질병이었다.

페니실린으로 완치가 가능한 요즘도 매독은 사라지지 않고 있다. 우리 진료실에서도 1년에 다섯 명 남짓 새로운 매독 감염 환자를 발견하곤 한다. 혈액 검사에서 매독 양성 반응이 나오는 경우, 환자가 받는 충격은 암 진단을 받은 경우에 버금가는 듯하다. 매독이 절로 혼자 발생하는 것이 아니라 성적 접촉에 의해 옮기 때문이다. 매독으로 판명되면 배우자에 대한 배신감까지 감내하느라 환자들은 이중의 고통을 느낀다. 매독 때문에 약혼이 깨지거나 가정이 파탄 나는 사례도 더러 보았다.

매독은 또한 태아에게도 전달된다. 엄마에게서 매독균을 물려받은 태아는 초기에 유산되거나 자궁 내에서 사망하는 경우가 많다. 출생해도 조산이 대부분이고 선천적으로 매독에 걸린 아이들은 일반적으로 지능이 낮고 시력 장애 및 청각 장애가 동반된다. 이렇게 자식에게까지 불행을 전달할 수 있는 무서운 질병, 매독에 대한 검사를 소홀히 하지 말아야 할 것이다.

이 작품에서 군의관에게 매독은 직업병이라고 천명할 만큼 혜밍

페니실린을 발견한 영국의 미생물학자 알렉산더 플레밍(1881~1955). 항생제의 발견으로 의학의 발전은 차원이 달라졌다.

웨이는 전쟁에 대한 환멸을 말하고자 하는 것 같다. 전쟁이라는, 죽음을 미화하는 이데올로기에 대해 저항하는 것이리라.

헨리가 계급장을 떼어내며 '무기여 안녕'이라고 고하는 장면을 돌이켜보면 비트겐슈타인의 말이 떠오른다. '언어의 한계는 인식의 한계이다. 그러므로 말할 수 없는 것에 대해서는 침묵해야 한다'라는 말……. 어쩌면 헤밍웨이는 관념적인 말들과 이별하고 싶었던가 보다.

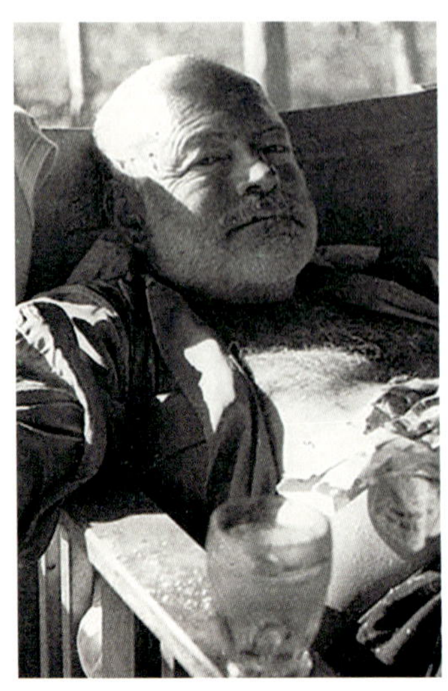

어니스트 헤밍웨이
Ernest Hemingway

1899년 7월 21일 미국 일리노이 주 오크파크에서 출생.
야외 스포츠를 즐기는 아버지의 영향으로 사냥, 낚시, 풋볼 등을 즐기며 성장.
고등학교 졸업 후 〈캔자스시티 스타〉 지의 기자로 일하다
제1차 세계 대전 때 적십자 야전 병원의 구급차 운전병으로 참전.
오스트리아-이탈리아 전선에서 다리에 중상을 입고, 종전 후 전쟁 영웅으로 귀국.
〈토론토 스타〉 지의 해외 통신원이 되어 프랑스, 스페인 등에 머물며
문인들과 교류하면서 작가 활동 시작.
《노인과 바다》로 소설 부문 퓰리처 상(1953), 노벨 문학상(1954) 등 수상.
주요 작품 《태양은 다시 떠오른다》, 《무기여 잘 있거라》,
《누구를 위하여 종은 울리나》, 《노인과 바다》,
《킬리만자로의 눈》, 《여명의 진실》 등.
1961년 7월 2일 아이다호 주 케첨 자택에서 엽총으로 자살.

의사란 온종일 이렇게 험한 모습만 봐야 하는가!

토마스 베른하르트 《혼란》

성주가 끊임없이 이야기하는 동안 의사는 예약된 환자가 집에서 기다릴 것을 생각하지만 성주는 의사를 놔주지 않는다. 자연이 자신을 꽉 채워 질식해 죽을 것이라는 둥 자신이 썩어가는 소리를 듣는다는 둥 나무를 모두 베어 가루로 만들고 싶다는 둥 혼란스러운 말을 계속한다.

돌이켜 보면 나는 의과 대학에 진학할 때까지 의사를 만난 기억이 없다. 어디가 아파서 치료받은 일도, 하다못해 병문안을 가본 적도 없기 때문에 의사가 무슨 일을 하는지 알지 못했다. 그럼에도 불구하고 막연히 남을 위해 좋은 일을 하고 사회적으로 꼭 필요한 사람이 의사일 거라는 생각을 하고 있었다. 아마도 미국 드라마 〈닥터 퀸시〉의 영향일 것이다.

퀸시는 각종 범죄의 실마리를 풀어내는 전지전능한 병리학자였다. 살인 사건이 발생하면 시신만 보고도 경찰로서는 도저히 알 수 없는 비밀을 밝혀내곤 했다. 고등학교 때 그 드라마를 볼 때마다 의사가 대단한 일을 한다는 생각이 뇌리에 축적되었다. 퀸시가 독신주

미국 드라마 〈닥터 퀸시〉의 한 장면. 의학 지식으로 사회 문제를 파헤치고 호쾌하게 사건을 해결하던 그의 영향으로 나는 환자들에게 사적인 질문을 할 때가 많다. 정작 아무것도 도와주지 못할 거면서.

의자로 호화로운 요트에서 사는 것도 특이했는데 범인을 밝히고 나면 매번 다른 미녀와 밤을 보내는 장면도 눈길을 끌었다.

하지만 의사가 되고 보니 웬걸.

의사라고 모두 닥터 퀸시일 수는 없었다. 아니, 퀸시처럼 대단한 일을 하는 의사는 단지 드라마니까 가능한 존재였다. 오히려 의사의 생활을 들여다보면 단조롭고도 따분한 일을 되풀이하는 평범한 직업인일 뿐이었다.

여기에 어떤 오스트리아인 의사의 하루를 그린 작품이 있다. 시골에서 왕진을 다니며 다양한 사람들을 만나고 있는데 그들을 통해 인간의 삶이 얼마나 고통스러운지 드러난다. 병들고 폭행을 일삼으며 정신착란 증세가 있는 이 지역 주민들을 보면 의사가 어떻게 이런 환자들을 감내하고 살 수 있을지 의문이 생긴다. 그의 하루를 따라가 보자.

9월 26일 토요일.

의사는 새벽 2시에 왕진을 간다. 교사였던 젊은 남자가 심장 파열로 사망했기 때문이다. 오는 길에 의사는 끓는 물이 담긴 돼지 여물통에 빠졌던 아이를 치료한다. 온몸에 화상을 입은 그 아이는 살날이 얼마 남지 않았음을 나타내고 있다.

왕진을 다녀온 의사가 아들과 산책을 나서려는데 낯선 사람이 문을 두드린다. 그는 술집 주인으로 왕진을 청하러 왔다. 일하던 그의 아내가 새벽 2시에 광부들 중 한 사람에게 머리를 맞아 쓰러졌다는 것이다. 술 취한 광부들이 그녀를 위층의 침실로 옮기는 동안에도 그녀의 머리는 여러 차례 계단 난간에 부딪혔고 경찰서에서 잠든 경찰을 깨워 술집으로 데려오기까지도 상당한 시간이 소요되었다고 한다.

새벽 4시 반, 의사가 현장에 도착했을 때 여주인은 이미 가망이 없어 보인다. 의사는 경찰과 함께 환자를 병원으로 옮기지만 병원에 도착하자마자 그녀는 사망한다.

병원을 나온 의사와 그 아들은 변호사 집에 들러 아침을 먹는다. 의사는 평소에는 혼자 다녔는데 이날만큼은 아들을 대동했다. 왕진 동안 환자를 만지고 치료하는 것은 우울하고 비참한 일이라 혹시 아들을 염려해서 그동안 데려가기를 꺼렸던 것이다.

의사는 변호사에게 방금 목격한 사건을 알려준다. 그러면서 술집 주인이 침울해하고 있지만 그에게 아내란 한 마리의 가축에 지나지 않을 것이라고 말한다. 그는 야비한 수법을 써서 수많은 처녀들 가운데 그녀를 붙잡아 자기 부인으로 만들었으며 술집은 그 지방에 있는 푸줏간이나 가축 매매장, 농가와 마찬가지로 비정한 여성 사육장에 불과하다는 것이다. 변호사와 의사는 도시보다 시골에 난폭하고 흉악한 사람이 더 많다고 이야기한다. 의사는 자신이 날마다 다니는 곳은 혐오스러운 사람들의 집이고 이런 집에 간다는 것은 바로 잔인함과 난폭함 속으로 들어가는 것이니, 왕진이란 실은 왕진 가방을 들고 범죄의 세계를 드나드는 것이라고 말한다.

변호사 집에서 나온 의사와 아들은 부동산 중개업자인 유대인 블로흐에게 간다. 방대한 도서를 소장한 블로흐에게 의사는 몇 권의 책을 반납하고 또 몇 권을 새로 빌린다. 블로흐는 끔찍한 두통을 호소하며 수면제 처방을 원한다.

이번에는 넓은 과수원을 지나 에벤회 노파에게 간다. 온 방 안에 죽음의 냄새를 풍기는 가운데 에벤회는 침대에 누워 있다. 그녀에게는 약혼녀를 살해한 죄로 15년간 징역을 살고 나온 오빠가 있었다. 에벤회는 교도소에서 출소한 그를 자신의 집 다락방에 머물도록 했는데 그는 사흘 후 창살에 목을 매 자살한 모습으로 발견되었다.

정치가였던 에벤회의 남편은 죽고 없다. 에벤회의 유일한 아들은 거구의 지적 장애인인데 피혁 공장에서 일한다. 그에게서는 고기 썩는 악취가 지독하게 난다. 그 아들뿐 아니라 에벤회의 며느리와 손자들에게서도 동시에 고약한 냄새가 난다. 에벤회는 자신이나 죽은 남편은 훌륭한 환경에서 자랐는데 어떻게 갈수록 짐승 같은 그런 아들을 낳았는지 의문이라고 말한다. 또 에벤회는 자신이 죽고 나면 아들이 집을 팔아 치울 것이고 얼마 지나지 않아 그 돈을 모두 없애버릴 것이라는 생각에 질식할 것 같은 분노와 두려움을 느낀다고 말한다.

의사는 그녀를 다시는 보지 못할 것이라는 예감에 오래 머물며 진찰한다. 한편 자신의 자녀 이야기도 한다. 의사에게는 남매가 있고 아내와는 사별했다. 그 남매 중 지금 데리고 온 아들은 광산 전문대학교에 다니고 활달하여 제 앞가림을 하리라 믿지만 딸은 어머니의 사망 이후 우울증에 빠져 도와줄 길이 없는 상태라는 내용이다. 그녀는 밝은 날이면 더욱 깊은 우울 속에 빠져들고 손목을 그어 자살 시도를 한 적도 있으므로 의사는 그 딸을 '끊임없는 불안거리'라고 여긴다.

다음에는 사냥용 별장에 칩거 중인 사업가에게로 간다. 그는 당뇨병을 앓고 있어 몇 시간마다 한 번씩 약물을 주입해야 한다. 그는 이복 누이동생과 마치 부부처럼 함께 살고 있으며 세상과 동떨어져 오직 작품 저술에만 몰두하고 있다. 밤낮으로 쓰고 또 쓰고 그러고

는 지워버리고. 이렇게 해서 조금씩 그는 목표에 다가가고 있다는 것이다. 작품은 철학적 테마를 다룬다는 것뿐 그 내용에 대해서는 말하지 않는다. 그는 사냥용 별장에 살지만 큰 사업체를 운영하고 있다. 기업이 전 세계적으로 분포되어 4만 명이 넘는 종업원을 거느리고 있는데도 하루에 단 한 시간만 사업에 투자한다는 것이다. 별장은 아무도 찾아오지 못하도록 철저히 외부와 차단되어 있다. 당뇨병 때문에 의사라도 만나게 된 게 다행일 정도로 폐쇄된 사업가이다. 그와 함께 사는 이복누이동생도 정상은 아니다. 그녀는 침묵으로 일관한다. 의사가 보기에 그녀는 자기 살해의 의지를 품고 있는데 그것을 침묵으로 표현하는 것 같다. 그런데도 억압자인 오빠에게 매달리는 것으로 보아 의사는 그녀가 '끔찍한 절망'에 예속

되어 있다고 생각한다.

사업가는 의사가 아들을 데려온 것에 대해 이렇게 말한다.

"나는 아드님을 대하고 싶지 않습니다. 난 그를 알고 싶지 않아요. 갑자기 새로운 사람이 나타나면 그 사람은 나의 모든 것을 망가뜨릴지도 모릅니다. 모든 것을 말입니다. 새로운 사람들은 돌연히 나타나 모든 것을 망가뜨리지요."

이토록 폐쇄적인 사업가는 숲 속에 사는 들짐승을 모조리 쏘아 죽이고, 그것들을 모아서 이 지방에 사는 가난한 사람들에게 나누어주었다. 그 결과 이제 창문을 열면 아무 소리도 들리지 않는다고, 그래서 형언할 수 없이 아름다운 상태라고 말한다.

의사가 별장을 나와 아들과 식당으로 향하는 동안 숲 속에는 아무도 없고 들짐승이라고는 한 마리도 없어 그 빈터는 압박감마저 느끼게 한다.

그들은 식당에서 점심을 먹는다. 식당에서도 술집 여주인 살해 사건이 화젯거리이다. 범인은 아직 잡히지 않았다고 한다.

식사 후 의사는 방앗간 주인을 치료하기 위해 골짜기로 간다. 일주일에 한 번씩, 헐고 짓무른 방앗간 주인의 다리에서 고름을 짜내고 붕대를 갈아주어야 한다. 방앗간 주인은 60세이고, 폐가 급속하게 썩어가고 있는 그의 부인은 관절염을 앓고 있다. 방 안에는 늙고 살진 사냥개 한 마리가 이들 내외 사이를 이리저리 왔다 갔다 하고 있다. 방마다 신선한 사과를 쌓아두지 않았던들 두 늙은이와 사냥개에게서 풍기는 냄새를 도저히 견디지 못했을 거라고 의사가 아들에게 말한다.

의사가 치료하는 동안 아들은 방앗간 뒤편에 있는 새장을 구경하러 간다. 거기에는 이국적인 새가 50마리가량 있는데 사람을 경계하는 모습이 완연하다. 새들에게 물을 주려는데 방앗간 집 두 아들이 그를 부른다. 방앗간에는 터키인 청년이 고용되어 있는데 오스트리아에 온 지 얼마 되지 않은 듯 언어도 서툴다. 그들은 의사 아들을 죽은 새 마흔두 마리가 무더기로 쌓여 있는 곳으로 데려간다. 3주 전에 죽은 큰아버지는 새를 100마리나 키웠다. 20년간 새를 키웠던 큰아버지가 죽고 나자 새들은 무섭게 울어댔다. 골짜기에 울려 퍼지는 끔찍한 소리에 다들 미쳐버리기 전에 새들을 처치하기로 가족들은 결정했다.

처음에 방앗간 집 두 아들이 새를 잡았다. 목을 손가락으로 민첩하게 몇 번 돌리고 머리를 눌러 부러뜨렸다. 이 광경을 뜨악하게 바라보던 터키인 청년이 나서서 새를 죽이기 시작했는데 익숙하고 신속하게 해치웠다. 남은 50여 마리의 새도 오늘 밤에 다 죽일 예정이란다. 죽은 새는 박제로 만들어 보관할 계획도 갖고 있다. 죽은 새가 풍기는 악취에 못 이겨 의사 아들은 황급히 그곳을 떠난다.

다음 방문 장소는 골짜기 끝에 있는 호호고베르르니츠 성이다. 그 전에 성의 일꾼 크라이너의 집에 들른다. 크라이너의 아들은 의사의 아들과 동갑인 스물한 살인데 장애인이다. 머리에 검은 수면 모자를 쓴 그는 머리통이 너무 좁아 얼굴에서 두 눈이 툭 튀어나올 지경이다. 한쪽 다리는 길고 다른 한쪽은 짧다. 그처럼 수년 동안 누워 있는 환자에게서 풍기는 악취가 온 방에 진동한다. 그를 돌보는 사람은 누이동생이다. 의사는 오늘 그의 '종합 검진'을 하러 온 것이다. 그러나 그는 진찰하기 좋은 자세를 취해주지 않는다. 그는 마치 뛰어오르려는 사람처럼 웅크리고 앉아 얼굴을 심하게 찡그린다.

이렇게 병들기 전에 그는 악기를 연주했다. 첼로 연주를 특히 잘했고 벨라 바르톡의 곡을 제일 좋아했다. 음악에 두드러진 재능을 보여 많은 악보를 외워 연주했고 자작곡도 있었다. 그런데 어느 날 무보수로 가르쳐주던 음악 선생의 머리를 이유 없이 현악기 활로 내리쳤다. 그때부터 그의 음악은 끔찍한 소리를 내기 시작했다.

그는 유럽의 정신병원 가운데 가장 크고 무시무시한 슈타인호프에서 4년 동안 치료받고 퇴원했다. 의사들은 '절망적'이라면서도 집으로 데려가도 좋다고 했다. 퇴원 후 여느 때보다 예민한 감수성으로 곡을 연주하던 날 그는 나무 몽둥이로 누이의 뒤통수를 때리고 말았다. 의사는 그의 누이에게 침대에 쇠틀을 씌우라고 충고했는데 오빠를 몹시 사랑하는 그녀는 차마 쇠틀을 설치할 수 없어 다락방에 가져다 두었다고 한다. 의사의 종합 진찰은 30분가량 걸렸다. 집을 나설 때 방구석에 목이 부러진 채 현 하나로 몸통 부분과 연결된 바이올린 세 대가 눈에 띄었다. 의사는 크라이너의 아들처럼 신체상의 기형 때문에 정신병이 발병한 환자는 무섭게 늙어버린다는 것을 아들에게 알려주며 "보고 배워라"라고 말한다.

마지막으로 호호고베르르니츠 성주 자우라우를 만난다. 그는 성 안쪽 벽을 끼고 걸으며 혼잣말을 하고 있다. 의사와 아들에게 반갑게 인사를 하지만 걷기를 멈추지 않아 셋은 모두 함께 걸으며 이야기한다. 자우라우는 오늘 아침에 새로운 관리인 후보자들을 면접한 일에 대해 말한다. 신문에 구인 광고를 내자마자 벌써 세 명이 다녀갔다는 것이다. 성주는 그 가운데에서 한 명을 정하게 된 과정을 길게 설명한다.

그의 이야기를 들으면 그가 온전한 정신이 아니라는 걸 금방 알 수 있다. 그는 정신착란증 환자이다. 그는 여러 달째 소음에 시달리고 있다고 호소한다. 의사는 그의 증상이 고도의 영감과 사색에 집중된 까닭일 거라고 생각한다. 머릿속에 꽉 찬 소음 때문에 성주는 잠을 이루지도 못한다. 자신이 수많은 사람을 만나는데 어느 누구도 자신의 이 소음을 알아채지 못한다는 것이 충격이라고 한다.

자우라우는 아버지에게서 성을 물려받아 30년 사이에 재산을 두 배나 늘려놓았지만, 자신의 아들이 성을 상속받자마자 파괴할까 봐 우려하고 있다. 성주의 외아들은 런던에서 유학 중이다. 성주는 간밤에 꾼 꿈에 대해 이야기한다. 꿈속에서 아들이 쓴 글을 보았다는데 거기에는 자우라우가 자살하자 아들은 물려받은 성을 파괴하기 위해 가축들은 모두 팔아 치우고 곡식은 추수하지 못하게 해서 죄다 썩히고 가족들은 집에서 전부 내쫓았다는 내용이 적혀 있었다고 한다. 성주의 아버지는 권총으로 자살했다는데 이 가문은 거의 자살로 생을 마감한 내력을 가지고 있다.

성주가 끊임없이 이야기하는 동안 의사는 예약된 환자가 집에서 기다릴 것을 생각하지만 성주는 의사를 놔주지 않는다. 자연이 자

한때 우리 부부는 전국의 명산을 찾아다니며 자연의 아름다움을 만끽했다. 그리고 우리의 삶 속에서 자연과 같은 아름다움을 찾고자 했다. 하지만 베른하르트는 정반대로 삶 속에 내재된 인간의 광기와 분노, 부조리와 혼란을 놀라운 솜씨로 고발했다. 오스트리아야말로 자연이 아름다운 나라로 알려져 있는데도 말이다. 사진은 경기도 가평에 있는 운악산이다.

신을 꽉 채워 질식해 죽을 것이라는 둥 자신이 썩어가는 소리를 듣는다는 둥 나무를 모두 베어 가루로 만들고 싶다는 둥 혼란스러운 말을 계속한다. 그의 정신세계는 혼란 그 자체이다.

밤 11시나 되어 성을 나온 의사가 집에 돌아와 보니 경찰이 기다리고 있다가 술집 여주인에 대한 의료 사실을 조회해 간다. 범인이 잡혔다는 것이다. 의사는 이번에는 도살용 총기로 자기 복부를 쏜 어느 푸줏간 주인에게 왕진을 간다.

의사의 하루를 따라가 보니 새벽 2시부터 시작된 왕진이 밤 11시가 넘도록 계속되고 있다. 그 시간 동안 그는 죽은 사람도 두 명이나 보았다. 나머지도 모두 곧 죽을 것이 예상되는 환자뿐이다. 화상을 입은 아이도 지적 장애인 아들 때문에 마음고생을 하는 에벤회도 방앗간의 주인 내외도 모두 중환자다. 그밖에 두통을 호소하는 부동산 중개업자나 당뇨병을 앓는 사업가 또 음악을 연주하다 정신이 돌아버린 크라이너의 아들도 결코 치료되지 않으리라는 걸 짐작할 수 있다. 더욱이 성주 자우라우는 광기에 시달리며 드넓은 성을 가지고도 황량한 삶을 꾸려나가는 주인공이다.

이렇게 밤잠도 설치고 이곳저곳 왕진을 다니지만 의사는 과연 어떤 보람을 느낄 수 있을지 의문이 생긴다. 그는 환자의 이야기를 들어주는 데에 많은 시간을 할애하고 있다. 곪은 다리의 붕대를 교체해주거나 가슴에 청진기를 대보는 등의 진료 행위는 극히 드물다.

의사는 아들에게 "모두를 치료하기 어려워"라는 말을 함으로써 의사 자신도 절망하고 있다는 걸 느끼게 한다.

"대부분의 의사들이 지금도 여전히 원인은 연구하지 않고 결함투성이인, 판에 박힌 진료만 하고 있어. 약을 처방하는 위선자들, 이들은 백해무익한 관습 때문에 어쩔 도리 없이 자신을 완전히 맡겨버리는 환자들의 정신적인 면에 관해서는 전혀 연구하지 않아. 의사들은 게으르고 비겁하지. 이들에게 자신을 맡긴다는 것은 우연과 완전한 무감각 그리고 사이비 과학에 자신을 맡기는 것과 같아. 오늘날 의사들 대부분은 엉터리 치료사며 지독한 사기꾼에 불과해. 나는 동료들 틈에 있을 때보다 더 섬뜩한 공포심을 느낀 적은 없어. 그리고 의학보다 더 끔찍한 것은 없다고 생각해."

새벽 2시에 심장 파열로 죽은 교사의 사례를 들어 의사는 의학에 대해 이렇게까지 심하게 말한다. 그 교사는 여섯 살 때 할머니와 함께 산딸기를 따러 깊은 숲에 들어갔다가 길을 잃고 사흘간을 헤매다 정 반대 방향의 숲으로 나온 일이 있었는데 그 체험이 그의 앞날을 망치게 된 원인이 되었다는 것이다. 교사는 죽기 전 마지막 몇 달 동안 '갈기갈기 찢긴 새들, 찢어진 인간의 혀, 손가락이 모두 여덟 개인 손, 산산조각이 난 머리, 알 수 없는 몸체에서 떨어져 나간 사지, 손발, 음부, 걸어가면서 질식당한 인간들, 불거져 나온 두개골' 등등을 그린 그림을 남겼다. 이로써 우리는 한 인간에게 닥친 파국에서 그가 옛날에, 대개 아주 어렸을 때 입은 신체적, 정신적 상처를 짐작할 수 있는데 의학에서는 이런 상처를 인정하지 않기 때문에 환자에게 도움을 주지 못해 안타깝다고 의사는 말한다.

이 의사는 온종일 희망이라는 감정을 느낄 최소한의 시간도 없이 치명적이고도 극단적으로 악화된 상태와 대면하고 있다. 흔히 의사는 누군가를 낫게 해준다고 생각하지만 이 의사의 경우 그 아무도 낫게 해주지 않는다. 죽는 것을 지켜봐야 하거나 미쳐가는 것을 바라보고 있다. 그가 하는 진료는 잘 보기와 잘 듣기일 뿐이다. 회복이나 치유에는 해당하는 환자가 없다.

그렇다면 의사란 본래 환자 곁에서 지켜보고 이야기를 들어주는 사람이지 병을 고치거나 생명을 살려내는 사람은 아닌 게 아닐까? 왜냐하면 의사 숫자가 이렇게 많이 늘어난 지금, 질병만 덩달아 늘어났을 뿐 죽지 않는 사람은 여전히 없으니 말이다. 의사가 대단한 일을 하리라고 믿은 건 아마 나의 환상이었던가 보다. 마찬가지로 의사에게 치유라든가 힐링이라는 단어를 붙이기 좋아하는 건 의사들 스스로의 위안일지도 모르겠다.

여기에 등장하는 의사는 어떻게 온종일 우울하고 참담한 환자들을 마주하고도 그의 직업을 감당할 수 있을까 하는 의문이 생긴

사람의 음성과 가장 유사한 소리를 낸다는 첼로는 생김새도 사람과 비슷하다. 음악이나 악기는 우리의 고양된 영혼을 상징하는 것 같아 숭고한 느낌을 주곤 하는데 작품 속에 나오는 젊은이가 바이올린 활로 사람의 머리를 내리치고 정신병원에 갔다는 대목은 정말 섬뜩하다. 그것도 무보수로 음악을 가르쳐준 선생님에게 그랬다니……. 베른하르트는 음악 대학을 다닌 경력이 있어서 종종 음악 이야기를 썼다. 《몰락하는 자》에 나오는 피아니스트 글렌 골드 일화도 인상적이다.

다. 그에 대한 답은 바로 작품 속에서 찾았다. 유대인 블로흐의 집에서 일주일에 한 번씩 왕진 때마다 책을 빌려오는 대목이 나오는데 그가 빌린 책은 칸트의《철학 개론》과 니체의《우리 교육 제도의 미래에 관한 강의록》, 파스칼의《팡세》 원서, 디드로의《현혹》 등이었다. 오스트리아인 의사라면 독일어가 국어일 텐데 프랑스 작가의 책까지 원서로 읽는다는 대목에 놀라지 않을 수 없다. 그리고 철학까지 공부하는 의사니까 죽음과 질병, 고립과 광기, 부정과 실패가 우리 삶의 본질이라는 걸 파악하고 그 안에서 인간의 존엄성도 찾아냈던가 보다.

토마스 베른하르트
Thomas Bernhard

1931년 2월 9일 네덜란드 헤를렌에서 사생아로 출생. 외가를 따라 오스트리아 빈과 잘츠부르크에서, 결혼한 어머니를 따라 독일 트라운슈타인에서 성장. '베른하르트'는 의부의 성이고 생부는 만난 적이 없음.
예술 교육을 강조한 외조부에 의해 잘츠부르크에서 음악과 연극학을 공부.
신문에 법정 기사, 르포, 연극 평론을 쓰는 등 자유 기고가로도 활동.
폐병으로 인해 성악가, 연극배우의 꿈을 접고 본격적으로 작가로 전향.
인간의 부정적인 측면과 절망이 강하게 반영된 작품 세계로 인해 평생 오스트리아에서 마찰을 빚음. 율리우스 캄페상, 브레멘 문학상, 오스트리아 국가상, 게오르그 뷔히너상, 하노버 극작가상, 프레미오 몬델로상, 프릭스 메디치상 등 수상.
주요 작품 《추위》, 《한 아이》, 《원인》, 《지하실》, 《호흡》, 《소멸》, 《옛 거장들》, 《몰락하는 자》, 《비트겐슈타인의 조카》, 희곡 《영웅 광장》 등.
1989년 2월 12일 오스트리아 그문덴에서 사망. 유서에는 오스트리아에서 자신의 작품이 출판, 공연되는 것을 금한다고 명시.

선각자 의사, 그예 자살하다

피오 바로하 《과학의 나무》

이 동산에 있는 나무 열매는 무엇이든지 마음대로 따먹어라.
그러나 선악과나무 열매만은 따먹지 말아라.
그것을 따먹는 날, 너는 반드시 죽게 되리라.

나는 이미 기성 세대의 의사가 되었다. 개원의로서 더는 발전할 것 없이 그저 명맥만 유지하며 사는 그런 의사라는 뜻이다. 그렇다면 새로운 세대의 의사는 어떤 모습일까?

오늘날 우리나라에서 의과 대학에 입학하려면 성적이 상위 0.2퍼센트에 들어야 가능하다는 게 공공연한 사실이다. 고등학교에서 가장 공부 잘하는 학생들만이 의사가 된다는 것이다. 취업난에 시달리는 요즘, 똑 부러진 전문성이 없으면 살아남기 어려우니까 전문성을 추구하는 게 당연지사이다. 의사처럼 전문성이 요구되는 직업이 또 있으랴.

하지만 선배 의사로서 나는 미래가 여간 걱정되는 게 아니다. 저토록 공부 잘하고 유능한 의과 대학 학생들이 막상 의사가 되어 사회에 발 디뎠을 때 과연 자신의 능력을 맘껏 펼칠 수 있을까? 또 그에 대한 온당한 처우를 받을 수 있을까?

얼마 전 우리 병원에 보건소에서 '병원 점검'을 나왔다. 마약류 관리를 잘하는지 검사한다는 것이다. 잠가놓은 약장을 열게 하여 약품 개수를 세고 장부를 검토하여 고압적인 자세로 지도 감찰을 하고 갔다. 그 얼마 전에는 건강 보험 심사 평가원에서 실사를 나왔다. 의료 보험 청구를 잘하는지, 부당 청구·허위 청구는 하지 않는지 알아본다는 것이다. 무려 다섯 명의 인원이 3일간이나 병원에 출근하며 꼼꼼하게 조사했다.

의사를 관리 감독하기 위해 국가에서 얼마나 많은 인력과 비용을 쓰고 있는지 실감하는 시간이었다. 사회가 점점 세분화되어 생긴 일이겠지만 국가 차원에서 하는 관리 감독에 응대하기가 만만치 않다. 과거에는 진료가 병원의 주된 일이었다면 지금은 업무 보고서 제출과 제반 조사 질문지 체크에 시간을 다 보내게 된다. 그래서 미래의 의사들 입지가 점점 좁아질 것이라 우려된다. 지난 시절과는 달리 후배 의사들은 의사가 되기 위해 경주한 노력에 비해 얻는 보람이 너무 미미하리라는 것이 나의 걱정이다.

이런 내 생각을 대변하는 듯 어떤 의사가 못마땅한 사회와 대립하며 시종일관 우울해하는 모습을 보여주는 작품이 있다. 스페인 98세대 일원이자 의과 대학을 졸업한 작가 피오 바로하의 소설《과학의 나무》이다.

안드레스 우르타도는 마드리드의 산 이시도로 대학에 입학한다. 그의 눈에 비친 교수들은 우스꽝스럽고 학우들은 시시하기 짝이 없다. 학생들은 수업 중에 손뼉을 치거나 잡담을 하고 담배를 피우거나 소설책을 읽었으며 강의실에 떠돌이 개를 데려오는 일도 서슴지 않았다. 이 당시 스페인은 학문적으로 또 사회적으로 몹시 퇴락한 상태였다. 과학적 지식과 역량을 축적해갈 능력도 없고 의지도 없었으며 사고는 마치 화석처럼 굳어 있었다.

안드레스는 어머니를 일찍 여의었고 집안에는 오 남매와 아버지가 있었지만 매 순간 혼자이고 버려졌다는 생각을 한다. 둘째 아들인 그는 천성적으로 우울하고 가족들과 잘 어울리지 못했다. 아버지는 이기주의자에다 독재와 전횡을 일삼았다. 돈 씀씀이가 헤펐고 그런 점에서 큰형은 아버지와 똑 닮았다. 막내 루이스는 몸이 약했다.

안드레스는 공부에 열의가 없어 화학 시험에 낙제한다. 의사인 외삼촌 이투리오스의 도움으로 가까스로 시험을 통과하게 된다. 이를 계기로 외삼촌과 가까워지고 철학적인 대화를 나눌 기회가 생긴다. 안드레스와 말이 통하는 유일한 사람이 외삼촌이었던 것이다.

의과 대학에 진학한 안드레스는 해부학 실습을 하게 된다. 학생들은 함부로 시체를 훼손하고 시신에 대한 예의를 차리지 않는다. 어떤 학생은 시체에서 팔을 떼어내어 망토 속에 넣고는 친구와 악수할 때 차디찬 시체의 손을 내밀어 상대를 기절초풍하게 한다. 이 의

지중해 연안의 발렌시아는 따뜻하고 햇살이 밝아 요양지로 적격이다. 세계 여행을 다녀온 사람은 다시 가고 싶은 곳으로 스페인을 자주 꼽는다. 주인공의 어린 동생은 폐결핵에 걸리자 발렌시아로 요양을 간다. 하지만…….

과 대학에는 생명을 경시하는 풍조가 있었던 것이다. 어떤 신경과 전문의는 환자를 부검한 후에 뇌를 꺼내 연구하려고 집에 가져다 두었는데 하녀가 쇠골로 착각하여 음식을 만드는 바람에 먹었다고도 했다. 안드레스에게 특히 거슬리는 것은 병원 시체실에서 학교로 시체를 옮기는 과정이었다. 담당 직원들은 시체의 팔과 다리를 잡아 마치 짐짝처럼 바닥에 던졌다. 다리를 잡아 질질 끌고 해부학 실험실까지 가는 동안에는 계단에 시체 머리가 부딪혀 탁탁거리는 흉측한 소리가 났다.

안드레스의 눈에는 모든 게 마땅치 않다. 친구들과도 잘 어울리지 못하고 혼자 책을 읽으며 자신만의 정신세계를 구축해 나간다. 그에게 삶은 추악하고, 혼란스럽고, 고통스럽고, 제어하기 어려운 사안처럼 보인다. 그가 몰두한 책은 쇼펜하우어, 피히테, 칸트 등의 저서였다. 그 무렵 막냇동생 루이스가 아프기 시작한다. 장티푸스에 걸려 고열에 시달리고 누이 마르가레타가 간병한다.

안드레스는 산 후안 데 디오스 병원에 실습을 나가서 몹시 분노하게 된다. 거기에는 성병에 걸린 여성 전용 병실이 있는데 중년의 담당 의사는 그곳에 수용된 불행한 여자들을 괜스레 잔인하게 다루고, 걸핏하면 괴롭히는 등 파렴치하고 비열한 짓을 일삼고 있다. 한 여인이 고양이를 무릎에 올려놓고 있었는데 의사는 고양이가 눈에 띄자 당장 잡아 죽이라고 소리친다. 그리고 그 환자는 다락방으로 데리고 가 벌을 주라고 명한다. 환자는 눈물을 흘린다. 이 장면을 목격한 안드레스는 의사에게 환멸을 느끼고 다시는 실습을 나가지 않는다.

안드레스는 인턴 선발 시험에 합격하여 종합 병원에서 일하기 시작한다. 안드레스는 병의 증세보다 그 병을 앓고 있는 환자의 생각과 감정에 더 깊은 관심을 보인다. 하지만 다른 의사들은 청진, 타진 및 소변이나 타액 검사 등의 의료 행위만 소중히 여기고 그 외에는 일절 의사의 업무라고 생각하지 않는다. 부도덕이 또한 병원을 지배하고 있다. 일부 교양 없는 놈팡이 의사들과 사제들이 도박하느라 밤을 지새우는 일이 다반사이다. 병원 소속 사제들도 타락한 이가 많았고 괴물처럼 이상한 느낌을 주는 사제도 있었다.

안드레스는 동창생 훌리오와 가까워지면서 마드리드 사람들을 많이 만나게 된다. 하숙업을 하는 니니와 룰루 자매를 알게 되어 그 집에서 열리는 파티에도 참석한다. 안드레스는 자매 중에 룰루와 친해진다. 자수 놓는 일을 하는 룰루는 예쁘지는 않았지만 꽤 매력적이다. 직선적인 성격을 가진 룰루는 안드레스와 생각이 비슷하고 마음이 잘 통했다.

안드레스는 파티에서 시인이나 희극 작가 등 여러 부류의 사람들을 만나지만, 모두 행실이 나쁘고 예의가 없을 뿐만 아니라 냄비에 오줌을 싸서 물 항아리에 쏟는 등의 추태를 보였으므로 상종할 사람들이 아니라고 여긴다. 안드레스가 마드리드에서 만난 사람들은 하나같이 뚜쟁이거나 허풍선이거나 창녀거나 허영덩어리로 마음에 들지 않았다. 안드레스는 이들을 파리 떼라고 규정한다. 외삼촌 이투리오스가 언젠가 "인생이란 우리가 서로를 잡아먹는 끊임없는 투쟁이고 잔인한 사냥이지. 식물, 미생물, 동물도 다 같아"라고 말했듯이 안드레스도 잔인함은 인간의 보편적인 성향 같다고 생각한다.

크리스마스 무렵에 막내 루이스가 피를 토한다. 안드레스가 진찰해보니 폐결핵이다. 이 병에는 따뜻한 지중해 연안으로 요양 가는 게 좋으므로 안드레스는 발렌시아까지 삼등칸 기차를 타고 답사를 다녀온다. 그는 루이스를 몹시 사랑하는데 폐결핵은 고치기 어려운 병이라 상심이 컸다. 그래도 새로운 환경은 폐결핵 치료에 도움이 될 것 같아 누이 마르가리타와 루이스는 발렌시아로 거처를 옮긴다. 6개월 후 안드레스가 준비하던 시험을 무사히 마치고 동생을 찾아갔을 때 루이스의 건강은 많이 호전되어 있었다. 하지만 집안 형편상 두 집 살림을 할 수 없다며 아버지는 루이스를 친척 집으로 옮기게 한다. 귀족인 그 친척은 크고 화려한 집에 살고 있지만 그 집 사람들은 폐쇄적이고 절대 외출을 하지 않으며 창문조차 꽁꽁 닫아두고 산다. 안드레스가 하녀에게 통풍을 위해 창문을 열라고 여러 번 지시해도 하녀는 결코 따르지 않는다. 안드레스는 박사 학위 시험을 치르러 마드리드로 떠나게 되고 루이스와 마르가리타만 그곳에 남는다.

안드레스는 마드리드에서 돌아와 잘 지내지 못한다. 독재적이고 강압적인 아버지와 항상 대립하자 그는 부르고스 지방의 대진의 자리를 찾아간다. 그곳에서 대체로 편안한 시간을 보내던 중 뜻밖의 편지를 받는다. 루이스가 죽었다는 소식이다. 동생의 병은 결핵성 뇌수막염으로 진행되었고 죽기 전에 안드레스를 여러 번 찾았지만 안드레스가 거처를 옮긴 탓에 제때 연락이 닿지 않았던 것이다. 안드레스는 정신적인 무력감에 빠져 슬픔조차 제대로 실감하지 못한다.

두 달간의 대진의 생활을 마치고 마드리드로 돌아온 안드레스는 외삼촌과 철학적인 대화를 많이 나누게 된다. 안드레스는 과학은 인류가 지니고 있는 단 하나뿐인 강력한 건축물이라고 말하지만 외삼촌은 과학이 인간까지 압도해버렸다며 젊은이들이 과학을 우상으로 삼는 것을 우려한다. 외삼촌은 성경에 나와 있는 '과학의 나무'에 대해서 말한다.

"낙원 한가운데 나무 두 그루가 있었다는 건 너도 성경을 읽어서 알 거다. 생명나무와 선악과나무지. 생명나무는 대단히 컸고 잎이 무성했는데 몇몇 성인 사제들에 따르면 그 나무가 불멸성을 가졌다더구나. 선악과나무는 어떠했는지 알려지지 않았어. 아마도 초라하고 쓸쓸했을 거야. 그런데 너, 하나님께서 아담에게 뭐라 하신 줄 아니? 이렇게 말씀하셨단다. '이 동산에 있는 나무 열매는 무엇이든지 마음대로 따먹어라. 그러나 선악과나무 열매만은 따먹지 말아라. 그것을 따먹는 날, 너는 반드시 죽게 되리라.' 그러고 나서 하나님은 이렇게 덧붙이셨을 거다. '너희는 생명 열매를 따먹고 살아라. 짐승이 되어라. 돼지가 되어라. 이기적인 인간이 되어라. 즐겁게 땅에서 나뒹굴어라. 하지만 선악과 열매는 따먹지 마라. 왜냐하면 그 떫은 과일은 너희에게 스스로 더 나아지겠다는 욕망을 부추겨 결국 너희를 멸망시킬 것이기 때문이니라.' 훌륭한 충고가 아니냐?"

외삼촌은 안드레스가 중히 여기는 과학이 구약 성서 창세기에서부터 나온다는 사실을 환기하며 인간의 이성과 과학이 결국 우리를 난처하게 만들 수도 있다고 설명한다. 반면 안드레스는 과학이 모든 것을 아우르고 장애를 극복해 진보하고 있다는 사실을 강조하면서 외삼촌의 의견에 쉽게 수긍하지 못한다.

마침내 안드레스는 스페인 중부의 알콜레아 델 캄포 지방에서 일하게 된다. 찌는 듯하게 더운 그 지방에 도착해 보니 난관이 많다. 목욕을 할 수 없다는 점과 이 지역 사람들이 야채를 전혀 먹지 않는다는 점 등이다. 안드레스는 하숙집에 거처를 정하고 진료를 시작하는데 선임 의사와 갈등이 빚어진다. 그 의사가 투우를 보러 자리를 비운 사이 안드레스가 응급 환자에게 복부 천자를 해주었기 때문이다. 이 사건으로 그 지역 사람들이 안드레스를 현대적 치료법을 아는 신식 의사라고 생각하게 되고 선임 의사는 안드레스를 원망하고 질투한다.

안드레스 생각에 알콜레아는 대단히 스페인적이다. 즉, 완벽하게 비합리적이다. 사람들은 사교성이라고는 없이 집 안에만 처박혀 지내 이웃 간에는 유대 관계가 없다. 예전에 프랑스와 포도주 협정을 맺었던 때에는 무척 부유했

옛 모습을 그대로 간직하고 있는 마드리드의 구 시가지. 주인공 안드레스는 수도 마드리드를 특히 혐오했는데 파리 떼처럼 허풍선이나 허영쟁이들이 모여 산다는 것이다. 마드리드를 여행지로 애호하는 우리에게는 다소 의외이지만 1898년 당시 무능한 스페인 사회를 고발하려는 작가의 의도를 느낄 수 있다.

으나 계약 기간이 끝나자 몰락했다. 가톨릭의 도덕 교리만이 이 지역을 포위하고 있다. 그런데도 이상하게 이곳에서 잘 팔리는 책은 포르노그래피 소설이다. 성생활이 위축된 곳에서 에로틱한 표현이 난무하는 책이 인기인 것은 일종의 보상 심리 때문이라 볼 수 있었다.

안드레스에 대한 주위의 평판은 날로 나빠진다. 난폭하고 거만하고 의뭉스러운 사람이라는 소문이 돈다. 안드레스를 부자를 증오하고 가난한 사람을 싫어하는, 사악하고 해로운 선동가라고 생각한다. 안드레스는 카지노 출입을 끊고 방에 들어앉아 책만 읽는다. 너무 금욕한 탓인지 또는 음식이 맞지 않아 그런지 신경성 관절염이 생긴다.

결국 안드레스는 그 지역을 떠나기로 한다. 떠나기 전날 안드레스는 하숙집 주인 여자와 하룻밤을 보낸다. 평소 그녀에게 매력을 느끼고 있었고 그녀의 남편을 지나치게 멍청하게 생각했기 때문이었지만, 이내 안드레스는 후회한다.

안드레스가 마드리드로 돌아왔을 때 스페인과 미국의 전쟁이 발발한다. 1898년 미국과 치른 전쟁에서 패하자 스페인은 쿠바와 푸에르토리코, 필리핀까지 모두 잃게 된다. 하지만 언론은 과장된 기사만 내보내며 현실을 직시하지 못하고, 패전에 대해 대중들은 아무 관심이 없다.

마드리드에서 안드레스는 공중 보건소에서 자리를 얻는다. 그러나 일을 시작하자마자 자신과는 맞지 않음을 깨닫는다. 창녀들의 비참한 삶을 마주하자 사회 윤리에 회의가 생긴 탓이다. 그는 경찰이 호송해오는 매춘부를 보면 엄하게 꾸짖는다. "아가씨들은 증오심조차 없군요. 증오심을 가져요. 그렇게 되면 더 조용하게 살 수 있잖아요." 하지만 아가씨들은 놀란 표정으로 그를 쳐다볼 뿐, 이해하지 못한다. 안드레스는 빈곤, 매춘 같은 생채기를 만들어내는 사회제도에 대해 숙고한다. 그러다가 자선 병원으로 자리를 옮긴다.

어느 날 안드레스는 우연히 룰루를 다시 만나게 된다. 룰루는 시내에서 옷 가게를 하고 있다. 안드레스는 가게로 찾아가 룰루와 이야기를 나누는 것이 큰 즐거움이다. 마침내 그는 그녀에게 청혼한다.

결혼 생활은 평화롭다. 둘은 사소한 부부 싸움조차 한 적이 없다. 안드레스는 자신이 관절염을 앓고 있고 신경이 예민하므로 아이를 가질 자신이 없었지만 룰루는 아이를 몹시 원했다. 결국 룰루는 임신하여 배가 불러온다. 이즈음 안드레스는 병원 일을 그만두고 집에서 의사 전문 잡지의 번역 일을 한다.

드디어 룰루의 진통이 시작되지만 분만은 순조롭지 못하다. 왕진 온 의사가 겸자를 써서 꺼냈으나 아이는 이미 사망했다. 아이가 죽었다는 것을 알고 룰루는 실신한다. 잠시 의식을 회복하지만 곧 중태에 빠진다. 자궁에는 탄력이 없어 태반이 배출되지 않는다. 태반을 억지로 손으로 꺼내고 나니 과도한 출혈을 막을 수 없다. 룰루는 극도로 허약해져 3일째 되던 날 죽고 만다.

장례식이 거행될 시간에 안드레스가 보이지 않는다. 사람들이 안드레스의 방으로 들어간다. 안드레스는 입술이 새하얗게 질린 채 침대에 누워 있다.

“죽었소.”

외삼촌이 외친다. 음독한 것이다. 그리고 외삼촌은 말한다.

“이 친구는 살아갈 힘을 갖지 못했어. 자신은 그걸 인정하지 않았다 해도 쾌락주의자에 귀족적인 사람이었지.”

“그렇지만 뭔가 선각자적인 면모도 지니고 있었습니다.”

다른 의사가 말한다.

피오 바로하 자신의 자전적 이야기를 담은 이 작품은 스페인 현대 소설의 효시라고 평가받는다. 무적함대를 가지고 태양이 지지 않는다고 할 만큼 식민지가 많았던 스페인은 1898년 미국과의 전쟁에서 패배 후 대부분의 식민지를 잃게 된다. 그 시절의 작가 피오 바로하는 당시 무능한 스페인 사회를 고발하고 경각심을 고취하였던 '98세대' 지식인 중 한 사람이었다. 98세대가 다룬 화두는 주로 실존의

미켈란젤로가 그린 〈아담과 이브의 유혹과 추방〉, 루벤스가 그린 〈아담과 이브〉이다. 이들이 따 먹은 과일을 '선악과'라 하는데 스페인어를 직역하면 '선과 악의 과학의 나무 열매'로 이 작품의 제목도 거기에서 착안했다고 한다.

쓴맛, 권태, 고뇌, 불확실성, 세계주의 등이었다.

이 작품의 주인공 안드레스 우르타도는 귀족 태생으로서 별다른 목표 없이 의사가 되었는데 주변의 모든 것이 마음에 들지 않는다. 도시는 돈 후안식으로 퇴폐하고 시골은 가톨릭 교리에 갇혀버렸으며 새로운 과학을 받아들일 의지도 능력도 없는 당시의 사회는 한심하기 짝이 없어 보인다. 그는 부자를 증오하지만 가난한 사람을 동정하지도 않는다. 그는 천성이 고분고분하지도 상냥하지도 않다. 동료 의사는 물론 환자에게도 인기가 없다. 책을 많이 읽고 철학적 소양을 갖추었으나 현실을 사는 데에는 아무 도움이 되지 못한다. 창녀를 치료할 때는 사회 윤리가 옳지 않은 데에 분개하고 자선 병원에서 일할 때는 환자들의 지긋지긋한 가난함에 치를 떤다.

임상 의사를 그만두고 잡지사에서 책을 번역하는 일을 할 때 비로소 만족감을 느낀다. 그러나 그의 평화는 아주 잠시뿐, 결혼 후에 출산 중 아이와 아내를 동시에 잃자 스스로 음독자살을 감행한다. 그를 두고 한 동료는 '선각자'라고 표현한다.

사실 이 소설은 사회 비판적인 내용의 나열로 이뤄져 그다지 재미있지는 않다. 주인공이 늘 툴툴거리기 때문에 칙칙한 느낌이고, 그의 의견에 딱히 공감할 수 없어서 쉽게 먼 옛날 먼 나라의 이야기라고 치부할 소지도 있다. 소설의 주인공이란 영웅이기 마련인데 이다지도 연속적으로 실패만 하는 주인공이 어디 있으랴 싶다. 그럼에도 불구하고 제목이 《과학의 나무》인 점이 읽는 내내 궁금증을 자아낸다. 성경에 나오는 선악과가 '과학의 나무(El árbol de la ciencia)'

열매라는 것도 쉽게 풀지 못할 수수께끼이다.

안드레스는 과학이 중요하다고 생각하지만 그의 외삼촌인 의사 이투리오스는 젊은이들의 우상인 과학이 이미 성경에서 언급되었다고 지적한다. 그러면서 그 과학으로 인한 욕망 때문에 인류가 멸망할 것이라고 말한다. 알파고와의 대결, 즉 오늘날 과학과 인간의 경쟁을 이미 예상이라도 했던 것일까?

헤겔은 '미네르바의 부엉이는 황혼이 저물어야 그 날개를 펼친다'고 했는데 지금 이 세상에 벌어지는 일들을 꿰뚫을 수 있는 '지혜'가 내게도 생겼으면 좋겠다. 비록 일이 벌어지고 난 후일망정.

책을 덮으며 의사라는 직업을 한시도 좋아하지 않았고 보람도 느끼지 못했던 안드레스에게 심심한 위로를 전한다. 그의 장모는 안드레스를 '고슴도치처럼 무뚝뚝하고 비사교적인 의사'라고 불렀다는데 오늘날 우리 사회에도 안드레스처럼 불행한 의사가 많고 앞으로는 더욱 넘쳐나리라는 것이 나의 생각이다. 한 세기 전의 작가 피오 바로하는 정녕 미래를 예견한 선각자였던가 보다.

피오 바로하
Pío Baroja

1872년 12월 28일 스페인 바스크 지방 산 세바스티안에서 출생.
마드리드 대학에서 의학을 공부하고 지방에서 의사로 일했으나, 마드리드로 돌아와 빵 공장 운영. 니체, 쇼펜하우어의 작품에 심취하고 문인들과 교류하면서 글을 쓰기 시작. 반기독교적 관점과 다소 염세적인 태도로,
부패가 만연하고 식민지를 잃고 무기력했던 스페인의 사회상을 비판.
대중적인 인기는 없었으나, 스페인에 활력을 불어넣으려 했던 '98세대' 작가 중 가장 두각을 드러내 당시 스페인 최고의 작가로 평가받음.
소설, 희곡 등 100여 편의 작품을 남겼고,
그의 간결하고 꾸밈없는 문체는 헤밍웨이에게 영향을 미침.
주요 작품 《과학의 나무》, 《한 행동가의 회상기》, 《삶을 위한 투쟁》,
《모험가 살라카인》, 《어두운 생활》, 《그늘진 인생들》, 《아이즈고리의 집》 등.
1956년 10월 30일 스페인 마드리드에서 사망.

가짜 의사

몰리에르 《동 쥐앙》

의사들의 기술이라 해봤자 얼굴 찌푸리는 것밖에 더 있겠어?
다행히 치료되면 그 공을 챙기는 것 말고는 하는 일이 없지.
그러니 너도 그 의사들처럼 환자의 행운을
모두 네 공으로 돌릴 수 있다는 거야. 사실 치료야 자연의 힘에
우연이 호의적으로 작용해서 이루어지는 거지.

올해로 아흔일곱 살이 되신 어머니는 젊은 시절 이야기 들려주기를 좋아하신다. 벌써 몇 번이나 반복해 들었건만 나도 그 이야기들이 싫지가 않다.

서울에서 신식 교육을 받고 교편도 잡았던 어머니가 저 먼 전라남도 영암으로 시집을 갔을 때 겪었던 일들이 주된 화제다. 지금으로부터 70년 전, 나는 태어나지도 않은 시절의 사건이건만 어머니의 허풍이 가미되어서인지 마치 눈앞에서 일어난 사건처럼 생생하게 느껴진다. 단골 메뉴 중에 '체 내리는 사람' 이야기가 있다.

아버지의 먼 친척뻘인 그 아저씨는 그 지역에서 '체 내리는 사람'으로 명성이 자자했단다. 한 달에 한 번씩 장이 설 때마다 마을에 나타

지난해 어머니 생신 잔치에는 미국에 사는 언니들까지 다 참석하여 모처럼 오 남매가 다 모일 수 있었다. 얼마나 더 많이 이런 사진을 남길 수 있을까?

나 속이 아픈 사람들을 치료해주었다. 그의 치료가 어찌나 신통한지 마을 사람 모두 그가 오기를 기다리곤 했다는데, 한번은 어머니도 소화 불량으로 음식을 통 먹지 못했던 적이 있었다. 그 아저씨는 어머니를 진맥하고 나서 체를 내려주마 하며 목부터 배꼽까지 마구 쓸어내리기 시작했다. 한 30분쯤 비비고 문지르더니 한순간에 구토를 유발했는데 그때 어머니 목에서 무언가 튀어나왔다. 그것의 정체가 닭 뼈라며 그 아저씨는 손에 하얀 닭 뼈다귀를 들고 있더란다. 하도 순식간의 일이라 놀랍기 짝이 없었지만 무엇보다 그 후로 어머니의 소화 불량이 다 나았으므로 그때는 참 신기한 의술이라는 게 어머니의 의견이다.

하지만 어머니의 이야기를 듣는 우리 다섯 남매는 아무도 그 말을 믿지 않는다. 한마디로 사기이며 체 내리는 아저씨가 닭 뼈를 손에 숨기고 있다가 마치 어머니가 토한 것처럼 조작했으리라고 생각한다. 의학적으로는 그렇게밖에 설명할 수 없지만 환자 당사자가 그의 솜씨를 신뢰한다면야 누가 말릴 수 있을까? 어머니를 설득시킬 수 없는 우리는 그냥 '체 내리는 사람'이 영험하다고 인정해주고 만다. 의사가 귀했던 당시에는 '체 내리는 사람'의 몫이 적잖았으리라고 추측하기도 한다. 이처럼 가짜 의사 행세란 그다지 어렵지 않겠다는 생각을 하면서 몰리에르의 희곡 《동 쥐앙》에 나오는 가짜 의사를 감상했다.

귀족 동 쥐앙은 하인이 보기에도 한심한 인물이다. 하인 스가나렐은 주인에 대해 이렇게 평한다.

"우리 주인 동 쥐앙은 지상 최고의 악당이야. 미치광이, 개 같은 놈, 악마 같은 작자, 회교도같이 잔인한 놈이라고. 천국도 성인도 하느님도 늑대 인간도 믿지 않는 이단자인 데다가 인생을 진짜 짐승같이 살고 있지."

동 쥐앙은 봉쇄된 수녀원 담을 넘어가 정숙한 여인 엘비르를 유혹해 결혼을 했다. 눈에 띄는 여자는 정복하지 않고는 견디지 못하는 까닭이다. 그러나 결혼을 하자 금방 부인 곁을 떠나버린다. 어느새 싫증이 났다는 것이다. 엘비르의 두 오빠는 동생을 욕보인 동 쥐앙을 잡겠다고 뒤따른다. 한편 어떤 기사를 죽인 사건으로 동 쥐앙은 열두 명의 사내들에게 쫓기고 있다. 그러면서도 길에서 만나는 아가씨란 아가씨는 죄다 유혹한다. 동시에 두 여자에게 청혼하기도 한다. 그러다 열두 명의 사내들에게 붙잡힐 위기에 처하자 동 쥐앙은 하인 스가나렐에게 옷을 바꿔 입자고 한다. 혹여 잡히더라도 하인을 대신 희생시키겠다는 심보이다.

이때 스가나렐은 머리를 써서 더 확실한 방법을 모색한다. 즉 동 쥐앙은 촌부 차림, 자신은 의사 차림을 하는 것이다. 변장한 이 두 사람의 대화를 들어보자.

스가나렐: 나리, 제 말이 딱 맞았다고 해주셔야죠. 둘 다 끝내주게 변장을 했잖습니까. 나리가 애초에 계획하셨던 건 진짜 별로였다고요. 이렇게 하니까 나리가 하시려는 것보다 우리 모습을 더 잘 감출 수 있게 됐잖아요.

동 쥐앙: 그래, 네놈에게 정말 잘 어울리는구나. 도대체 어디서 그 우스꽝스러운 분장 도구들을 찾아낸 거냐?

스가나렐: 예? 이건 제가 간 곳에 저당 잡혀 있던 늙은 의사의 옷인데요, 구하느라 돈 좀 들였죠. 그런데 나리 그거 아세요? 이 옷을 입은 것만으로도 존경을 받게 되더라고요. 만나는 사람마다 인사를 하고, 제가 무슨 학식 있는 사람이라도 되는 양 진찰을 받으러 오

더라니까요.

동 쥐앙: 뭐라고?

스가나렐: 농부들과 아낙네들 대여섯 명이 제가 지나가는 것을 보더니 이런저런 질병에 대해 물어보더라고요.

동 쥐앙: 그래서 아무것도 모른다고 대답했느냐?

스가나렐: 제가요? 절대로 아니죠. 제가 입고 있는 옷의 명예는 지키고 싶었거든요. 그래서 병에 대해 나름 생각해서 각기 처방을 내려주었죠.

동 쥐앙: 어떤 약을 처방해 주었는데?

스가나렐: 그야 나리, 제가 주워들은 것에서 골라가지고는 닥치는 대로 처방을 해주었습죠. 만일 병자들이 나아서 고맙다는 인사라도 하러 온다면 재미있을 것 같은데요.

동 쥐앙: 그러지 말라는 법도 없지. 다른 의사들이 모두 가진 특권을 네가 못 가질 이유가 어디 있겠어? 병자들을 고치는 일에 너보다 나을 것도 없다고. 그들의 기술이라 해봤자 얼굴 찌푸리는 것밖에 더 있겠어? 다행히 치료되면 그 공을 챙기는 것 말고는 하는 일이 없지. 그러니 너도 그 의사들처럼 환자의 행운을 모두 네 공으로 돌릴 수 있다는 거야. 사실 치료야 자연의 힘에 우연이 호의적으로 작용해서 이루어지는 거지.

스가나렐: 뭐라고요? 그럼 나리께서는 의술도 믿지 않으시는 건가요?

동 쥐앙: 의술이라는 건 인간들 사이에서 저질러지는 가장 큰 오

류 가운데 하나지.

스가나렐: 뭐라고요? 그럼 나리께서는 관장제 센나도 계피도 구토제도 안 믿으시나요?

동 쥐앙: 어째서 내가 그걸 믿기를 바라는 거지?

스가나렐: 정말이지 아무것도 안 믿으시는군요. 하지만 아시잖아요. 얼마 전부터 구토제가 효험이 좋다고들 하던데. 절대 믿지 않던 사람들도 그 기적 같은 효험을 보고는 마음을 돌렸다고 하던데요. 저만 해도 그 놀라운 효과를 직접 본 지 3주도 채 안 되었다고요.

동 쥐앙: 그래, 어떤 효험인데?

스가나렐: 엿새 동안 사경을 헤매고 있는 사람이 있었어요. 더 이상 무슨 처방을 해야 할지도 모르겠고, 아무 약도 듣지 않는 상황이었죠. 그래서 결국 구토제를 주기로 했답니다.

동 쥐앙: 그래서 살아났다 이거냐?

스가나렐: 아니요, 죽었습니다.

동 쥐앙: 효험 한번 대단하구먼.

스가나렐: 뭐라고요? 엿새 동안 내내 죽지를 못했는데 단박에 죽게 해주었다니까요. 이보다 더 효과적인 걸 어떻게 바라겠어요.

동 쥐앙: 네 말이 맞는구나.

하긴 위장하기 위해서는 의사만큼 안전한 직업도 없을 것이다. 그런데 지금은 하얀 가운이 의사를 상징하지만 당시에는 어떤 복장을 하면 의사로 간주하는 것이었을까?

이렇게 가짜 의사가 된 하인 스가나렐과 그의 주인 동 쥐앙은 마

프랑스의 태양왕 루이 14세. 유럽 대륙에서 가장 부유하고 강한 왕으로 "짐이 곧 국가다"라며 72년 동안 절대 권력을 휘둘렀던 루이 14세 당시 몰리에르가 활동했다.

음 놓고 의술을 조롱하고 있다. 동 쥐앙의 말을 빌리자면 의사가 가진 기술이라고는 얼굴 찌푸리는 것밖에 없고, 하는 일이라고는 어쩌다 치료된 사람에게서 공을 챙기는 일밖에 없다고 한다. 치료란 자연의 힘과 우연들이 결합해서 스스로 이뤄지는 것이라는 게 그의 견해이다. 약물의 효험조차 인정하지 않고 있다. 그는 의술이란 인간들 사이에서 저질러지는 가장 큰 오류 가운데 하나라는 말을 스스럼없이 내뱉는다. 하인 스가나렐은 한술 더 떠 사경을 헤매는 사람에게 구토제를 주어 황천길로 보내놓고는 엿새나 죽지 못해 괴로워하는 이를 단박에 해결해주었다고 자랑한다. 당시 의료 현실을 엿볼 수 있는 장면이기도 하다.

여기에서 잠깐 동 쥐앙의 여성관을 살펴보자. 그가 왜 호색한의 대명사로 이름나게 되었는지 금방 알 수 있다. 스가나렐이 동 주앙에게 아내를 버리고 떠나는 것은 추잡한 일이라고 비난하자 거기에 대한 동 쥐앙의 답변이 일품이다.

동 쥐앙에 따르면 단지 먼저 만났다는 이유로 한 여자와 쭉 살면서, 그 여자를 위해 세상을 저버려야 하고 딴 데 눈길을 돌려서는 안 된다는 생각은 하염없이 어리석다는 것이다. 지조를 지킨다는 허명에 우쭐해서 한 여인만 사랑한다는 건 시시한 짓거리라고 단정 짓는다. 지조야 바보 같은 놈들에게나 좋은 거라고 일축한다. 동 쥐앙 자신은 어디서건 아름다운 여인을 보면 매료된다고 한다. 거절하는 척하다 받아들이며 남자를 휘어잡는 여인에게 자신은 그냥 무너져버린다고 한다. 유부녀라도 상관없고 자신은 여인의 장점을 볼 줄 아는 눈이 있으므로 경의와 찬미를 바치겠다며 이렇게 말한다.

"사랑의 즐거움이란 상대를 바꾸는 데 있지. 온갖 찬사를 늘어놓아 아리따운 젊은 여인의 마음을 넘어오게 만들고, 매일 조금씩 관계가 진척되는 것을 확인하고, 항복하기를 꺼리는 순진하고 순결한 영혼을 열정과 눈물과 한숨으로 공략하고, 여인의 소소한 저항을 철저히 짓밟고 그네들이 명예롭게 지키려는 양심의 가책을 무너뜨려 슬그머니 우리가 원하는 데까지 끌고 가는 것. 거기서 맛보는 즐거움은 그 무엇에도 비길 수가 없어. 하지만 일단 원하는 것을 얻고 나면 더 이상 할 말도, 바랄 것도 없어지는 거지. 모든 즐거움은 끝나고, 그렇고 그런 사랑의 고요 속에 잠들어버리는 거야. 새로운 여인이 나타나 우리의 욕망을 깨우고 우리의 마음을 매료시켜 새로운 정복에 나서게 만들기 전까지는 말이지. 하여튼 아름다운 여인의 저항을 꺾는 것만큼 감미로운 일은 없어. 그 일에 관해서라면 나는 끊임없이 승리를 쫓아다니면서 결코 승리에 대한 염원을 거두지 못하는 정복자와 같은 야망을 가진 거지. 내 타오르는 욕망을 막을 수 있는 건 아무것도 없어. 난 지상의 모든 것을 사랑할 마음을 품고 있는 것 같아. 마치 알렉산더 대왕처럼 나도 사랑의 원정을 나설 수 있도록 다른 세상이 있었으면 좋겠다니까."

이렇게 천연덕스럽고 뻔뻔한 가치관을 늘어놓는 동 쥐앙은 집안에서도 골칫거리이다. 아버지가 찾아와 부자간의 인연을 끊겠다고 할 정도이다. 또한 그가 버린 아내 엘비라도 남편을 찾아와 제발 회개하고 용서받으라고 간청한다. 그는 방탕한 생활 때문에 빚쟁이의 독촉도 받지만 전혀 아랑곳하지 않고 갚으려고도 하지 않는다. 철면피 동 쥐앙은 늘 코웃음 치며 그 누구의 충고에도 개의치 않는다. 심지어 아버지에게 회개한다는 거짓말을 지껄일 정도이다. 이런 동 쥐앙을 식사에 초대하는 자가 있었으니 그것은 무덤 속의 석상이다. 석상의 초대에 당당히 응하는 순간 석상은 동 쥐앙의 손을 잡아 이끈다. 그리고 그는 불에 타죽고 만다.

동 주앙: 이럴 수가! 이게 무슨 느낌이지? 눈에 보이지 않는 불길이 내 몸을 태우는구나. 더 이상 견딜 수가 없다. 내 온몸이…….

라고 동 주앙이 부르짖으며 막이 내린다.

리슐리외 거리와 몰리에르 거리가 만나는 곳에 있는 몰리에르의 동상. 몰리에르가 죽은 후 루이 14세는 몰리에르의 극단 및 파리의 모든 극단을 통합하여 독점 상연권을 주고 코메디 프랑세즈라 이름 지었다. '몰리에르의 집'이라고도 불리는 코메디 프랑세즈가 리슐리외 거리에 있다.

이런 이야기를 쓴 몰리에르는 1622년에 태어나 51세를 일기로 무대 위에서 쓰러진 작가이자 배우이다. 젊어서부터 폐가 상해 기침과 각혈이 심했다고 하나, 당시 의학으로는 폐렴을 고칠 방도가 없었다. 작품 속에 언급되는 관장약이나 구토제를 사용하는 방법 또는 피를 빼는 사혈 따위가 의술의 전부였다. 질병으로 고통받았던 까닭인지 몰라도 몰리에르는 작품에서 여러 차례 공공연하게 의사를 비난하는 대사를 구사한다.

즉 의사란 현학적이라는 점, 돈을 밝힌다는 점, 치료 면에서는 대단히 무능하다는 점을 지적하고 그런데도 존경의 대상이라는 현실에 어이없어한다. 오죽하면 가짜 의사라는 배역을 만들어 의사를 비하하고 있겠는가 말이다. 하지만 이런 몰리에르의 의사에 대한 풍자는 의사들 스스로 생각지 못하는 점을 지적하고 있으므로 그 무엇보다 새겨들어야 할 부분이라고 본다.

몰리에르는 진짜 의사나 가짜 의사나 인간에게 도움이 되지 않기는 마찬가지라고 말한다. 도무지 인간 사회에 필요 없는데도 대접만 받는 직업이 의사라는 것이다. 질병을 치료하는 건 자연의 힘이거나 우연의 개입이라고 한다. 몰리에르의 의학에 대한 견해는 이렇게 극도로 부정적이지만 오늘날 불법을 자행하는 의사도 제법 적지 않은 걸 보면 그저 허투루 지어낸 말은 아니리라. 더욱이 요즘 이슈가 되는 '과잉 진료'로 인해 병원에 가서 없는 병을 만들어 오거나 불필요한 치료를 받는 환자가 늘어나는 세태를 지켜보면 몰리에르의 독설이 더욱 폐부에 와 닿는다. 이렇게 문학을 통해 울리는 경종을 우리 사회가 경시하지 않았으면 좋겠다.

몰리에르
Molière
(본명 장 바티스트 포클랭 Jean-Baptiste Poquelin)

1622년 1월 15일 프랑스 파리 출생.
법학을 공부했으나 연극에 빠져 배우로 전향, 극단 결성. 경영난으로
각 지방을 다니며 공연하면서 '몰리에르'라는 예명으로 극작가로도 활동 시작.
희극으로 명성을 얻어 12년 만에 파리에서도 크게 성공. 특권층의 위선을 꼬집는
풍자적 내용에 인간 심리를 바탕으로 인간의 본질과
사회 현실을 그려내 루이 14세의 총애를 받으나
풍자의 대상이 된 귀족, 성직자 등으로부터 비난을 받음.
주요 작품 희곡 《여자들의 학교》, 《강제 결혼》, 《타르튀프》, 《동 주앙》, 《수전노》,
《인간 혐오자》, 《어쩔 수 없이 의사가 된 남자》, 《부르주아 신사》, 《상상병 환자》 등.
1673년 2월 17일 〈상상병 환자〉 공연 중 무대에서 쓰러져 집으로 옮겨지나 곧 사망.
《타르튀프》로 종교계의 반감을 사 사제들이 장례식 입회를 거부하자
루이 14세의 명령으로 장례식이 치러짐.

장티푸스 사체로부터 감염되어 희생된 의사

이반 투르게네프《아버지와 아들》

아무리 정열적이고 죄 많은 반역의 심장이 그 무덤 속에 있을지라도
무덤 위에 자란 꽃들은 순진무구한 눈으로 평온하게 우리를 바라보고 있다.
이 꽃들은 우리에게 영원한 안식이나 무심한 자연의 위대한
평온만을 말해주는 것이 아니다.
그것들은 영원한 화해와 무궁한 생명에 대해서도 말하고 있다.

2015년 여름, 우리는 색다른 불안감을 경험했다. 난데없는 중동 바이러스가 이 땅에 침투해 국민의 생명을 위협했다. 낙타라고는 본 적도 없는 우리는 낙타에게서 옮는다는 코로나 바이러스 때문에 감염 공포에 시달려야 했다. '중동호흡기증후군' 일명 '메르스(MERS)'에 맞서는 동안 감염병의 존재를 새롭게 실감했다. 현대 의학이 수많은 세균을 발견하고 또 그에 대한 치료제를 개발했건만 인류를 위협하는 병원체는 언제나 호시탐탐 우리를 노리고 있는 것이다. 메르스가 전파되는 경로를 추적해보니 질병을 직접 다뤄야 하는 의사들이 얼마나 위험에 노출되어 있는지 확연하게 드러났다. 하긴 의학이 오늘날만큼 발전하기까지 그동안 얼마나 많은 의료인의 희생이 뒤

영화 〈아라비안의 로렌스〉를 비롯해 사막의 낙타가 나오는 영화를 보면 낙타는 신비하기도 하고 영험해 보이기도 한다. 인내심을 상징하는 동물로도 여겨지는데, 몇 해 전 우리나라에서 발생한 '메르스 사태' 이후로는 바이러스를 옮기는 재앙의 전달자처럼 보이기 시작했다. ©Yann Arthu-sBertand

따라야 했으랴. 이런 생각을 하던 중에 장티푸스로 사망한 시체를 해부하다가 세균에 감염되어 패혈증으로 죽은 러시아 의사가 떠올랐다. 바로 투르게네프의 소설 《아버지와 아들》에 나오는 바자로프다.

아르카디는 페테르부르크에서 대학을 갓 졸업하고 고향 마리노 영지로 돌아온다. 혼자가 아니라 평소 멘토로 추종하는 바자로프와 동행이다. 바자로프는 키가 크고 잘생긴 의과 대학생으로 총명하고 자신감에 차 있는 사람이다. 고향 집에서는 아버지 니콜라이가 다섯 시간 전부터 동구 밖 주막집까지 마차를 타고 나와 마중한다. 어머니는 아르카디가 열 살 때 돌아가셨고 아버지는 큰아버지 파벨과 함께 영지를 다스리고 있다. 큰아버지 파벨은 군인 출신으로 대단한 멋쟁이다. 집에서도 새하얀 와이셔츠를 갖춰 입고 보석으로 치장한 커프스를 달고 장밋빛 손톱을 다듬고 향수까지 뿌린다. 그는 한마디로 귀족주의와 전통적인 가치에 사로잡힌 인물이다. 이런 파벨을 향해 바자로프는 냉소의 눈길을 던진다. 자연 과학을 전공한 바자로프는 자칭 허무주의자(니힐리스트)라고 자부한다. 니힐리스트란 어떤 권위 앞에서도 굴하지 않고, 아무리 존경받는 원칙이라고 해도 믿지 않고 모든 것을 비판적 관점으로 바라보는 사람이다. 러시아 농노 해방을 앞둔 이 시기에 모든 것은 부정되어야 옳다고 보았다. 이런 신념 때문에 바자로프는 구세대에 대해 비판 정신을 갖고 특히 파벨과는 말끝마다 첨예하게 대립한다. 둘의 대화는 이런 식이다.

바자로프: 귀족주의니 진보니 원리니 그런 건 모두 외국에서 들여온 쓸모없는 개념입니다. 러시아인에게는 하나도 필요 없는 거죠.

파벨: 난 정말 자네를 이해할 수 없군. 자네는 러시아인을 모욕하

고 있어. 그럼 자네는 어떤 기준으로 행동하는가?

바자로프: 우리는 유용하다고 판단되는 것을 기준으로 삼습니다. 그리고 이 시대에 가장 유용한 것은 부정하는 것이므로 우리는 부정합니다.

파벨: 모든 것을?

바자로프: 네 모든 것을요.

파벨: 어떻게 그럴 수가 있나? 예술이며 시뿐 아니라…… 심지어…… 입 밖에 내어 말하기도 두렵군.

바자로프: 그 모든 것을 부정합니다.

귀족의 권위 의식을 가진 파벨의 눈으로 보면 바자로프가 맹랑하고 당돌하기 이를 데 없다. 게다가 파벨은 결혼도 하지 않은 채 옛사랑에 대한 기억으로 가슴앓이하는 로맨티스트이다. 파벨은 바자로프를 '오만한 놈, 뻔뻔한 놈, 냉소적인 놈, 천한 놈'으로 간주한다. 아르카디의 아버지 니콜라이는 바자로프를 어려워하며 아들에게 나쁜 영향을 끼칠까 봐 전전긍긍한다.

바자로프는 예술도 부정하기 때문에 니콜라이가 첼로 연주하는 소리를 듣고 비웃는다. "이런 시골에서 마흔넷 된 한 집안의 가장이 첼로를 연주하다니" 하며 한심해한다. 또 푸시킨의 시를 읽는다고 빈정대기도 한다. 니콜라이가 읽는 푸시킨의 〈집시〉 대신에 독일 물리학자 뷔히너의 《힘과 질료》를 읽으라고 강권하기도 한다. 농노 제도가 폐지되고 러시아가 개화되는 마당에 서정주의나 낭만주의에서 벗어나 실제적인 사상을 가져야 한다는 것이다. 아르카디는 바자로프를 존경하고 니힐리즘을 따르지만 자신의 아버지를 비웃는 태도까지는 동조할 수 없다.

이렇게 아르카디와 바자로프 사이에 생겨난 틈은 시간이 가며 더 커진다. 인근 도지사가 초대한 파티에서 아름다운 여성을 만나면서 갈등이 더욱 불거진다. 파티에서 만난 여성은 오딘초바라는 젊은 과부이다. 그녀는 대단히 부유하고 또한 똑똑한 여성이다. 두 청년은 오딘초바를 보자마자 곧바로 그녀에게 매혹된다. 오딘초바도 젊은 이들의 대담한 사상과 철학관에 이끌려 집으로 그들을 초대한다. 귀족이었던 남편이 죽고 나서 부족함 없이 사는 오딘초바의 집에서 두 청년은 보름 정도 기거하는 동안 그녀에게 사랑의 감정이 생긴다. 특히 바자로프와 오딘초바는 서로 잘 통한다고 느끼며 오랜 시간 대화를 나눈다.

"모든 사람은 육체적으로나 정신적으로나 서로 비슷합니다. 인간의 뇌, 비장, 심장, 폐는 누구나 똑같게 만들어졌어요. 소위 정신적 자질이라는 것도 모두가 똑같죠. 약간의 변형은 있지만 그건 중요한 게 아닙니다. 인간의 표본이 하나만 있어도 다른 모든 사람을 판단하기에 충분합니다. 인간이란 숲 속의 나무와 같은 거죠. 어떤 식물학자도 자작나무 하나하나를 다 연구하지는 않습니다. (중략) 우리는 육체의 질병 원인을 대강은 알고 있습니다. 그러나 정신의 질병은 나쁜 교육이나 어릴 때부터 인간의 머리를 가득 채우는 온갖 어리석은 것들 그리고 추악한 사회적 환경 때문에 생기는 겁니다. 한마디로 말해 사회만 뜯어고치면 그런 병은 없어지지요."

이렇게 바자로프는 자신의 견해를 피력한다. 기실 니힐리스트인 바자로프는 사랑이란 위선적인 감정이고 쓸데없는 낭만주의에 불과하다고 여겼지만 막상 오딘초바를 사귀고 보니 여인의 매력을 부정할 수가 없다. 열정에 사로잡힌 바자로프는 오딘초바에게 사랑을 고백하고야 만다. 이때처럼 바자로프의 신념과 행동이 이율배반적으로 보인 적이 없다. 하지만 오딘초바는 그 고백을 받아들이지 않는다.

바자로프는 상처받은 마음을 안고 오딘초바의 집을 나선다. 아르카디와 바자로프 두 친구의 사이는 한껏 틀어져 있다. 한 여성을 두고 동시에 연정을 품었던 결과이다. 하지만 아르카디는 오딘초바보다도 그녀의 여동생 카챠에게 더 큰 애정을 느끼고 있다.

오딘초바의 집을 떠나 두 청년은 이번에는 바자로프의 집으로 향한다. 바자로프의 아버지는 퇴역 군의관으로 일흔이 넘은 나이에 시골에서 의사로 일하고 있다. 바자로프의 어머니는 3년 전에 떠난 아들을 위해 기도하며 날마다 그를 기다렸다. 노부부는 반가움에 겨워 눈물로 아들을 맞는다. 아르카디의 집에 비하면 가난하지만 두 젊은이는 어머니에게 후한 대접을 받는다. 그러나 오딘초바를 잊지 못하는 바자로프는 3일 만에 되돌아간다. 부랴부랴 오딘초바에게 향하지만 오딘초바의 냉랭한 반응에 공연히 찾아왔다는 자괴감만 느낄 뿐이다.

바자로프는 실험 기구를 아르카디의 영지에 두고 왔으므로 두 청년은 그쪽으로 돌아간다. 바자로프는 개구리와 새를 잡아 실험을 하는 등 연구에 몰두한다. 그러던 중에 바자로프와 파벨과의 갈등이 다시 대두된다. 갈등의 정점에는 페네치카가 있다. 페네치카는 홀아비였던 아르카디의 아버지 니콜라이가 후처로 얻은 앳되고 순박한 여인이다. 페네치카와 니콜라이 사이에는 아이도 있지만 아직 정식 결혼식은 올리지 않았고 남들에게 쉬쉬하고 지낸다. 의학에 해박한 바자로프는 페네치카의 아이가 아플 때마다 치료해주곤 하다가 페네치카에게 은근한 매력을 느낀다. 어느 날 벤치에 나란히 앉아 대화를 나누던 중 바자로프가 페네치카에게 입맞춤을 했는데 그 현장을 파벨에게 들킨다. 파벨은 즉각 바자로프에게 결투를 신청한다. 그는 페네치카를 볼 때마다 옛사랑을 떠올리며 살았으므로 바자로프의 무례한 행동을 간과할 수 없었던 것이다. 결

예술을 숭배하던 귀족주의 아버지 세대를 부정하고 유물론을 중시하고 의학에 몰두하던 아들의 반항을 드러내는 이 작품은 1862년 처음 발표되었을 때 러시아 문학사를 통틀어 가장 뜨거운 논쟁을 불러일으켰다고 하는데 세대 갈등은 오늘날 우리 사회에서 더 대두되고 있는 건 아닌지…….

투에서 파벨은 종아리에 총알이 스쳐 지나간 반면 바자로프는 무사하다. 이제 더는 아르카디의 영지에 머무를 수 없다.

다시 집으로 돌아간 바자로프는 의학 공부에 전념한다. 그가 공부하는 동안 노부부는 까치발을 하고 발소리조차 줄이려 애쓴다. 이듬해에 있을 의사 시험을 준비하는 바자로프는 열심히 실험에 매진한다. 그러다 하루는 장티푸스로 사망한 시체를 해부하다 손가락을 칼에 베인다. 그러나 상처를 소독할 마땅한 약물이 없어 네 시간이나 지체한 후에야 치료를 받는다. 바자로프는 고열에 시달리고 온몸에 반점이 생기며 패혈증 증상을 보인다. 고통스럽게 죽어가는 바자로프는 오딘초바에게 연락을 취해달라고 아버지께 부탁한다. 소식을 들은 오딘초바는 달려와 바자로프의 이마에 입을 맞추지만 자신이 바자로프를 사랑하지 않았다는 사실만 확인했을 뿐이다. 바자로프는 다음 날 운명한다. 이렇듯 니힐리즘에 빠져 과학 이외의 사상을 부정하던 한 젊은 의학도는 의학의 희생자로 이름을 올리게 된다.

반년 후, 아르카디는 오딘초바의 동생 카챠와 결혼하고, 아르카디의 아버지 니콜라이도 페네치카와 떳떳하게 혼인식을 올린다. 오딘초바는 능력 있는 법률가와 결혼하고 파벨은 드레스덴으로 떠나 홀로 지내는 것으로 이야기는 끝난다.

작품의 마지막 페이지는 인상적이다. 바자로프가 묻힌 공동묘지에 이따금 노부부가 찾아와 무릎을 꿇고 쓰러져 오랫동안 서럽게 울며 말 못하는 비석을 빤히 쳐다본다. 바자로프의 무덤을 보며 작가는 이런 말을 남긴다.

"아무리 정열적이고 죄 많은 반역의 심장이 그 무덤 속에 숨어 있을지라도 무덤 위에 자란 꽃들은 순진무구한 눈으로 평온하게 우리를 바라보고 있다. 이 꽃들은 우리에게 영원한 안식이나 무심한 자연의 위대한 평온만을 말해주는 것이 아니다. 그것들은 영원한 화해와 무궁한 생명에 대해서도 말하고 있다……."

이렇게 《아버지와 아들》은 아들 세대를 대표하는 바자로프가 죽으면서 끝난다. 의학도인 바자로프는 개구리와 새를 잡아 실험하고 식물의 환경을 연구하는 등 과학에 심취한 젊은이인데 해부학 실습을 하다가 하필 장티푸스 사체로부터 감염되어 죽는다는 설정이 그럴싸하면서도 가슴 아프게 한다. 그것도 지금으로부터 150년 전 이야기니까.

주인공이 마침 의사라서 메르스 바이러스가 기승을 부리던 이 시기에 생각나기는 했지만 작품의 주제는 아버지와 아들, 그 신구 세대 간의 차이와 갈등에서 찾아야 할 것 같다.

이 작품이 그다지 재미가 없음에도 불구하고, 또 러시아와 우리나라의 정서 차이 때문인지 이해할 수 없는 점이 많음에도 불구하고 '읽어야 할 소설 100선'에 늘 손꼽히는 이유는 인간사에서 어쩔 수 없이 발생하는 세대 갈등을 잘 보여줬기 때문이리라.

영원히 젊을 것만 같던 나도 시간의 마술을 감당하지 못하고 나

의사 시험을 준비하던 바자로프가 해부 실험을 하다 장티푸스 세균에 감염되어 죽었을 때가 사진 속 내 나이 무렵이 아니었을까. 하지만 대학 시절 나는 학과 공부를 따라가기에 급급한 나머지 바자로프처럼 니힐리즘이니 실제적인 사상이니 그런 생각을 해볼 여력이 없었던 것 같다.

날이 나이 들고 있다. 늙어가는 원장과 젊은 간호사 사이에서는 세대 갈등이 자주 생겨나기 마련이다. 내 세대는 가난하고 물자가 귀했으므로 아끼고 또 아껴도 부족한데 오늘날의 세대는 풍족함에 겨워 아낀다는 단어가 무언지도 모르는 것만 같다. 나무를 베어 만들었다는 종이 휴지를 젊은이들은 어찌나 헤프게 사용하는지, 나도 모르게 잔소리가 나오곤 하는데 그것이 바로 늙었다는 증표인 것만 같아 하루에도 몇 번씩 참아야만 한다.

하물며 농노제가 폐지된 1861년 당시 러시아는 어땠을지…….

니콜라이도 파벨과 이야기하던 중에 아들과 자신의 세대 갈등에 대해 이런 말을 한다.

"형님, 내가 무엇을 회상했는지 압니까? 오래전에 지금은 돌아가신 어머니와 논쟁한 적이 있었는데, 그때 어머니는 소리만 치면서 내 말을 들으려고 하지 않았어요. 결국 나는 '어머니는 날 이해할 수 없어요. 우리는 서로 다른 세대에 속해 있으니까요'라고 대들었지요. 어머니는 몹시 화를 내셨고 나는 속으로 '어쩔 수 없지 않나요? 환약은 쓰지만 삼켜야만 해요'라고 생각했어요. 그런데 이제 우리 차례가 되었네요. 우리의 후계자들도 '당신들은 우리 세대가 아니오. 그러니 쓴 환약을 삼키시오'라고 말하게 된 거예요."

니콜라이의 말마따나 젊은이들 앞에서 기성세대는 쓴 환약을 삼켜야 한다고 각오를 새롭게 다지는 한편 의학의 발전을 위해 연구에 몸 바친 바자로프를 막연히 추모해본다.

그리고 영화 〈은교〉에서 노시인 이적요의 말, "너희 젊음이 노력으로 얻은 상이 아니듯 나의 늙음 또한 잘못으로 받은 벌이 아니다"를 읊조려본다.

이반 투르게네프
Ivan Sergeyevich Turgenev

1818년 11월 9일 러시아 오룔에서 출생.
어머니가 농노를 학대하는 모습에 깊은 상처를 받으며 성장.
상트페테르부르크 대학, 베를린 대학에서 철학 등을 공부. 귀국 후 관료로
일하며 틈틈이 작품 활동 시작. 평생을 사랑했던 비아르도와 이 무렵 처음 만남.
벨린스키, 그리고로비치 등과 교류하며 사실주의 작가로 변모. 관직을 사임하고
1847년 농노제의 모순을 다룬 《사냥꾼의 수기》를 발표하여 작가로서 이름을 알림.
1851년 어머니 사후, 영지의 농노를 해방. 당국의 요주의 대상으로 감시를 받다
러시아를 떠나 프랑스에 정착하여
러시아 지식인의 고뇌를 다룬 작품을 지속적으로 발표.
주요 작품 《사냥꾼의 수기》, 《첫사랑》 《루딘》, 《귀족의 둥지》,
《전야》, 《아버지와 아들》, 《연기》, 《처녀지》 희곡 《시골에서의 한 달》 등.
1883년 9월 3일 프랑스 파리 비아르도의 별장에서 척수암으로 사망.

질투의 노예가 된 의사

미겔 데 우나무노《아벨 산체스》

질투 심은 서로 모르는 사람들끼리는 생기지 않는단다.
다른 나라에 살거나 다른 시대에 사는 사람을 질투하지는 않아.
이방인이나 외국인을 질투하지는 않지. 오로지 같은 마을에 사는 사람을
질투하게 된단다. 세대가 다른 사람보다 같은 세대인 사람을 질투하게
마련이지. 그중에서도 가장 위험한 질투 심은 형제들 사이에서 자란단다.

우리가 자주 하는 말 중에 '슬플 때 함께 울어주는 이보다, 좋은 일을 함께 기뻐해주는 이가 진정한 친구다'라는 명언이 있다. 어찌나 사람 심리를 잘 집어낸 말인지 들을 때마다 뜨끔하다. 나야말로 누군가 잘되었다고 하면 넌지시 시샘이 먼저 솟구치는 걸 꼭꼭 숨길 때가 적지 않기 때문이다.

그 잘된 사람을 내가 전혀 모른다면 그다지 상관이 없지만 상대에 대해 잘 알면 알수록 질투가 생기고 나와 비교하려 든다. 그러면서 나는 왜 그렇게 잘되지 않았을까 하는 의문이 생기고 이내 우울해지는 걸 보면 시기심이란 내가 조절할 수 있는 감정이 아닌가 보다. 필경 악마가 불러오는 감정일 것이다.

터키 여행을 다녀온 지인에게 선물 받은 '나자르 본죽'. 재앙으로부터 지켜준다는 부적이라는데 특별히 질투를 막는 힘이 있다고 해서 병원 진료실 입구에 걸어놓고 질투를 받는 일도 질투를 하는 일도 막아보고자 애쓰고 있다.

친구들 사이의 질투나 시기가 긍정적인 방향으로 작용하여 나를 일깨우는 데 쓰인다면 영 나쁘다고 할 수만은 없겠지만 대개의 시기심은 느끼지 않으면 좋을, 불필요한 감정일 것이다.

그런데 어쩌랴. 인간에게는 그 시기심이 처음부터 유전자에 각인된 것을…….

잘 알려진 성경 속의 카인과 아벨 이야기를 살펴보자. 창세기 4장을 보면 아담과 하와는 결혼하여 두 아들 카인과 아벨을 얻는다. 카인은 농사를 짓고 아벨은 양을 치며 살았다. 시간이 지난 후에 카인은 땅의 열매를 하나님께 제물로 바치고, 아벨은 아기 양과 양의 기름을 바쳤다. 여호와께서는 아벨과 그의 제물은 받으셨으나 카인의 제물은 받지 않으셨다. 카인이 매우 화가 나서 안색이 변했다. 여호와께서 카인에게 물었다. "네가 왜 화를 내느냐? 왜 안색이 변하느냐? 네가 좋은 마음을 품고 있다면 어찌 얼굴을 들지 못하겠느냐? 네가 좋은 마음을 품지 않으면 죄가 너를 지배하려 들 것이다. 죄는 너를 다스리고 싶어 하지만, 너는 죄를 다스려야 한다." 카인은 동생 아벨을 들판으로 데려가 돌로 쳐 죽였다.

나로서는 카인과 아벨의 이야기를 통해 하나님이 뜻하시는 바가 무엇인지 잘 모르겠다. 하지만 돌로 아벨을 쳐 죽이는 카인의 심정만큼은 이해할 수 있다. 왜냐하면 나를 비롯하여 주변에 많은 사람이 시기와 질투로 황폐해지고 자신을 스스로 망치는 경우가 허다하기 때문이다. 그건 지식과 학식이 많은 것과는 아무 상관이 없어 보인다. 어쩌면 더 많이 배운 사람들이 더 많이 상대를 시기하고 질시하는 것 같기도 하다. 여기에 질투의 화신으로 나오는 의사가 있다. 스페인의 철학자이자 교육자이며 작가인 미겔 데 우나무노의 소설 《아벨 산체스》의 주인공이 바로 그 사람이다.

아벨 산체스와 호아킨 모네그로는 젖먹이 시절부터 함께 자랐다. 그 둘은 서로의 유모가 친했으므로 덩달아 가까워졌다. 꼬마 시절 골목에서 놀 때도 늘 함께 어울렸고 학교에도 같이 다녔다. 호아킨은 머리가 좋고 공부를 잘해서 학급에서 1등을 놓치지 않았다. 하지만 친구들 사이에서 인기가 많은 쪽은 단연 아벨이었다. 아이들은 공부 잘하는 호아킨보다는 아벨을 더 많이 따랐다. 아벨에게는 상대를 휘어잡는 매력이 있었고 호아킨은 그렇지 못했던 것이다. 그에 대해 호아킨은 항상 열등의식에 사로잡혀 있었다.

고등학교를 졸업하자 아벨은 화가의 길로, 호아킨은 의사의 길로 진로를 정했다. 호아킨은 아벨이 예술가의 길로 접어든 것을 질투했지만 의학도 나름대로 예술이라 여기며 위안으로 삼았다.

문제는 호아킨이 사랑하는 여인 때문에 불거졌다. 호아킨은 사촌동생 엘레나를 사랑하고 있었는데 뜻대로 이뤄지지 않았다. 그녀는 호아킨을 사촌 오빠 이상으로 생각지 않는 것이다. 호아킨은 날마다 아벨에게 자신의 괴로움을 호소했다. 호아킨은 엘레나에 대한 정염을 스스로 주체하지 못했다.

아벨은 그 둘을 잘 엮어주려는 호의를 가지고 엘레나를 만나보았다. 엘레나를 소개해주겠다는 호아킨의 제안을 따른 것이었다. 아벨은 엘레나의 초상화를 그려 호아킨에게 선물하겠다고 약속했다. 자연히 초상화를 그리기 위해 아벨과 엘레나는 자주 만났다. 아벨은 엘레나에게 호아킨의 사랑을 알려주려고 애썼다. 그러나 엘레나는 호아킨에게 아무 관심도 없었다. 오히려 초상화를 그려주는 아벨에게 더 강하게 마음이 향하게 되었다. 결국 아벨과 엘레나는 결혼을 약속하는 사이가 되고 말았다.

사랑의 고뇌를 해결해달라고 여자를 친구에게 소개해주었는데 둘이 결혼을 한다니…….

호아킨은 그들이 결혼식을 올리던 날의 아픔을 일기에 이렇게 적었다.

'나는 끔찍한 밤을 보냈다. 침대 위에서 몸을 이리저리 뒤척이다가 발작하듯이 베개를 물어뜯었고, 세면대 위에 놓인 주전자 물을 마시려고 몇 번이나 일어났다. 몸에서 열이 났다. 때때로 악몽을 꾸기도 했다. 둘 다 죽이고 싶다는 생각을 했다. 마치 이야기를 창작하는 작가처럼, 잔인한 복수를 계획하고 그 둘과 나눌 대화를 그려보며 머릿속으로 치밀한 상상을 했다. 엘레나가 바라는 건 오직 날 모욕하는 것뿐이고 날 모욕하려고 일부러 아벨을 사랑하는 것 같았다.'

신혼여행을 다녀온 후 아벨이 아프기 시작했다. 호아킨이 나서서 아벨을 치료해주다가 갈등에 빠졌다. 그는 아벨을 죽게 내버려둘 수도 있었다. 의사가 되어 사람들이 의문의 죽음을 맞는 것을 여러 차례 목도한 적이 있었던 것이다. 하지만 그건 자신의 위상이 추락하는 일이었다. 그것 또한 참

프랑스 튈르리 정원에 전시된 앙리 비달의 〈동생을 죽인 카인〉. 음부보다 얼굴을 더 필사적으로 가려서인지 그의 부끄러움의 정도가 더 많이 드러나는 것 같다.

을 수 없었던 호아킨은 아벨을 잘 치료해 살려내었다.

호아킨은 자신의 불행한 마음을 달래기 위해 결혼을 해야겠다는 결론에 이르렀다. 마침 어느 환자의 딸 안토니아가 호아킨에게 신부가 되겠노라 자청했다. 동정심 많고 자애로운 안토니아는 한눈에 호아킨의 영혼이 병들었음을 알아챘다. 호아킨은 그녀에게 별다른 애정을 느끼지 못했지만 그대로 결혼을 강행했다.

한편 아벨은 화가로서 나날이 큰 명성을 떨치게 되었다. 국내뿐 아니라 세계적인 화가로 대성했다. 아벨의 성공이 호아킨의 눈에 곱게 보일 리 없었다. 호아킨은 친구들에게 이런 말로 빈정거렸다.

"물론, 아벨은 아주 과학적인 화가지. 기교의 대가야. 많은 걸, 아주 많은 걸 알고 있어. 아주 똑똑한 친구야."

치켜세우는 듯했지만 그 말에는 아벨을 깎아내리려는 심사가 더 크게 담겼다. 호아킨은 번민했다. 그는 자신이 좋은 의사가 아니라는 걸 잘 알고 있었다. 그가 의학 연구에 매진하는 이유도 오로지 성공해서 아벨과 엘레나를 짓밟으려는 것에 지나지 않았다. 순수성이라고는 없이 야욕과 복수심만 불태우며 살았다.

사실 호아킨이 진료실에서 느끼는 점이 없지는 않았다. 예를 들어 남편의 외도로 마음에 병이 든 어떤 환자는 25년간 해로한 남편이 바람난 것은 오로지 상대 여인이 미약을 먹인 탓이라 믿고 있었다. 그녀를 보며 호아킨도 자신이 질투에 불타는 이유가 저도 모르게 미약을 먹었기 때문이 아닌지 반추했던 것이다. 그러면서 질투야말로 인간의 원죄라는 생각에 몸서리를 쳤다.

안토니아는 호아킨과 결혼 후에 남편이 정신적으로 문제 있는 환자라는 사실을 더욱 확인했다. 남편은 사촌 엘레나에 대해 복잡한 감정이 있어 그녀의 집에 다녀오기만 하면 마음의 평화가 깨졌다. 더욱이 엘레나의 임신 소식을 듣고는 또 다른 시기심으로 안절부절못했다.

엘레나의 분만은 본의 아니게 호아킨이 맡게 되었고, 그는 또다시 갈등에 휩싸였다. 태어나는 아이를 질식시켜 버리라는 악마의 유혹을 떨치기 위해 각고의 노력이 필요했던 것이다. 아벨의 아들, 아벨 2세는 천사처럼 예쁜 아이였다. 아벨이 아들을 얻었다는 사실은 호아킨에게 시기심을 가중했다. 호아킨은 아벨 2세보다 한결 더 예쁜 아이를 얻게 되기를 절실히 소망했다.

이 무렵 아벨은 성서화를 그릴 계획을 호아킨에게 털어놓았다. 공교롭게도 그것은 창세기의 카인과 아벨을 다룬 이야기였다. 호아킨은 아벨의 의도를 다분히 자신을 공격하기 위한 것으로 알고 긴장했다. 아벨은 동생을 죽이는 카인보다 형에게 맞아 죽는 아벨의 영혼을 그리겠다고 말했다. 사실 아벨은 호아킨의 질투심을 눈치채지 못했고 관심도 없었다. 그는 오로지 예술에 빠져 살았던 반면 호아킨은 오로지 아벨에 대한 시기심에 매달려 애를 태웠다. 그는 아벨에게 이런 말도 했다.

"좋은 운을 타고나 날 때부터 인기를 독차지하는 사람은 아무 잘못이 없다고 생각해? 아무런 노력 없이 거저 얻은 혜택과 특권을 감추지 않은 잘못이 있어. 그것을 부끄럽게 여기지 않은 잘못이 있어.

이 은총을 과시하기만 하고, 감추지 않은 잘못이 있다고. 아벨은 필경 카인 앞에서 자신이 입은 은총을 보란 듯이 뽐내고 신께 바쳤던 제물에서 피어오른 연기로 카인을 모욕했던 게 틀림없어. 스스로 올바르고 공정한 부류에 속한다고 생각하는 사람들은 그들이 생각하는 '정의'라는 허식 아래서 다른 사람들을 서슴없이 짓밟는 거만한 자들이야. 누군가는 이렇게 말했어. 고결한 자들보다 더 천한 부류도 없다고……."

아벨이 아들을 얻고 얼마 후 호아킨은 딸을 얻었다. 호아킨은 딸의 이름을 호아키나로 지었고 그녀는 자신의 영혼을 구제해 줄 것이라고 굳게 믿었다.

마침내 아벨은 성서화를 마무리 지었고 그 그림으로 세간의 화제가 되었다. 아벨의 전시회에서 축사는 호아킨의 몫이었다. 호아킨은 멋진 연설을 준비했다.

"그 누구도 저만큼 화가 아벨에 대해 잘 알지 못할 것입니다. 그림 속 카인의 얼굴을 보십시오. 비극적인 카인을, 방랑하는 농부이자 최초의 도시 건설자를, 산업과 질서와 공통체적 삶의 아버지를 말입니다. 저 카인의 얼굴을 보십시오! 얼마나 깊은 애정과 연민과 사랑을 담아 이 불행한 남자를 그렸는지 보십시오. 이 얼마나 비참하기 짝이 없는 카인입니까! (중략) 우리의 아벨은 카인이 아벨을 죽여 최초의 살인자가 되었다는 성서 말씀에 따라 죽음을 세상에 가져온 그자의 온갖 정신적 고통과 가혹한 불행을 감지했습니다. 우리의 아벨은 우리가 카인의 죄를 이해하게 하고 나아가 카인을 동정하고 사랑하게 만들었습니다. 그러므로 이 그림은 사랑의 행위인 것입니다."

호아킨의 연설은 큰 박수를 받았다. 누구나 아벨의 그림보다 호아킨의 연설이 더 멋졌다고 인정했고 아벨의 그림에 더 큰 의미를 부여한 것이라 평가했다. 아벨은 감동의 눈물을 흘리기조차 했다. 그러나 호아킨은 오로지 친구의 명성을 가리고 그보다 더 큰 명성을 얻기 위해 유려한 연설을 준비한 것에 불과했다. 안토니아는 남편이 질투심을 죽이고 모처럼 진심으로 축하해 준 것으로 믿었지만 엘레나는 분통을 터뜨렸다. 호아킨이 아벨의 성공을 집어삼키려고 그따위 연설을 했다는 것을 누구보다 잘 알고 있었던 것이다.

안토니아는 호아킨을 성당으로 인도했다. 마음의 평화를 종교에서라도 찾게 해주려는 의도였다. 호아킨이 신부에게 고해 성사 하며 아벨이 죽도록 싫다고 고백하자 신부는 이렇게 조언했다.

"그 시기하는 마음을 건설적인 경쟁심으로 바꿔보십시오. 일로써 더 성공하겠다는 의지로 바꿔보세요. 하느님의 은총 아래 최선을 다해 살겠다는 의지로 바꿔보십시오."

호아킨은 신부의 말을 따를 수 없었다. 다만 자신이 왜 태어났는지 그것이 의문일 뿐이었다.

한번은 아벨이 모델들과 어울려 가정을 소홀히 한다는 소문이 돈 적이 있었다. 호아킨은 그때를 노려 사촌 동생 엘레나를 찾아갔다. 아벨의 가정에 복수하려는 일념을 가지고 엘레나에게 사랑한다고 고백했다. 호아킨은 대번에 쫓겨나고 말았다. 이 일을 계기로 호아킨

루벤스가 그린 〈아벨을 쳐 죽이는 카인〉. 현대 의학은 모든 수수께끼를 유전자로 풀곤 하는데 이 작품을 볼 때마다 우리들은 질투심이 아예 유전자에 각인 되어 있는 것만 같아 오싹하다.

의 영혼은 더욱 황폐해졌다. 집의 성실한 하녀도 의심하며 괴롭히곤 했다. 하지만 어린 딸 호아키나에게만은 의존했다.

아벨의 아들 아벨 2세는 성장하여 의학을 선택했다. 그러자니 호아킨과 가까워질 수밖에 없었다. 그 과정에서 호아킨은 서서히 아벨 2세에게 애정을 느끼게 되었다. 어느덧 아벨 2세는 호아킨의 조수가 되어 호아킨의 연구를 이어받고 있었다. 호아킨은 아벨이 미운 나머지 아벨 2세를 파멸시키고 싶다는 생각을 하지만 그 또한 마음대로 되지는 않았다. 아벨 2세는 실제로 사랑스럽기 그지없는 영혼을 가졌기 때문이었다. 호아킨은 생각을 뒤집어 아벨 2세를 차지함으로써 아벨에게서 아들을 빼앗아버리겠다는 목표를 세웠다. 그 계획은 순조로웠다.

먼저 호아킨은 외동딸 호아키나와 아벨 2세의 결혼을 성사시켰다. 효성스러운 호아키나는 수녀원에 들어가고 싶은 소망도 접고 아버지를 구원하고자 아벨 2세와 결혼했다. 그녀는 아버지가 늘 아벨에 대한 질투로 괴로워하는 것을 알고 있었으므로 그 감정을 해소해주려고 아버지의 뜻을 순순히 따랐던 것이다.

신혼부부는 호아킨과 함께 살았다. 사위가 된 아벨 2세는 친아버지 아벨보다 장인 호아킨을 훨씬 더 따르며 그의 의학 연구의 결실을 이뤄주고자 애썼다. 플라톤이 스승 소크라테스의 사상을 집대성했듯 호아킨의 의학 연구를 아벨 2세가 완성하는 것은 당연해 보였다.

그런데 아벨은 왜 자기 아들을 호아킨이 빼앗아가는 것을 방관하고만 있을까? 이것이 호아킨의 새로운 고민거리였다. 그에 대해 아벨 2세와 이야기를 나눠보았다. 아벨은 이기적일 정도로 그림 그리는 일에만 빠져 있을 뿐 다른 일에는 관심이 없다는 대답을 들었다. 하지만 호아킨에게는 아벨 2세가 왜 화가가 되지 않고 의사가 되었을까 하는 점도 의문이었다. 아벨 2세는 본래 그림에 대한 재주가 없었다고 대답했지만 호아킨의 생각은 달랐다. 아벨이 아들에게 직업을 대물리지 않은 것은 아들이 자신보다 뛰어나게 될 것을 두려워했기 때문이라고 결론지었다. 즉 아들을 질투하기 때문이라고 아벨 2세에게 말했다.

"아들을 질투하다니요……! 아버지가요?"

당황한 아벨 2세가 내지른 질문에 호아킨이 열띤 기세로 답변했다.

"그렇다. 그야말로 가장 자연스러운 질투지. 질투심은 서로 모르는 사람들끼리는 생기지 않는단다. 다른 나라에 살거나 다른 시대에 사는 사람을 질투하지는 않아. 이방인이나 외국인을 질투하지는 않지. 오로지 같은 마을에 사는 사람을 질투하게 된단다. 세대가 다른 사람보다 같은 세대인 사람을 질투하게 마련이지. 그중에서도 가장 위험한 질투심은 형제들 사이에서 자란단다. 카인과 아벨의 이야기를 봐도 알 수 있잖니……. 뭐니 뭐니 해도 가장 끔찍한 질투심은 자기 형제를 제 아내가 탐한다고 의심할 때 생겨난단다. 그리고 부자지간에도……."

마침내 아벨 2세와 호아키나 사이에 아기가 태어났다. 아들이었다. 아이 이름은 호아킨으로 지었다.

그 무렵 아벨은 화가로서의 명성이 최고조에 달했다. 그는 손자를 스케치하곤 했다. 손자를 보러 자주 집에 들르자 호아킨은 불안해졌다. 아기까지도 호아킨보다는 친할아버지 아벨을 더 좋아했다. 호아킨은 그런 아벨을 견디지 못해 악다구니를 퍼부었다. 심장병으로 허약해져 있음을 알고도 질투의 발톱을 드러내 보였다. 손자 곁에 다시는 오지 말라고 하자 아벨은 심장 발작을 일으켜 사망하고 만다. 호아킨은 그를 죽였다는 죄책감에 시달려야만 했다. 하지만 그는 그것을 정당방위라 생각했다. 아벨이야말로 지난 40년간 자신을 죽여왔다고 믿었다. 아벨이 늘 눈앞에서 자신를 과시하고 우월감을 드러내고 여자를 빼앗아갔다고. 그것도 모자라 성공의 영광을 과시하며 호아킨의 삶을 망쳐놓았다고. 거기에다 급기야 손자까지 훔치려 했다고…….

호아킨은 우울증에 시달리다 병석에 누웠다. 1년 후 마지막 순간에 자신이 아벨을 죽였다는 걸 고백하며 참회한다. 그는 남은 이들에게 부디 화합할 것을 당부하며 눈을 감았다.

어찌 보면 교과서처럼 규범적인 이야기로 결론을 맺는 이 소설을 읽다 보면 재미를 느낀다기보다는 놀라움을 경험하게 된다. 어쩌자고 호아킨은 시종일관 질투에 사로잡혀 살아가는 것일까? 자신의 처지가 오히려 남의 질투를 받을 상황인데 말이다.

작품 속에도 어떤 환자가 호아킨을 부러워하는 대목이 나온다. 환자 자신은 부모에게 버림받고 형제에게 배반당해 극도로 궁핍한 삶을 사는데 의사 선생님은 풍요로울 뿐만 아니라 연구도 하고 타인을 위해 살고 있으므로 그 누구보다 행복하지 않겠느냐는 것이다. 호아킨은 그의 질문을 이해하면서도 전혀 수긍하지 않는다. 호아킨 자신이 생각하기에 스스로가 최고로 불행한 사람이었다.

우리 주변을 살펴보면 호아킨과 같은 사람이 매우 많다. 아니 거

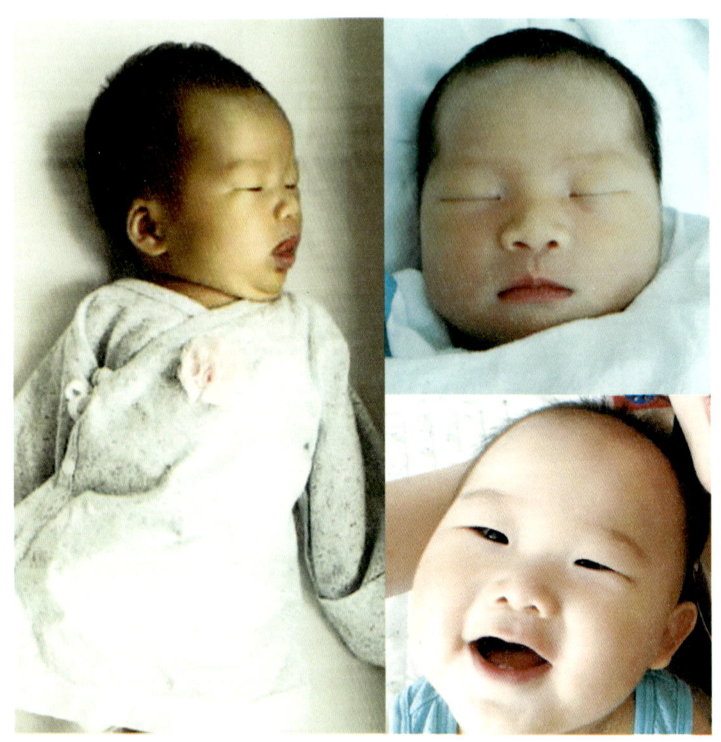

하지만 이렇게 천사 같은 아가를 보며 어찌 인간은 질투의 화신이라 생각할 수 있을까? 사진은 100일을 갓 넘겼을 때의 우리 집 손자, 손녀다.

의 모두일지도 모른다. 객관적인 잣대로 보면 별다른 근심 걱정이 없을 것 같은데도 자신을 스스로 이 세상에서 가장 운이 없는 존재라 여기는 사람 말이다. 일체유심조(一切唯心造)라는 불교의 가르침이 절실히 떠오르는 순간이다.

그런데 질투심이나 시기심이란 다스리면 없어지는 감정이라 여겼는데 알고 보니 인간의 원죄처럼 우리에게 각인된 것인가 보다. 그저 숨기거나 감춰서 될 일이 아니란 것을 깨닫게 되었다. 그렇다면 호아킨처럼 질투의 노예가 되지 않을 방법을 강구해야 할 것 같다.

누구나 저마다 가슴속에 열정을 담아 올려두는 시렁을 하나씩 갖고 사는 것 아니겠는가? 작품 속의 아벨처럼 그림에 빠져 다른 건 아랑곳하지 않는 것도 잘사는 방법일 게다. 아마 예술만큼 인간의 에너지를 요구하는 것이 달리 없을 테니 예술혼을 불사르는 것이 질투심에서 벗어나는 지름길일지도 모르겠다. 올바른 방법으로 누군가를 열렬히 사랑하는 것도 그 길일 수 있겠지만 무엇보다 감사하며 사는 삶의 자세를 갖는 것이 질투심을 벗어나는 최상의 방법이 아닐까 싶다.

지은이 우나무노는 당시 스페인의 정세를 꼬집고자 이 작품을 썼다고 한다. 서로를 질투하고 시기하다 보니 화합하지 못해 오랫동안 내란이 그치지 않았던 스페인 사람들에게 꼭 들려주고 싶었던 이야기라고 밝혔다.

세월이 많이 흘렀지만 오늘날 우리도 결코 다를 게 없다. 더 심하면 심했지 좋아졌다고 볼 수 없다. 교육열은 더 뜨거워지고, 지식은 더 광범위하게 발달하는데 인간은 왜 그리 행복하지 않은 것일까? 죽음 앞의 호아킨처럼 거울을 앞에 두고 자신의 감정을 통찰해보는 시간이 필요할 것 같다.

미겔 데 우나무노
Miguel de Unamuno

1864년 9월 29일 스페인 빌바오에서 출생.
어려서부터 철학에 관심을 보여 마드리드 대학에서 철학과 문학을 전공.
살라망카 대학 교수직을 거쳐 총장으로 취임. 스페인을 무기력에서 깨어나게 하려고 했던 '98세대' 작가들의 중심적 인물로 활동하며 스페인 문학과 사상에 큰 영향을 끼침.
제1차 세계 대전 중 연합국을 지지하여 1914년 해직되고, 리베라 군사 독재 정권에 반대하여 1924년 프랑스로 강제 추방됨.
리베라가 사임하자 1931년 다시 총장 자리에 오르나 1936년 프랑코와 연합한 팔랑헤 당원을 비판하여 해임 및 가택 연금당함.
주요 작품 《안개》, 《아벨 산체스》, 《세 모범소설》, 《이슬》, 에세이 《생의 비극적 감정》, 《돈키호테와 산초의 생애》, 시집 《벨라스케스의 그리스도상》 등.
스페인 살라망카에서 가택 연금 중이던 1936년 12월 31일 심장병으로 사망.

고문하며 슈베르트 음악을 틀어주던 의사

아리엘 도르프만 《죽음과 소녀》

처음에 나는 스스로 이것이 사람의 목숨을 구하는 길이라고 말했어. 그리고
실제로 나는 구했어. 여러 차례 그들에게 지시했거든. 사실과 다르게도,
오로지 고문당하는 사람들을 돕기 위해서 나는 그들에게 멈추라고 명령했어.
그러지 않으면 죄수는 죽는다고. 하지만 그러면서 내 감정은 조금씩 조금씩
흥분으로 바뀌었어. 선행의 가면은 떨어져 버렸고
흥분은 내가 하는 짓을 숨겼지. 숨겼지, 숨겼어.

평생을 의과 대학에서 일하다 정년 퇴임한 교수님이 내 진료실에 들른 적이 있다. 그때 나눈 대화이다.

"닥터 김, 진료실에 왜 오디오가 없지?"

"저기 라디오 있잖아요. 종일 FM 방송이 나오는걸요."

"그거 갖고 되겠어? 내 연구실에는 대형 스피커가 달린 오디오 시스템이 있었지."

"그러셨어요? 교수님은 음악에 조예가 깊으시잖아요. 저야 뭐……."

이렇게 말을 얼버무렸지만 나는 사실 '진료실에 왜 오디오 시스템이 있어야 하느냐? 환자는 음악을 들으러 병원에 오는 게 아니지 않

아르헨티나에서 서울로 유학 온 세실리아는 생물학을 전공하고 있다. 진료받기 위해 우리 병원에 우연히 왔다가 스페인어 책을 읽는 나를 보고 무척 기뻐했다. 그녀는 문학도 좋아해서 내게 원서를 사다 주기도 했는데 아리엘 도르프만이 아르헨티나에서 태어났지만 일찍 고국을 떠나 지금은 칠레와 미국 국적을 가진 작가라고 알려주었다.

느냐?'라고 묻고 싶었다.

우리는 혹시 음악을 좋아하면 교양인이라고 착각하는 건 아닐까? 음악을 들으면 듣지 않는 사람과 다르게 더 고상하다고 생각하는 것이 아닐까? 어쩌면 음악으로 자신을 포장하고 싶은 건 아닐까?

얼마 전부터 남미 문학에 관심을 갖고 몇몇 작품을 읽다가 아르헨티나 태생의 아리엘 도르프만의 작품에서 이런 나의 궁금증을 뒷받침하는 내용을 찾게 되었다. 그의 작품 《죽음과 소녀》 가운데 니체를 들먹이며 지성을 과시하는 의사가 나온다. 그는 한때 죄수들에게 고문을 가하며 인체가 어느 정도의 고문을 견딜 수 있는지를 연구했다. 그중에 여죄수에게 직접 성고문을 하며 슈베르트의 현악 4중주 제14번 〈죽음과 소녀〉를 들려주었다는 것이다. 음악을 들려주면 죄수들이 자신을 좋은 사람이라고 믿는다며…….

이 작품은 희곡으로 '시간적 배경은 현재이며 공간적 배경은 칠레일 수 있지만 오랜 독재 시대가 끝난 직후의 어떤 나라로 봐도 무방하다'라고 무대가 설정되어 있다.

바닷가 별장에 인권 변호사 헤라르도와 아내 파울리나가 살고 있다. 어느 날 운전 중에 헤라르도의 자동차에 펑크가 나 차를 멈추게 된다. 그때 도로에서 헤라르도를 도와준 착한 이웃은 의사 로베르토 미란다다. 로베르토는 헤라르도를 집에 태워다 준 후 헤어진다. 그런데 곧 다시 돌아온다. 왜냐하면 라디오에서 헤라르도가 새 정부의 인권 위원회 위원장으로 추대되었다는 뉴스를 듣고 밤이 깊었지만 축하를 하고 싶다는 것이다. 헤라르도는 고맙다며 로베르토에게 자고 가라고 말한다. 아내 파울리나는 이미 잠든 것 같았다.

그러나 파울리나는 잠들지 않았고 낯선 사람의 방문을 알았으며 곧 그가 누구인지 기억나기 시작했다. 그의 말투, 목소리, 어조…….

파울리나는 남편이 잠들자 권총을 들고 로베르토가 자고 있는 침실로 찾아간다. 그를 흉기로 때려 실신시킨 후 그를 질질 끌고 거실로 나와 의자에 앉힌다. 그의 몸을 스타킹으로 묶고 입에는 재갈을 물려둔다. 그녀는 로베르토의 차를 다른 곳으로 옮기다가 차 안의 카세트에서 슈베르트의 〈죽음과 소녀〉를 발견하고는 꺼내 온다.

뒤늦게 정신을 되찾은 로베르토는 파울리나에게 왜 이러느냐고 묻는다. 그녀가 미친 줄로만 여긴다. 파울리나가 답한다. 15년 전 그녀를 고문하며 슈베르트 음악을 틀어주던 사람이 로베르토라는 걸 안다고. 물론 로베르토는 아니라고 부인한다. 이때 남편이 음악 소리에 거실에서 벌어진 사태를 보고 무척 놀란다. 헤라르도는 파울리나가 15년 전에 의과 대학에 다니던 중에 경찰에게 붙잡혀 갔었고 그때 무언가 힘든 일을 겪었다는 것은 알고 있었다. 이후 그녀가 몸이 아프게 되어 늘 보살펴주려고 애쓰고 있다.

남편이 무슨 일이냐고 묻자 파울리나는 로베르토가 자신을 고문했던 그 의사라고 말한다. 하지만 헤라르도는 믿을 수 없다. 파울리나는 그 당시 두 달간 고초를 겪었다는데 사뭇 눈이 가려져 있었다고 말했기 때문이다. 본 적 없는 사람을 기억한다는 것이 불가능한 일이라고 생각한다. 그러나 파울리나는 확신한다. 그때 자신을 고문한 남자는 세 명이었는데 그 가운데 의사는 친절하게도 음악을 들려주었다. 그런데 그 의사는 독특하게도 '아주 조금만(teensy-weensy)'라는 단어를 자주 사용했고 그건 남들이 흔히 사용하는 표현이 아니었다. 그녀는 그뿐만 아니라 그의 피부에서 느꼈던 감촉도 기억한다. 눈이 보이지 않을수록 다른 감각은 더 선명한 법이다.

파울리나가 외친다.

"그건 아주 작은 일일지 몰라. 하지만 내게는 끔찍해. 지난 여러 해 동안 그 똑같은 목소리, 그 침이 섞인 목소리를 바로 내 옆에서, 내 귓가에서 듣지 않고 지낸 적이 한순간도 없어. 그런 목소리를 내가 잊을 거라고 생각해?"

그러면서 파울리나는 그들의 목소리를 흉내 내어 재현한다.

"그년에게 좀 더 해줘. 이 화냥년은 좀 더 견딜 수 있어. 그년에게 더 해줘."

"확실해, 의사 선생? 이년이 우리 손에서 죽으면 어떡하려고?"

"이년은 아직 기절할 정도로 안 갔어. 더 해줘. 한 단계 올려."

헤라르도는 바로 오늘 대통령으로부터 인권 위원회 위원장으로 추대된 때에 아내가 낯모르는 사람을 붙잡고 과거에 고문을 자행했던 의사라며 개인적인 보복을 하려는 이 상황이 당황스럽기 짝이 없다. 파울리나는 아무리 인권 위원회가 지난 독재 정권이 17년간 자행한 잘못을 밝힌다고 해도 그건 이미 죽은 사람들을 위주로 하는 조사라는 게 못마땅하다. 자신처럼 성고문을 당하고 인권을 유린당해도 이제 와서 돌이킬 수 있는 게 하나도 없는 것이다. 파울리나는 복수하고 싶다. 그를 강간하고 싶다. 하다못해 빗자루 막대를 들고서라도 로베르토를 쑤셔주고 싶다. 하지만 그럴 수 없는 노릇이므로 원하는 건 오직 이제라도 로베르토가 자신의 죄를 고백하는 것이다. 헤라르도도 점점 아내의 말을 신뢰하기 시작한다. 그러나 개인적인 처벌은 곤란하다. 그러므로 헤라르도가 변호사로서 로베르토에게 고백을 시키고 그것을 녹음하기 로 한다. 그의 고백은 이렇게 시작한다.

"나는 음악을 틀곤 했지. 왜냐하면 그게 내 역할, 그들이 하는 말로 좋은 사람 역할을 하는 데 도움이 되었기 때문이야. 나는 슈베르트 음악을 틀곤 했는데 그것은 수감자들의 신뢰를 얻는 방법이었기 때문이지. 그리고 그게 그들의 고통을 덜어주는 길이라는 것도 알고 있었어. 그게 수감자들의 고통을 덜어주는 방법이었다는 걸 믿어줘야 해. 음악뿐 아니라 내가 한 다른 일들이 모두 그랬지. 그런 식으로 죄수들에게 접근했어. 처음에는."

로베르토에게는 비밀경찰인 형이 있었다. 그 형이 로베르토에게 경찰 손에서 수감자들이 죽어 나간다며 죄수를 돌봐줄 사람이 필요하다고 말했다. 누군가 신뢰할 사람이 있었으면 좋겠다는 것이었다. 당시 로베르토의 아버지는 중풍에 걸려 있었다. 공산당이 아버지의 땅을 차지하던 날 심장 발작을 일으켰고 그 후 아버지는 말을 못하게 되었다. 몇 시간씩 로베르토를 바라보기만 했는데 마치 로베르토에게 뭔가를 해달라고 애원하는 것 같은 눈빛이었다. 형은 로베르토에게 공산당이 아버지에게 한 짓을 되갚기 위해서라도 죄수들을 보살피라고 말했다. 로베르토는 나름대로 인도주의에 입각해서 그 일을 수락했다. 군사 정부가 독재 국가를 세우려 하는 그 마당에 정치범들도 진료를 받을 권리가 있다고 판단한 것이다. 그런데 점점 로베르토는 자신도 모르는 작전에 개입하게 되었다. 그가 맡은 역할은 죄수들이 어느 정도의 고문을 견딜 수 있는지, 얼마만큼의 많은

슈베르트의 현악 4중주 〈죽음과 소녀〉 음반 사진이다. 세상에서 슬픔을 가장 잘 표현한 작곡가라는 평가대로 그의 음악은 우수를 느끼게 하는데 아리엘 도르프만의 《죽음과 소녀》를 읽고 난 후에는 더욱 처연하게 들린다.

전류량을 견딜 수 있는지 알려주는 것이었다.

"처음에 나는 스스로 이것이 사람의 목숨을 구하는 길이라고 믿었어. 그리고 실제로 나는 구했어. 여러 차례 그들에게 지시했거든. 사실이 아닌데도, 오로지 고문당하는 사람들을 돕기 위해서 나는 그들에게 멈추라고 명령했어. 그러지 않으면 죄수는 죽는다고. 하지만 그러면서 내 감정은 조금씩 조금씩 흥분으로 바뀌었어. 선행의 가면은 떨어져 버렸고 흥분은 내가 하는 짓을 숨겼지, 숨겼지, 숨겼어. 그 늪 같은 상황에 파울리나가 들어왔을 때는 이미 너무 늦었어. 너무 늦었다고."

잠시 틈을 두고 그의 고백이 이어진다.

"너무 늦었어. 어떤 야수가 발톱으로 내 삶을 움켜쥔 거야. 나는 내가 하는 일을 정말 진짜로 좋아하게 되었어. 그것은 게임이 되었어. 내 호기심은 부분적으로는 병적이고, 부분적으로는 의학적인 것이었어. 이 여자는 얼마나 견딜 수 있나? 다른 사람보다 더 견딜 수 있나? 그녀의 성적 능력은 어떤가? 전류를 통하게 되면 그것이 다 말라버릴까? 이런 상황에서도 오르가슴을 느낄 수 있을까? 그녀는 완전히 네 손에 있다. 너는 너의 환상을 모두 실행해 볼 수 있다. 그녀를 가지고 뭐든지 원하는 걸 할 수 있다."

로베르토는 이야기를 계속하기 어려운 듯 자주 머뭇거린다.

"뭐든지. 금지된 것, 어머니가 절대로 하면 안 된다고 단호하게 귀에 속삭이던 것 등 뭐든지. 여자들에게 상상하던 것을 그녀에게 하게 되는 거야. '이것 봐, 의사 양반.' 그들이 말하곤 했어. '공짜 고기를 거절하지는 않겠지? 그렇지?' 그들 중 하나가 나를 조롱하곤 했어. '의사 양반, 걔들은 그걸 좋아해. 이년들은 모두 그걸 좋아해. 당신이 저 달콤하고 귀여운 음악을 틀면 걔들은 더 포근하게 느낄 거야.' 그는 이 말을 여자들 앞에서 하곤 했어. 파울리나 앞에서도 말했지. 그리고 마침내 나는……. 그러나 나 때문에 죽은 사람은 아무도 없어. 남자 중에도 하나도 없고, 여자 중에도 없어."

로베르토는 자신이 기억하는 한 파울리나를 포함하여 아흔네 명의 죄수들의 심문에 입회했다며 용서를 빈다고 고백을 마무리한다.

파울리나는 의사의 이런 진술을 듣고 결코 용서하지 못한다. 그는 진심으로 반성하지 않았다고 느낀다. 그러나 냉엄하게도 현실은 개인이 마음대로 죄를 처벌할 수 없다. 파울리나는 로베르토에게 총구를 겨누다 어느 순간 방아쇠 당기기를 멈추고 만다.

작품의 마지막은 음악회 장면이다. 인권 위원회 위원장으로서 헤라르도가 무사히 업무를 마치고 최종 보고서를 쓴 것을 축하하는 공연이 열린다. 파울리나와 헤라르도는 연주회에서 슈베르트의 〈죽음과 소녀〉를 감상하고 같은 공간에 로베르토 미란다도 함께 있다. 파울리나가 다시 슈베르트를 들을 수 있게 된 것으로 보아 어느 정도 과거의 악몽에서 치유된 것인지도 모른다.

혹시 너무 끔찍한 이야기를 아무렇지도 않게 옮긴 것일까?

독재 치하에서 성고문당한 여성이 있었고 그녀가 15년이 지난 후에 우연히 목소리를 듣고 자신을 고문한 남자를 단번에 알아본다는 이야기. 성고문한 남자가 본디 의사였고 처음에는 고문에 희생되는 죄수가 생기지 않도록 좋은 의도로 일하다가, 또 인간이 얼마나 강한 고문에 견디는가를 알아보다가, 나중에는 스스로 성고문을 즐기게 되었다는 이야기가 얼마나 섬뜩한가.

의사 로베르토 미란다는 음악을 좋아하는지 어떤지는 모르겠지만 클래식 음악을 이용하는 재주를 가졌다. 적어도 좋은 사람이라

칠레에서 온 스페인어 선생님 오스발도 씨. 그 나라에서는 피노체트라는 이름을 입에 올리지 않은 지 오래되었다며 부끄러운 과거라고 고개를 절레절레 젓는다.

는 인상을 주기에 클래식 음악이 적합하다는 걸 꿰고 있었다. 그렇게 음악으로 죄수에게 다가간 의사가 그다음에는 지독히 야만적인 성고문을 자행했다니 쉽사리 믿어지지 않는다.

칠레에서 피노체트 정권 당시 어마어마한 고문이 이뤄졌다는 것은 훗날 사실로 밝혀졌다. 의사 로베르토는 물론 처음에는 인도주의적 차원에서 고문으로 희생당하는 사람들을 도와주려고 일에 개입했다고 한다. 그러다가 고문당하는 사람들이 얼마나 수동적인가를 알게 되었고, 자유자재로 그들을 조롱하고 인권을 유린할 수 있는 권력을 깨닫게 되자 그것을 악용하여 마음껏 즐긴 셈이다.

의사라는 직업이 인도주의에 입각해서 인권을 보호할 수도 있는 반면 지적 역량을 발휘해가며 몇 배나 더 인권을 유린할 수도 있다는 무서운 사실을 밝힌 작품이 아닐 수 없다. 얼마나 많은 환자가 의사 앞에서 옷을 벗어야 하고 의사에게 속내를 털어놓는가를 가늠한다면 의사야말로 도덕적으로 올발라야 한다는 사명감이 있다.

로베르토 미란다는 처음에 그랬듯 슈베르트의 온화한 음악으로 고문당하는 죄수들을 보호할 수도 있었을 것이다. 그런데 왜 그는 스스로 무너지고 음악을 이용해 상대에게 다가가서 더 큰 악을 자행했던 것일까?

물론 로베르토가 아니더라도 누군가는 악을 자행하고 권력에 동조해서 고문을 실행했겠지만 한 사람에게 가장 가깝게 접근하는 것이 가능한 직업인 의사가 그 현장에 서 있었다는 점이 몹시 화가 나고 안타깝다.

한나 아렌트의 《예수살렘의 아이히만》에 '악의 보편성' 개념이 나오는데 로베르트 미란다의 행적이 바로 이 말을 떠오르게 한다. 처음에는 주어진 임무이기 때문에 악을 자행하다가 나중에는 적극적인 동조자가 되어가는 사실을 인식하지 못하고 마는…….

아리엘 도르프만
Ariel Dorfman

1942년 5월 6일 아르헨티나 부에노스아이레스에서 출생.
미국에서 유년기를 보내고 칠레에 정착. 대학에서 교수로 일하며 문학 활동 시작.
남미 최초 사회주의 정권인 아옌데 정부 성립에 일조하나
피노체트의 군사 쿠데타로 미국으로 망명. 소설, 시, 희곡, 평론 등 다양한 장르의
작품을 통해 피노체트 독재 정권의 폭력성 및 칠레의 비참한 현실을 고발.
주요 작품 《체 게바라의 빙산》, 《콘피덴쯔》, 《과부들》,
희곡 《죽음과 소녀》, 《독자》, 《가면》, 비평집 《도널드 덕, 어떻게 읽을 것인가》,
회고록 《남을 향하며 북을 바라보다》 등.
현재 듀크 대학 교수. 칠레와 미국을 오가며 활발히 작품 활동 중.
1998년 방한.

바스티유 감옥에 갇혀 구두 짓는 의사

찰스 디킨스 《두 도시 이야기》

귀족들은 우리를 개처럼 수레에 매어 끌고 다닐 권력이 있지요.
놈들은 매형을 수레에 매어 끌고 다녔어요. 자기들이 잠잘 때 시끄럽다고
우리더러 밤새 정원에서 개구리를 쫓으라고 시키기도 해요.
놈들은 몸에 해로운 서리를 맞도록 매형을 밤새 밖으로 내돌리고
낮에는 다시 마구를 매라고 했어요. 그러다가 어느 날 점심때 마구에서
풀려났는데, 매형은 종이 한 번 울릴 때마다 한 번씩 도합 열두 번 흐느끼더니
누나의 품에서 숨을 거두고 말았어요.

염증 치료를 받기 위해 일주일간 내원한 젊은 여성이 있었다. 진료실 안에만 있는 나는 외부 사정을 잘 몰랐지만 항상 남자를 대동하고 왔단다. 그런데 그 남자가 어찌나 험상궂던지 간호사들 모두 슬슬 피했단다. 환자가 밀려 진료가 지체되기라도 하면 남자가 나서서 당장 봐달라고 압력을 넣었다는데 거칠게 말하는 투로 미루어 조직폭력배 같다고 했다. 환자에게 남자와 어떤 사이냐고 물어보았으나 그녀는 결코 답하려 하지 않았다.

추측건대 이들은 밝은 세상에 사는 사람들이 아니었을 것이다. 남자는 여자가 도망가지 못하도록 감시하느라 따라다니는 인물이고 여자는 아마도 윤락업에 종사하고 있을 것이다.

이런 경우 의사인 나는 어떤 행동을 취해야 할까? 엄연히 성매매는 그 알선과 행위가 처벌 대상인 걸 알지만 이런 걸 어떻게 밝히랴……. 어쩌면 나는 누군가의 비리나 불법 행위를 보게 될까 봐 두려워하는 것만 같다. 혹여 타인의 비행을 보더라도 고발이나 신고, 하다못해 만류도 못 하는 비겁한 축에 속하는 사람일 것이다.

그래서 귀족의 만행을 고발하려다 바스티유 감옥에 갇힌 작품 속의 프랑스 의사가 더욱 고결하게 보인다. 찰스 디킨스의 소설《두 도시 이야기》속에서 주인공 의사가 어떤 일을 겪었는지 살펴보자.

두 도시란 프랑스 파리와 영국의 런던을 말한다. 서로 다른 두 나라의 수도지만 주인공들이 두 무대를 무시로 넘나듦으로 마치 우리나라 부산과 광주처럼 친밀하게 느껴지게 한다.

프랑스 혁명이 일어나기 32년 전, 파리에 명성을 날리는 의사 마네티가 있었다. 어느 달밤에 의사가 센 강을 산책하고 있을 때 마차를 타고 온 신사 둘이 그에게 왕진을 청했다. 망토를 걸친 두 신사는 매우 강압적이어서 마네티가 환자에 대해 묻는 말에 대답해주지 않았다. 두 남자는 쌍둥이 형제였고 이들이 의사를 데려간 곳은 으리으리한 저택이었다. 집 안에 들어서자 여인의 비명 소리가 들리기 시작했다. 위층 침실에서 내지르는 비명이었다. 스무 살 남짓으로 보이는 그녀는 대단히 아름다운 여인으로 침대에 묶여 있었다. 그녀는 정신이 혼미한 상태에서 날카로운 비명을 지르며 같은 말을 중얼거렸다. 즉 "내 남편, 내 아버지, 내 남동생!"이라고 한 다음, 하나부터 열둘까지 숫자를 세고, "쉿!"이라고 하는 것이었다. 환자는 지난밤부터 지금까지 같은 상태로 같은 비명을 질렀다고 했다. 느닷없이 왕진을 오게 된 마네티는 마땅한 처치를 해줄 수가 없었다. 집 안에 구비된 비상약을 억지로 먹였지만 그녀의 광란 상태는 멎지 않았다. 오직 의사가 환자 가슴에 손을 얹어 놓을 때만 조금 진정이 되는 것 같았다. 그녀를 곁에서 지켜보던 중에 집 안에 환자가 한 명 더 있다는 말을 듣고 마네티는 다락방으로 향했다. 그곳 건초더미 위에는 잘생긴 소년이 누워 있었다. 열일곱 살가량 된 소년은 가슴을 칼에 찔려 죽어가고 있었으나 치료받으려고 하지 않았다. 어쩌다 이 지경이 되었냐고 마네티가 묻자 쌍둥이 신사 중 형인 남자가 말했다.

"미친 개자식 같으니! 농노 새

18세기 프랑스 평민의 현실을 그린 풍자화. 프랑스 인구의 2퍼센트에 불과한 1신분 성직자와 2신분 귀족은 권력과 부를 독점하고 면세 특권까지 누렸다. 반면 인구의 98퍼센트를 차지하는 3신분 평민은 무거운 세금에 시달려야 했다.

끼! 기어이 내 동생이 검을 빼어들게 만들더니, 검에 찔려 쓰러졌소. 제까짓 게 마치 신사라도 되는 양 말이오."

소년은 침실에서 비명을 지르는 여인의 남동생이었다. 소년은 의사에게 이런 하소연을 했다.

"우리는 저기 서 있는 저 남자에게 착취를 당했어요. 천한 개들이 주인한테 당하듯이……. 무자비하게 세금을 거둬 가는데, 품삯도 못 받고 일하고 그의 방앗간에서 우리 곡식을 갈아야 했어요. 또 얼마 되지도 않는 곡식을 저놈이 길들인 새들에게 모이로 줘야 했고요. 우리는 새 한 마리도 마음 놓고 기르지 못하게 하면서요. 어쩌다 고기라도 한 점 먹으려면 그것까지도 빼앗아 가버릴까 봐 문을 잠그고 덧문까지 꽁꽁 닫은 뒤에 두려움 속에서 먹어야 했어요. 저들의 하인에게 발각되면 빼앗기니까요. 제 말은 우리가 그렇게 착취를 당하고 쫓긴 끝에 이렇게 가난해졌다는 거예요. 우리 아버지는 자식을 낳아 세상에 내보내는 일이 이렇게 무서울 수가 있느냐 하면서 우리 같은 사람은 임신을 아예 못하게 해서 비참한 생명을 멸족시켜달라고 기도해야 하셨어요."

소년은 귀족의 압제에 대한 울분을 불꽃처럼 토로했다. 그는 계속 말했다.

"그런데 누나는 결혼을 했어요. 매형은 가엾게도 병을 앓고 있었지만 누나는 매형을 사랑했죠. 누나는 우리 오두막에서 그를 간호하며 지냈어요. 저놈들이 개집이라 부르는 곳에서. 누나가 결혼한 지 몇 주일 되지 않았을 때 저기 저 동생 놈이 누나를 보고 넋을 잃고 반해서는 누나를 빌려달라고 했어요. 남편이 있는데도 말예요! 매형은 그러겠다고 했지만 누나는 선하고 정숙한 아내라서, 우리가 증오하는 것만큼이나 저놈의 동생을 증오했죠. 그때 저 두 놈이 매형을 설득해서 누나 마음을 돌리려고 무슨 짓을 했는지 아세요?"

소년이 잠시 숨을 돌렸다.

"선생님도 아시다시피 귀족들은 우리를 개처럼 수레에 매어 끌고 다닐 권력이 있지요. 놈들은 매형을 수레에 매어 끌고 다녔어요. 자기들이 잠잘 때 시끄럽다고 우리더러 밤새 정원에서 개구리를 쫓으라고 시키기도 해요. 놈들은 몸에 해로운 서리를 맞도록 매형을 밤새 밖에 내돌리고 낮에는 다시 마구를 매라고 했어요. 그러다가 어느 날 점심때 마구에서 풀려났는데, 매형은 종이 한 번 울릴 때마다 한 번씩 도합 열두 번 흐느끼더니 누나의 품에서 숨을 거두고 말았어요."

소년의 누나는 그렇게 해서 귀족들에게 성적으로 유린당했고 소년에게서 딸 소식을 들은 아버지는 심장이 터져 그 자리에서 죽고 말았단다. 소년은 집안에 남은 여동생 한 명을 숨겨두고 그길로 이 집을 찾아왔다. 소년이 귀족에게 매질을 당하면서도 계속 대들자 귀족은 마침내 검을 빼 소년을 찌르고 말았다. 소년은 의사에게 일으켜달라고 하더니 마지막 말을 토해냈다.

"이 후작 놈. 너희가 저지른 짓에 복수할 날이 오면 너와 네 일가를 불러서, 한 놈도 빠짐없이 복수해줄 테다. 복수를 맹세하는 증표로 네놈에게 이 피의 십자가를 그어 보일 거다. 이 모든 짓에 대해 복

〈시민들에게 공격받는 바스티유 감옥〉 장 피에르 루이 로렌트 우엘이 1789년에 그린 수채화. 시민들이 감옥을 습격한 이유는 내 생각처럼 죄수를 방면시켜 함께 싸우려는 게 아니라 무기를 탈취하려는 것이었다고…….

수하는 그 날이 오면 네 일족 중에서도 가장 잔인한 네 동생 놈을 불러서 갈기갈기 찢어놓겠다. 나의 복수를 맹세하는 증표로 그놈에게 이 피의 십자가를 그을 테다."

소년은 허공에 십자가를 그린 후 고꾸라져 숨을 거두었다.

의사 마네티가 소년을 편히 눕히고 여인의 침상으로 돌아왔을 때 그녀는 여전히 광기 어린 비명을 내지르고 있었다.

"내 남편, 내 아버지, 내 남동생! 하나, 둘, 셋, 넷, 다섯, 여섯, 일곱, 여덟, 아홉, 열, 열하나, 열둘, 쉿!"

그녀는 점점 상태가 나빠지더니 일주일간 생사를 헤맸다. 귀족 쌍둥이 형제는 그녀가 죽기만을 바라더니 마침내 사망했을 때는 자축까지 했다. 귀족 형제는 의사에게 이곳에서 본 일을 절대 누설하지 말 것을 당부했다.

마네티는 "후작님, 제 직업상 환자와의 대화는 언제나 비밀로 하고 있습니다"라고 대답했다.

그러나 그는 집에 돌아와 총리에게 편지를 썼다. 물론 마네티도 귀족층의 면책 특권에 대해 잘 알고 있었다. 그래서 이 사건을 고발하더라도 이내 묻힐 거라는 걸 알지만 어떻게 해서든 마음의 짐을 덜고 싶었다. 혹시 그 때문에 위험이 닥칠지 몰라 마네티는 아내에게 아무 말도 하지 않았다. 마네티가 총리에게 편지를 보내고 며칠 후, 밤 9시경에 검은 옷차림의 남자가 찾아와 왕진을 청했다. 그는 대절해놓은 마차에 마네티가 올라타자마자 입에 재갈을 물리고 두 팔을 결박했다. 마차 속에는 후작 형제가 타고 있다가 마네티가 총리에게 보낸 편지를 꺼내더니 불태우고 그 재를 발로 밟아버렸다. 그들은 아무 말도 하지 않은 채 바스티유 감옥에 마네티를 가두었다. 마네티는 북탑 105호에 갇혀 18년을 보냈다. 그곳에서 구두 짓는 기술을 배워 구두를 만들며 살았다. 그야말로 사회로부터 산 채로 매장되었다.

당시에는 귀족에게 '백지 체포장'이 있었다. 그 누구에게라도 그 어떤 죄목이든 씌워 감옥에 가둘 수 있었다. 귀족은 주변 서민들의 생살여탈권을 가져서 마음에 들지 않으면 집에 데려가 교수형에 처하기도 했다.

마네티를 도와준 사람은 그의 하인 드파라주였다. 그는 파리에서 술집 겸 여인숙을 경영하며 프랑스 혁명을 준비하는 핵심적인 인물로 활동하고 있었다. 드파라주가 바스티유에서 석방된 마네티를 데려와 자신의 여인숙에 기거하게 했지만 마네티는 자신이 의사였다는 사실조차 기억하지 못했다. 그는 자신의 이름도 모르고 그냥 '북탑 105호'라고 대답했다. 오직 구두를 지으며 자신의 세계에 빠져 있었다.

그래도 다행이라고 할까? 마네티가 수감 전에 거래하던 런던의 텔슨 은행에서 마네티의 사정을 알게 되자 그를 도와주러 왔다. 마네티의 부인은 병으로 일찍 죽고 없었다. 직원은 마네티가 감옥에 갈 때 엄마 뱃속에 있었던 딸 루시를 대동했다.

이들이 도착했을 때 마네티는 감옥처럼 더럽고도 좁은 여인숙의 꼭대기에 기거하며 오로지 구두만 짓고 있었다. 텔슨 은행 직원도, 자신의 딸 루시도 알아보지 못한 채 '북탑 105호'라고 대답했다. 하지만 기억 속에 남겨진 아내의 금발을 서서히 떠올리며 루시가 자신의 딸이란 걸 이해하기 시작했다. 이들은 배를 타고 런던으로 돌아갔다. 이제 마네티의 무대는 런던으로 옮겨지고, 기억을 되찾은 후 그는 비로소 의사 생활을 다시 시작했다.

예쁘고도 현숙한 루시에게 구혼하는 남자도 여럿 생겼다. 루시는 그중에 프랑스 남자 다네이와 결혼하게 된다. 하지만 이 무슨 운명의 장난일까? 다네이는 런던에서 교사로 지내고 있지만 기실 프랑스 귀족의 후손이었다. 더더구나 그는 바로 마네티를 감옥으로 보낸 후작의 조카였던 것이다. 하지만 그는 어릴 때부터 농노에 대한 귀족의 처우가 몹시 부당하다는 것을 뼈저리게 느낀 나머지 귀족 신분을 버린 사람이었다. 마네티는 딸의 결혼식 직후 사위의 정체를 알고 나서 충격받은 나머지 다시 구두를 찾으며 퇴행 징조를 보이기도 했다.

런던에서 루시와 다네이가 가정을 이룬 후 딸도 낳고 평화롭게 사는 동안 프랑스에서는 혁명이 발발한다. 다네이에게는 파리의 집으로 돌아가 해결해야 할 일말의 일들이 있었다. 집사가 감옥에 갇힌 것도 풀어줘야 하고 재산도 정리해야 했던 것이다. 다네이는 아내에게도 말하지 않고 홀로 파리에 도착했지만 곧바로 감옥에 가게 됐다. 그동안 없었던 새로운 법이 생겨 망명자들은 모두 처형한다는 것이었다. 런던에 있던 마네티와 루시가 달려와 그를 구하려고 애를 썼다. 이때 장인인 마네티가 바스티유 감옥에서 18년간 형을 살았다는 사실을 밝히자 민중들은 환호하며 다네이에게 무죄를 선고했다. 마네티는 자신의 처절했던 감옥 생활이 딸과 사위에게 도움이 되었다고 기뻐한다. 하지만 하루가 지나지 않아 또다시 혁명의 무리가 다네이를 잡아 감옥에 가뒀다. 죄목은 후작의 조카라는 사실이었다. 마네티를 바스티유 감옥에서 구출한 하인 드파르주가 결혼한 여인은 공교롭게도 쌍둥이 후작 형제가 몰살시켰던 농노 집안의 막내였다. 그러니까 마네티가 감옥에 가기 전에 왕진 가서 죽음을 목도한 여인과 남동생의 남겨진 여동생으로 그녀는 복수의 칼을 갈며 살아오다가 마침내 후작의 핏줄인 다네이를 처벌하고자 한 것이다. 다네이는 다시 감옥에 갇히고 이내 사형에 처해질 운명이 되었다. 이때 다네이를 살리고자 한 남자가 감옥으로 면회를 갔다. 그는 평소 루시를 연모하던 변호사로 루시에 대한 지극한 사랑의 표현으로 다네이와 옷을 바꿔 입고 대신 형장의 이슬로 사라진다. 이렇게 다른 이의 희생을 담보로 대신 생명을 건진 다네이는 장인 마네티와 아내 루시와 함께 런던으로 떠나는 것으로 이야기는 끝난다.

내용만 간추리면 이렇게 얽히고설킨 파리와 런던 이야기이지만 기실 영국 문학을 대표하는 찰스 디킨스의 글은 축약하는 것 자체가 불가능하다. 흔히 《두 도시 이야기》를 논할 때 도입 부분이 뛰어나다는 데에 주목하는데 이 작품이 어떻게 시작하는지 보자.

최고의 시절이자 최악의 시절, 지혜의 시대이자 어리석음의 시대였고 믿음의 세기이자 의심의 세기였으며 빛의 계절이자 어둠의 계절이었고 희망의 봄이자 절망의 겨울이었다. 우리 앞에 모든 것이 있었지만 한편으로 아무것도 없었고 모두들 천국으로 향해 가고자 했지만 엉뚱한 방향으로 걸어가고 있었다. 말하자면 현재와 너무나 비슷하게도, 그 시절 목청 큰 권위자들 역시 좋든 나쁘든 간에 극단적인 비교로만 그 시대를 규정하려고 했다.

과연 찰스 디킨스답게 멋진 논조로 시대를 정의하고 사회상을 평하고 있다. 더욱이 그 시절이나 지금이나 별반 다를 것이 없다는 그의 통찰력도 놀랍다.

이렇게 시작한 작품 속에 마네티라는 의사가 등장한다. 마네티는 귀족이 농노에게 저지르는 만행을 목격하고 침묵할 수 없어 총리에게 편지를 써서 고발하려다가 오히려 자신이 바스티유에 갇히고 만다. 수감된 18년 동안 구두 짓는 일에 몰두하며 모진 세월을 견딘다. 심지어 감옥에서 석방된 후에도 기억을 모두 상실한 채 여전히 구두만 짓는 애처로운 모습을 보인다.

그가 목격한 귀족의 악행은 농노의 딸을 취하기 위해 일가족 네 명을 죽게 만든 일이다. 이런 악습은 초야권(初夜權) 행사와 일맥상통하는데 초야권이란 중세 영주가 자기 영지의 농노 딸의 처녀성을 먼저 갖는 권리를 말한다. 이 초야권에 대한 이야기는 예술 작품 속에 자주 등장하지만 정작

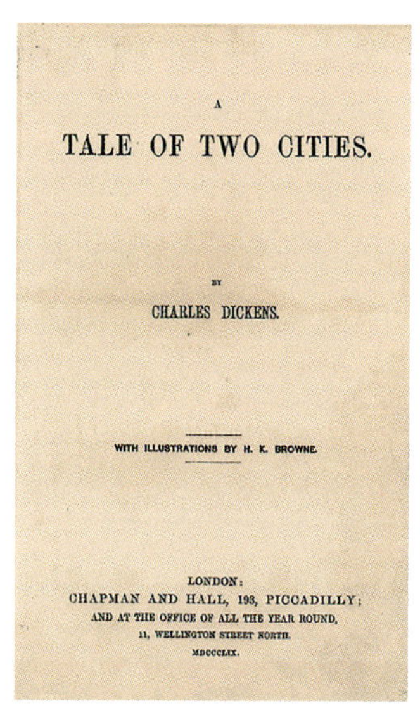

A

TALE OF TWO CITIES.

BY

CHARLES DICKENS.

WITH ILLUSTRATIONS BY H. K. BROWNE.

LONDON:
CHAPMAN AND HALL, 193, PICCADILLY;
AND AT THE OFFICE OF ALL THE YEAR ROUND,
11, WELLINGTON STREET NORTH.
MDCCCLIX.

《두 도시 이야기》 초판 표지이다. 원제는 《Tale of two city》. '찰스 디킨스' 하면 스크루지 영감이 나오는 〈크리스마스 캐롤〉이 제일 먼저 떠오른다. 그래서 아기자기하고 재미있을 것이라 기대했는데 이 작품은 프랑스 대혁명처럼 큰 주제를 다룬 작품이다 보니 읽기에 만만치 않았다.

이것이 중세 유럽에 실존했다는 역사적 증거는 없다고 한다.

아무튼 의사 마네티는 귀족의 만행을 규탄하는 편지를 썼다가 인생의 황금기 절반을 잃고 마는데 의사의 이런 행동을 무엇이라 설명해야 할까? 그저 눈 한 번 질끈 감고 못 본 척했더라면 마네티는 의사로서, 남편으로서, 아버지로서 지극히 평탄하고 안락한 삶을 살았을지도 모른다. 발설하지 말라는 후작의 경고를 어기고 자신이 목격한 사실을 고발하고자 했을 때, 그는 모든 자유를 빼앗기고 일개 수인이 되고 말았다. 더욱이 의사는 환자의 비밀을 지켜줄 의무가 있는데도 말이다. 그럼에도 불구하고 의사이기 전에 한 인간으로서 용납할 수 없어 행한 일이리라.

작품 속에 이런 구절이 나온다.

"애초에 모든 법과 형식, 정부의 행사를 무분별하게 남용하지 않았으면 이런 혁명도 일어나지 않았을 터였다. 자멸로 이끄는 혁명의 복수심은 그 모든 것들을 바람에 날려 보냈다."

작가가 말했듯 프랑스 혁명은 그간 귀족들의 횡포에 대한 사필귀정으로 발발했다. 해도 해도 너무한 일들에 대해서는 늘 반발이 발생하는 법이므로……. 결국 마네티가 폭로하려던 귀족들의 악행은 추후에 밝혀진다. 워낙 나쁜 일을 많이 저질렀던 두 귀족 형제는 폭도들에게 무참하게 살해되며 그 집은 혁명 중에 불타게 되었다. 마네티의 희생과 상관없이 귀족들은 죄과에 대한 처벌을 받은 셈이다.

책을 덮으며 아무리 생각해봐도 나는 누군가의 악행을 고발할 용기가 없는 것 같다. 사회의 부조리도 외면한 채 오히려 날마다 세상의 나쁜 꼴은 내 눈앞에서 벌어지지 않게 해달라고 기도하며 살 뿐이다. 인간의 내면에 다가가기 쉬운 의사야말로 직업상 환자의 숨겨진 비행이나 비리를 잘 볼 수 있는 특별한 여건을 가졌는데도 말이다.

디킨스는 원래 이 작품의 제목을 '보베의 의사'라 지으려고 했다는데 보베라는 곳은 파리에서 74킬로미터 남짓 떨어진 곳으로 1358년에 농민 폭동 '자크리의 난'이 일어난 곳이다. 마네티가 보베 출신이라는 설정이 의미가 있다는 이야기이다.

《두 도시 이야기》에서 마네티처럼 정의롭고도 용감한 의사를 만나 보았으니, 나도 그의 본을 받아 점차 비겁함과 소심함이 줄어들지도 모르겠다. 그리고 《다빈치 코드》로 유명한 댄 브라운이 《인페르노》를 쓰면서 단테의 《신곡》 중에 인용한 말을 되새김해 본다. '지옥의 가장 암울한 자리는 도덕적 위기의 순간에 중립을 지킨 자들을 위해 예비되어 있다'라는 말…….

찰스 디킨스
Charles John Huffam Dickens

1812년 2월 7일 영국 포츠머스에서 출생.
어린 시절 몸이 약해 독서와 공상을 즐겼지만 집안 형편이 어려워지자
12세 때부터 수습공을 시작으로 사환, 속기사를 거쳐 신문 기자로 활동.
기자 생활을 하며 각종 잡지에 단편을 투고,
이를 모은 《보즈의 스케치》를 출판하면서 문단에 등단.
《피크위크 클럽의 기록》, 《올리버 트위스트》가 연이어 베스트셀러가 되면서
작가로 명성을 얻음. 직접 체험한 하층민의 삶과 애환을 바탕으로
영국의 사회 문제를 사실적으로 그려내 영국 국민에게 꾸준히 사랑받으며
당대 최고의 작가로 인정받음.
주요 작품 《데이비드 코퍼필드》, 《크리스마스 캐럴》, 《올리버 트위스트》,
《골동품 상점》, 《어려운 시절》, 《두 도시 이야기》, 《위대한 유산》 등.
1870년 6월 9일 영국 개즈힐에서 뇌졸중으로 사망. 웨스트민스터 사원에 안장.

파렴치한 의사들의 군상

정을병《유의촌》

"무의촌 해소라고 해놓으면 뭘 해? 유의촌에서는 무의촌에서 생기는 일보다 더 비인간적인 일이 많이 벌어지고 있어. 일부 못된 놈들 때문에 선량한 의사들도 도매금으로 넘어가고 있잖아? 그러면서도 그놈들이 의권 옹호는 먼저 들고 일어나고, 별의별 포악한 수단으로 돈을 모아서는 사회적 명사 행세를 하지."

의사란 돈을 받고 환자를 치료하는 기능인일 뿐이라고 평가하는 시선도 있지만 우리 사회에서 의사는 지식인으로 지도층에 해당하고 사회적 존중을 받는다. 똑같이 도박하다 경찰에 잡혀 온 경우라도 의사나 판사, 대학교수, 성직자나 정치인이면 더 큰 지탄을 받는다. 아마 그만큼 의사에 대한 도덕적 기대치도 높기 때문일 것 같다.

까마득한 선배인 정신과 의사 최신해 씨의 수필 〈민박〉에 의사는 미국에서 사회적 지위가 높다는 내용이 언급되어 있다. 그런데 사회적 지위가 높다는 뜻은 돈을 잘 번다는 것 외에 아무 의미가 없다고 작가는 단언한다. 자본주의 국가인 미국답게 그곳에서는 의사의 직업이 아니라 의사 주머니 속의 돈을 존경한다는 것이다. 그렇다면 주머니가 얄팍한 의사는 존중의 대상에서 배제되는 것일까? 즉 주머니가 두둑해질 수 없는 환경에서 일하는 의사는 절대로 존중을 받을 수 없다는 것일까?

그러저러한 생각을 하다가 정을병의 소설 《유의촌》을 떠올려보았다. 이 소설에는 의사치고는 참 나쁜 사람들이 여럿 등장한다. '설마 의사가 저럴까?'라든가 '어떻게 그런 일이 생길 수 있을까?' 하는 의문이 절로 피어날 만큼 비상식적인 사건이 많이 나온다. 그럼에도 불구하고 영 허구가 아닐 거라는 생각이 드는 건 의사들이 결백하기만 하지는 않을 것이기 때문이다. 1968년에 발표된 이 소설은 당시의 혼미한 시대상을 잘 드러내 주었지만 의사를 매도한다고 반발한 의사 협회의 압력 때문에 〈월간 동아〉에서의 연재가 중단되기도 하였다는데 과연 어떤 의사들이 나오는지 살펴보자.

술 취한 두 젊은이가 거리에서 티격태격 몸싸움을 벌인다. 그들은 친구 사이인 종우와 화길이다. 종우는 홧김에 가지고 다니던 조각칼로 화길의 가슴을 찌른다. 화길이 피를 쏟으며 거리에 쓰러지자 종우는 급히 병원에 데리고 간다.

처음 간 곳은 '베드로 연합 병원'으로 제법 큰 병원이다. 늦은 시간이라 원장인 조베드로는 자리에 없고 조수가 진료 중인데 환자를 어찌 치료해야 할지 몰라 다짜고짜 입원부터 시키려고 한다. 그때 조베드로가 나타나 화길처럼 돈이 없어 보이는 행려 환자를 입원시키면 부자 환자는 어떻게 입원시키느냐고 호통을 친다. 결국 화길은 머큐

로크롬으로 상처를 소독받고 페니실린 주사를 한 대 맞은 후 집으로 돌아간다. 이튿날 통증이 심해지자 고통을 참을 수 없어 화길은 택시를 잡아타고 병원으로 향한다. 그런데 베드로 연합 병원을 가려다가 맞은편에 조촐한 김 외과를 발견하고 그곳으로 발길을 돌린다. 김 외과의 원장은 김평정이다. 김 원장은 화길을 진찰하고 칼이 늑간을 지나 횡격막을 거쳐 복강까지 찔렀음을 알게 된다. 그길로 화길을 수술한다. 그렇지 않으면 복막염이 생겨 위험한데 이미 열이 오르고 혈압이 떨어져 간다. 화길은 가진 돈이 없다고 하소연했지만 김 원장은 치료비는 개의치 않고 S 의대의 강 박사를 초빙하여 수술을 무사히 마친다. 화길을 찌른 조각칼은 불과 5센티미터 남짓한데도 상처는 깊어서 대망막(greater omentum)까지 손상되어 있었다.

복부를 12센티미터나 절개하고 수술을 마친 후에 김평정은 사람을 살렸다는 자부심을 느낀다. 김평정은 의사라는 직업에 대해 남다른 소회를 가지고 있다. 그것은 바로 죽은 누이동생 때문이다. 그가 미국에 공부하러 간 사이 누이동생은 수면제를 다량 복용하고 자살을 기도했다. 신음하는 여동생을 발견한 식구들이 당시 유명한 한 박사 병원에 여동생을 데려갔으나 박사는 한밤중에 보증금도 없이 문을 두드린다며 받아주지 않았다. 밤새 문밖에서 기다리다 새벽녘이 되어 진찰을 받았을 때, 이미 여동생은 운명한 후였다. 가족들이 빨리 치료해주지 않은 사실에 대해 항의해도 한 박사는 여동생은 진즉에 죽었다고 잡아떼었다. 김평정이 유학을 마치고 돌아와 보니 여동생은 이미 땅속에 묻혔고 한 박사는 의사회 회장직을 맡고 있었다. 한 박사는 의사들 앞에 서서 '국민 보건'을 외치지만 조금도 존경받을 만한 인물이 아니었다. 그런 한 박사에 이어 의사회 회장직을 물려받은 사람이 조베드로였다. 그 또한 한 박사와 마찬가지로 존경받을 만한 인물이 아니었다. 의과 대학도 졸업하지 않은 채 의사가 되어 조수를 착취하는 인물이다. 그런데 공교롭게도 김평정은 조베드로의 병원과 마주 보는 곳에 병원을 개업하게 되어 화길처럼 조베드로가 잘못 처치해준 환자들의 뒤치다꺼리를 하는 일이 잦았다.

김평정은 의사회에서 기획부장인데 의사회에는 다섯 명의 임원이 있다. 회장 조베드로, 부회장 진형직 박사, 재무부장 구상회 박사, 공보부장 강제형이다. 의사회에서 간부 회의를 하는 날의 모습은 이렇다. 회장은 보건사회부 장관이 직접 참석하지 않고 의정 국장만 보냈다고 화를 낸다. 재무부장인 구상회는 이런 발언을 한다.

"의사들은 지금 생활이 말이 아닙니다. 다시 말해서 의료인도 아닌 약사와 한의사, 돌팔이 등에게 환자를 다 뺏기고 날로 영세화되고 있습니다. 서울 시내 개업의 중에 40퍼센트 이상이 셋방살이를 하고 있는 실정입니다. 아주 죽을 지경인 것입니다. 최고학부를 나온 지성인이며 국민 보건 향상을 위해 희생 봉사를 해온 의사들이 이렇게 못 살아서야 되겠습니까? 우리는 장사꾼이 아닙니다. 그래서 우리는 영업세도 안 내고 있습니다. 그런데 그놈의 소득세는 왜 그리 비싸졌습니까? 무려 50배나 100배가 올랐습니다. 내가 지난해 얼마나 냈는지 아십니까? 무려 250만 원이나 냈는데 이건 변호사 중 최고 납세자의 60만 2000원보다 네 배나 더 많은 겁니다. 네 배나 더! 그러면서도 변호사들은 우리 의사들처럼 구속되는 일도 없이 잘살고 있습니다. 대체 의사들을 위해 있다는 보사부는 무엇하는 곳입니까? 거기에다 의사들은 다 굶어 죽을 판인데 문교부와 동조하여 의과 대학을 더 증설하려고 하고 있습니다. 지금 있는 의사는 다 어쩌라는 겁니까? 의정 국장님, 어디 좀 보시오. 골목골목 병원 없는 곳이 없는데 또 의사라는 말입니까? 안 됩니다. 당장 때려치워야 합니다. 만일 보사부가 우리 의사들의 의견을 무시하고 의대 증설을 고려하면 우리는 보사부 장관을 의사회에서 제명 처분할 것이며 우리의 면허증도 몽땅 모아서 보사부에다 돌려줄 용의가 있습니다……."

다른 누군가가 의사들은 초등학교도 제대로 나오지 않은 제약 회사 사장보다도 소득이 적다는 소리를 하자 제약 회사의 리베이트를 가장 많이 받는 부회장 진형직은 기겁하여 제약 회사 이야기는 꺼내지 말자고 한다. 그는 명절 때면 제약 회사의 돈 봉투를 받아 챙기느라 화장실도 제때 가지 못할 정도다.

의정 국장은 의사들이 한약방이나 종합 병원에 환자들이 쏠리는 현상에 대해 불만을 토로하지만 그것은 개인 병원이 바가지를 씌우고 불친절한 데에 원인이 있다고 지적한다. 그는 또 의사들의 면허증 대여 문제를 거론한다. 김평정은 이들이 논의하는 현장을 보고 혼자 고소를 금치 못한다. 의사는 사회적으로 지탄받을 일이 결코 적

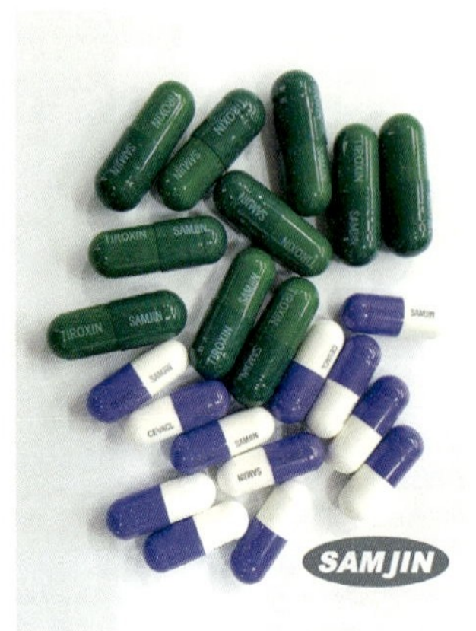

1968년도에 발표된 이 작품 속에 '앞으로 의약 분업만 되면 약이란 의사를 통하지 않고는 전혀 팔아먹지 못할 시대가 올 것'이라고 자부하는 의사가 나와 실소를 자아냈다. 나로서는 의약 분업이 하나도 좋지 않고 공연히 항생제를 처방해달라고 조르는 환자들을 거절하느라 곤혹스러운데…….

지 않다. 임질 한 번 걸려서 60만 원을 쓰는 환자가 있는가 하면 증류수만 맞고도 주사약값을 내는 환자도 있고 주사 두 대면 끝날 것을 백여 대나 맞아 팔이 마비되어 버린 환자도 있다. 게다가 종합 병원이라고 해서 어찌 믿는다는 말인가? 병원의 기업화를 내세우고 철저하게 장삿속을 채우는 곳이 있는 마당에…….

의사들은 의과 대학 증설에 첨예하게 각을 세우고 있다. 이때 기획부장인 김평정이 발언한다. 1948년 정부 수립 이후, 당시 의사의 수는 1만 1869명으로 인구 3천 명당 한 명꼴이었다. 인구 10만 명당 의사가 일본이 109명이라면 우리나라는 고작 33명이라는 통계가 있고 그것도 서울에만 쏠려 있어 시골에는 의사가 거의 없는 실정이었다. 김평정은 이러한 숫자를 제시하면서 의과 대학의 증설이 필요하다고 말한다. 적어도 7천 명 정도의 의사가 더 필요한 셈이었다. 김평정의 논리에 아랑곳하지 않고 나머지 임원들은 '의대 증설 결사반대'라는 각오를 다지며 제약 회사에서 준비한 만찬회장으로 자리를 옮긴다. 김평정은 병원으로 바삐 발길을 옮기며 의사들이 모여서 하는 일이라고는 고작 회비를 받아서 먹고 마시는 일밖에 없다는 사실에 분노한다. 그가 보기에 이런 모임은 버스값을 인상하자는 버스업자들의 모임만도 못하고 엉터리 점쟁이를 골라내어 없애자는 점술가들의 모임만 한 가치도 없다. 작은 이기심과 자존심에 눈이 어두워 자신의 영달밖에 보이지 않는 자들이 대체 무엇을 한다는 말인가? 그가 서둘러 병원에 도착하고 보니 경찰이 기다리고 있다. 화길이 가해자 종우를 폭행죄로 고소했으므로 진단서가 필요하다는 것이다. 김평정은 '좌측 횡격막 파열, 급 양상 복부 열상'이라는 병명으로 전치 5주 진단을 내린다. 그는 진단서가 분란의 소지가 될 거라는 우려를 하면서 경찰에게 넘겨준다.

아니나 다를까 종우의 아버지가 조베드로를 찾아간다. 처음에 화길을 진찰한 곳이 조베드로 병원이기도 하지만 대단치도 않은 상처를 치료하느라 개복까지 하고 전치 5주 진단서를 쓴 것은 김평정의 과잉 진료라고 판단한 것이다. 조베드로가 그런 생각을 뒷받침이나 하듯이 종우 아버지에게 말한다.

"헛! 요즘 의사들이란. 내가 이런 말을 해서 점잖지 못하지만 하지 않을 수가 없소. 참 한심한 일이요. 돈 벌기 위해서 아주 엉뚱한 짓을 한다는 말이오. 병 아닌 것을 병으로 만들 뿐 아니라, 남이 잘 고쳐놓은 것도 마구 망가뜨려 버린다는 말이오. 의사가 되기 전에 먼저 인간이 되어야지. 그래 가지고 국민들이 의사들을 존경할 수가 있겠소? 참 한심한 일이야."

이렇게 같은 의사끼리 폄하하는 말을 늘어놓은 후 '상복부 자상'이라는 진단하에 전치 3일이라는 진단서를 써준다.

조베드로가 이런 말을 하는 데는 다 연유가 있다. 지난해 배 아픈 환자를 맹장염이라고 진단했는데 그 환자는 이미 맹장을 떼어냈다는 것이다. 조베드로는 그럴 리가 없다며 수술을 강행했는데 배 속의 맹장은 환자 말대로 제거되고 없었다. 환자는 그를 고발했지만 법률로 밝히기는 불가능했다. 조베드로에게 이런 일은 비일비재했다. 임신이라고 소파 수술을 했지만 아닌 경우가 많았고 배 속의 혹을 제거했더니 임신 4개월인 사례도 있었다.

이런 조베드로와는 대조적으로 양심적인 의사 김평정은 병원을 유지하기조차 힘들었다. 그는 대학에 남아 교수가 되고 싶었지만 가정 형편상 개업을 선택해야 했다. 남의 돈을 끌어모아 병원을 차렸지만 운영이 어려웠다. 그는 조베드로처럼 환자들의 주머니를 보고 진료하는 의사가 아니었기 때문이다. 더구나 큰 병원에 가서 치료받아야 하는데 돈 때문에 매달리는 환자를 물리치지도 못했다. 예를 들면 자동차 사고로 뇌진탕을 일으킨 환자가 있었다. 그의 부인이 아기를 업고 와 김평정에게 살려달라고 애원하자 김평정은 환자를 데리고 대학병원으로 달려간다. 치료비 없는 환자를 그곳에서도 받아주지 않자 김평정이 보증을 서서 수술을 받게 해 환자를 살려낸다.

대학병원은 김평정을 보고 수술해준 것이라 치료비의 절반은 김평정이 내야만 했다. 이런 식으로 그의 의사 생활은 적자의 연속이었다. 김평정은 모교에 갈 때마다 의료 현실을 더 깊이 생각해본다. 모교 대학병원에서 한의원의 미끼에 꼬이지 말라는 안내문을 보고 그는 이 또한 의사들의 문제라고 여긴다. 그는 이런 생각을 한다.

'개업의들은 흔히 한의원과 약국과 돌팔이들에게 환자를 빼앗기고 있다고 불평을 늘어놓는다. 그러나 환자를 빼앗기는 원인은 의사들 자신에게 있다. 다 그렇지는 않아도 의사들은 대부분 교만하다. 한국에 살면서 한국 실정을 모른다. 우물 안의 개구리다. 무식하기 짝이 없으면서도 의사회 총회를 한 번 하게 되면 '의사는 최고의 지성인'이라는 소리를 끊임없이 되풀이할 만큼 뻔뻔스럽다. 식민 정치 시대의 왜놈 의사가 우리 시골 아낙네 환자를 대하듯이 관료적이고 권위적이다. 그러나 그들은 이런 자세를 흔히 '의권이 정립되는 것'으로 오인하고 있다. 그런 데다 치료비 수탈이 포악스러울 정도이다. 그러나 그들은 결코 자신들이 교만하지 않으며 치료비도 비싸다고 생각하지 않는다. 의사를 제왕처럼 모셔도 모자랄 때가 있었는지 모른다. 하지만 국민 소득이 불과 150달러 정도밖에 안 되는 나라에서 2천 달러나 3천 달러의 소득을 가진 나라의 치료비를 동경한다면 이건 참 어불성설이다. 반면에 그들이 업신여기는 돌팔이나 한의사나 약사들은 그렇게 교만하지도 않고 불친절하지도 않거니와 몹시 한국적이고 치료비도 매우 싸다.'

김평정은 대학에 간 김에 동창 가운데 비뇨기과 교수가 된 진성진을 찾아간다. 진 교수는 정관 수술을 하는 중이다. 당시는 가족계획 사업이 한창인지라 여성에게는 루프 시술이나 피임약 보급을, 남성에게는 정관 수술을 권했던 것이다. 진성진 교수는 의료계에 냉소적이다. 진성진은 김평정과 술을 마시며 이런 발언을 서슴지 않는다.

"무의촌 해소라고 해놓으면 뭘 해? 유의촌에서는 무의촌에서 생기는 일보다 더 비인간적인 일이 많이 벌어지고 있어. 일부 못된 놈들 때문에 선량한 의사들도 도매금으로 넘어가고 있잖아? 그러면서도 그놈들이 의권 옹호는 먼저 들고 일어나고……, 별의별 포악한 수단으로 돈을 모아서는 사회적 명사 행세를 하지."

진성진처럼 지각 있는 의사도 일부 있었다. 그러나 조베드로처럼 타락한 의사가 더 두드러져 보였다. 조베드로는 점심밥을 로마 귀족처럼 드러누워 먹는 버릇이 있다. 가슴이 풍만한 간호사 미스 반이 애교를 떨며 떠먹여 주는 걸 즐긴다.

그가 의사회 간부 회의를 주관하는 날이면 가관이다. 간부 회의는 아침 7시에 열리는데 조베드로는 말을 타고 의사 회관에 도착하고 마부는 말을 좇아 뛰어서 따라오게 만든다. 간부 회의에는 으레 다섯 명의 임원이 참석한다. 이날의 안건은 물의를 일으킨 두 병원을 조사하고 의사회에서 제명할 것인지 아닌지를 결정하는 일이었다.

첫 번째 사건은 A 병원에서 필름을 넣지 않고 엑스레이를 찍어왔고 또 증류수를 마이신 주사처럼 속여 환자에게 놓았다는 것이다. 다른 하나는 B 병원에서 성형 수술을 하러 온 가수를 마취시켜놓고 겁탈했다는 사건이다. 사건을 조사한 공보부장 강제형은 이 사건들 모두 의사가 한 일이 아니라 조수가 의사 모르게 저지른 것이라고 한다.

듣다 못한 김평정이 한마디 거든다.

"의사들은 무엇을 했습니까? 의료 수가나 올려서 장사한 것 외에는. 시골은 장사가 안되니까 무의촌으로 팽개쳐놓고 서울에 몰려들어서는 돈을 벌기 위해 수단과 방법을 가리지 않고, 잘못되면 조수에게 몽땅 뒤집어씌우고 숱하게 오진하면서도 한 건의 오진도 인정하려 하지 않고 페니실린 쇼크로 환자가 즉사해도 특이 체질이다 뭐다 해서 발을 빼고……. 내가 언젠가 이상한 환자가 와서 배를 째보니까 수술용 가위가 창자 사이에 들어 있었습니다. 어느 병원에서 수술했느냐고 물으니까 고명하신 아무개 박사가 수술했다는 겁니다. 그 바람에 그 아무개 박사는 입을 틀어막느라고 숱한 돈을 썼습니다." 여기에서 고명한 박사란 바로 조베드로를 지칭하는 것이다. 간부들은 김평정의 발언이 달가울 리 없다. 공보부장 강제형은 자신의 조사가 틀리기라도 했느냐며 싸움을 건다. 김평정이 말을 이어간다.

"의사가 신이 아닌 이상 오진은 있을 수 있는 겁니다. 문제는 오진을 은폐하려는 악습입니다. 그것보다 더 골치 아픈 것은 부패한 의료 행태입니다. 이건 우리가 막아야 합니다. 돈에 미친 의사 몇몇이 전체 의사의 이름에다 똥칠을 하고 있는 겁니다. 의정 당국의 무계획하고 즉흥적인 의료 행정이 20년 동안이나 엉터리 의사를 많이 만들었지만 그건 이미 지난 일입니다. 우리가 잘 처신하지 않으면 국민

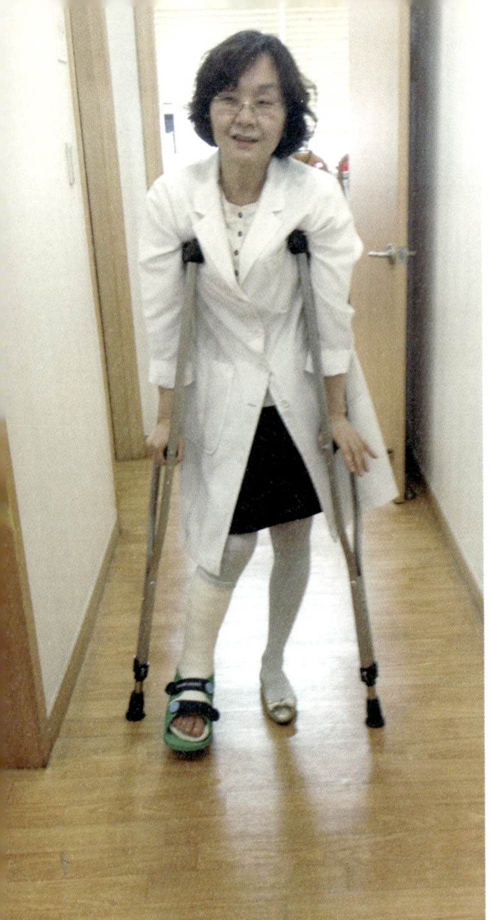

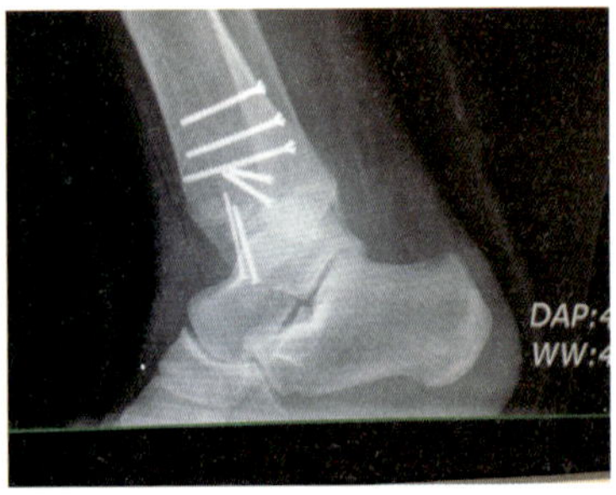

이태 전에 발목이 부러져 7개의 핀을 박는 수술도 받고 또 깁스를 한 채 몇 달간이나 불편하게 생활했다. 의술이 좋아서 지금은 감쪽같이 다 나았는데 이때 환자가 됐던 경험은 내게 무척 소중하다. 그때 가장 절실하게 느낀 점은 의사와 간호사들이 무척 고생한다는 사실이었다. 밤잠도 제대로 못 자고 일하는 의료인들이 진정 건강의 지킴이라는 생각을 했는데 정을병의 《유의촌》에서는 의사들을 비난하는 장면이 하도 많아 사실이 아니라고 와락 소리치고 싶은 심정이다.

의 불신은 날로 높아질 것입니다."

김평정은 의사의 윤리 확립을 강조하며 일벌백계를 하자고 주장한다. 그러나 나머지 간부들에게 그의 말이 먹힐 리 없어 김평정은 혼자 퇴장해버린다. 남은 이들은 일본 여행 계획을 세운다.

김평정은 미혼이지만 사귀는 여자가 있다. 그녀는 김평정을 이해하고 병원 일을 도와주려고 하는데 형편이 좋지 않은 김평정은 선뜻 결혼할 엄두를 내지 못한다. 김평정은 약혼녀에게 화길의 진단서가 문제가 되어 검찰에 다녀왔다는 이야기를 한다.

조베드로가 여행을 다녀오느라 서울을 비운 사이, 의사회에서는 몇몇 사건이 발생한다. 모두 간부들에게 생긴 일이다. 하나는 공보부장 장제형이 부인과 성형 수술을 한답시고 어느 여인의 질을 좁힌 데서 비롯된다. 강제형이 지나치게 좁힌 나머지 기능을 할 수 없게 만들어버린 것이다. 환자의 배우자가 보낸 조폭들이 강제형을 찾아와 흠씬 패준다.

다른 하나는 K 대학 병원장인 부회장 진형직에게 생긴 사건이다. 말대답한다고 인턴의 따귀를 올려붙였던 것이다. 그 일을 기화로 백여 명의 인턴과 레지던트들이 건물 앞 잔디밭에서 시위를 벌이며 임금 인상과 처우 개선을 주장한다. 대표자의 말은 야무졌다.

"이 병원은 교육을 목적으로 있는 병원이 아닙니까? 우리는 수련생입니다. 병원이 돈을 버는 일에 수련생들이 희생될 수 없는 겁니다. 차라리 철저하게 교육 병원이 된다면 수련생으로서 악조건도 참겠습니다. 그러나 어디를 돌아보아도 그런 분위기를 찾아볼 수 없고 본래 의도는 송두리째 변질되어 있습니다. 교수님들은 강의를 집어치우고 특진을 맡아 돈을 버는가 하면 집에서 또 엄연히 개업까지 하고 있습니다. 저희도 가족을 먹여 살려야 합니다. 3천 원으로 한 달을 어떻게 살아가라는 겁니까? 선생님들은 그렇게 하실 자신이 있습니까? 적어도 인턴은 만 원, 레지던트는 2만 원 선까지는 주셔야 한다고 생각합니다. 또 선생님들은 저희들을 꾸짖으시지만 저희가 보기에는 선생님들이 바로잡아야 할 일이 너무나 많다고 생각합니다. 병원에서 생기는 허다한 부정부패, 엉터리 치료, 과실 치사, 환자 농락, 썩은 관료주의의 잔재……. 도대체 선생님들이 후배들에게 무엇을 떳떳이 가르쳤다는 겁니까? 모조리 썩은 선배들을 닮아가도록 가르친 것 외에는. 사회 정의나 의사의 양심을 세우기 위해 어떤 지도를 해주었다는 겁니까? 입학 때가 되면 으레 부정 입학으로 한몫씩 챙기고 박사 학위 심사에 2백만 원이면 무사통과……, 연구비를 타먹기 위해서 동료들과 싸움을 벌이고 자기 외의 인간은 개돼지나 벌레 취급을 하고 환자도 돈 많은 환자만 살살 골라내어 봐주고. 그런 선배들에게 우리는 무엇을 배웁니까?”

이런 발언을 하는 인턴 대표를 진형직 병원장은 몹시 꾸짖는다. 단지 레지던트 월급을 4천 원으로 인상하는 것으로 유야무야하려는 차에 총장의 호출을 받는다. 총장은 수련의의 시위를 통해 의과대학의 그간의 문제점을 알게 된 것이다. 진원장을 부른 총장은 15년간의 각종 비리를 밝히고 해결하던가 아니면 원장을 포함하여 현직 과장 열다섯 명이 책임을 지고 총괄 사퇴하라고 명한다. 진형직과 과장들은 자신들이 모두 사표를 내면 대학병원은 마비될 것이라는 계산하에 전원 사표를 제출하였는데 총장은 모두 수리하고 말았다. 기가 막힌 진형직은 의사회에다 총장을 파면시켜달라는 안건을 올렸다.

또 다른 사건은 구상회에게 생긴 일이다. 어느 아침에 교통사고로 다리가 부러진 열세 살 아이가 찾아왔다. 한 달간 가까운 정형외과에서 깁스를 한 채로 입원하고 있었으나 통증이 심하여 그 병원을 믿지 못해 구상회를 찾아왔다는 것이다. 구 박사는 평소 그 정형외과에 환자를 빼앗겨온 차에 옳거니 좋아라 하며 치료를 장담한다. 그러면서 그쪽에서 다리가 부러졌는데도 수술을 하지 않았다는 사실을 비난한다. 엑스레이상 두 뼈끝이 겹치게 내버려 둔 걸 보고 아이가 영구히 불구가 될 거라며 서둘러 대퇴부 뼈를 이어붙이는 수술을 강행한다. 환자의 어머니는 한 달 동안 20만 원이나 내고 아이를 입원시켰던 것이 분통해서 처음에 갔던 정형외과를 검찰에 고소해 버린다. 구상회는 통쾌하기 짝이 없다. 그러나 상대 쪽 병원에서 오히려 구상회를 악덕 의사라고 반격한다. 왕성한 성장기에 있는 아이의 골절의 경우, 도수정복(徒手整復)이 원칙인지라 수술할 필요가 없고 깁스도 뼈가 1센티미터 정도 겹치게 한다는 것이다. 그래야 한쪽 뼈가 짧다 해도 부러진 부위가 왕성하게 자라 7~8년 후에는 양쪽이 같아지는데 구상회 방식으로 이어놓으면 한쪽 뼈가 오히려 길어져 불구를 초래한다고 반박했다.

코너에 몰린 구상회는 조베드로를 찾아간다. 그러나 조베드로는 간호사 미스 반을 데리고 동래 온천장에 놀러 가고 없었다. 그는 미스 반 월급을 3500원에서 5000원으로 인상해주는 조건으로 그녀를 애인으로 삼아 농락한다. 그런데 기가 막힌 것은 여자를 데리고 분탕질을 치면서도 처녀성은 건드리지 않겠다는 그의 결의이다. 사람을 믿지 못해 생긴 피해망상증의 결과다. 너무나 악랄한 방법으로 돈을 벌어왔기 때문에 모든 곳에서 방어적 태도를 취하는 것이다.

조 박사는 돈 많은 다른 이들처럼 권력의 뒤에 숨기를 좋아했다. 일제 강점기에는 철저한 친일파가 되고, 해방되어서는 누가 잡으러 오지도 않는데 열심히 숨어 다니고 자유당 때에는 불안하게 4·19를 맞고 5·16 때는 4·19 때 학생들에게 점심 한 끼 대접했다는 자책감 때문에 신변에 위협을 느끼는 그런 위인이었다.

다음 의사회가 모이는 날, 조베드로는 동래 온천장에 놀다 온 것을 자랑하고 나머지 간부들은 그를 부러워한다. 이때 의사회에서도 놀러 가자는 의견이 나오고 돈을 어떻게 마련할까 궁리하자 강제형 공보부장이 자신 있게 말한다.

"그건 제게 맡기세요. 5만 원이나 6만 원쯤이야 메이커들에게 전화만 하면 제꺼덕 입니다. 안 내면 그 메이커의 약품은 우리가 사용을 거절해버리는 겁니다. 어떻습니까? 꼼짝없이 당하는 겁니다. 오늘날 우리나라의 메이커들 중 뒤가 구리지 않는 놈들이 한 놈도 없습니다. 함량 부족에다, 뭐다, 뭐다 해서 말이에요. 더군다나 앞으로 의료 보험이라는 제도를 실시하게 되면 약이란 의사를 통하지 않으면 전연 팔아먹지 못하게 된다는 말입니다. 그런 판국에 그자들이 의사들에게 잘못 보이면 되겠어요? 더구나 전국의 의사들을 대표하는 우리들에게……."

김평정은 의사들이 리베이트 받는 걸 옳지 않다고 생각하므로 그들을 설득하려고 한다.

"공부를 덜 했다, 의사를 돕는 직업에 종사한다, 의사의 명령에 순

나는 국제 도서전에 가는 걸 좋아한다. 언젠가는 런던이나 프랑크푸르트 도서전에 갈 날을 꿈꾼다. 책 속에서 나래를 펼치는 동안은 《유의촌》의 의사들처럼 추한 모습의 현실에서 벗어날 수 있기 때문이다. 사진은 2012년 코엑스에서 열린 서울 국제 도서전 참가 기념으로 남긴 것이다.

종한다 등의 이유로 그들이 의사보다 존경을 적게 받아야 할 아무런 이유도 없어요. 조수나 간호사라고 해서 의사보다 아랫사람이라는 그런 낡은 사고방식이 가당키나 합니까? 민주주의 사회에서 직업적 특권이 존재합니까? 국회의원이니까 높고 콩나물 장수니까 낮다는 식의 개념으로 일부 계층이 특권을 누려야 한다는 것은 아주

야만적인 사고방식입니다."

이렇게 사사건건 나머지 간부들과 의견 충돌이 생기자 의사회에서는 김평정을 지방으로 출장을 보내버린다. 지방 의사회에서 생긴 분란을 조사해오라는 업무를 부여한 것이다.

김평정은 이들이 자신을 따돌리려 한다는 것을 알지만 어찌할 수 없이 지방 출장을 간다. 마치 추방이라도 당한 기분이 든다. 지방에서 한 의사를 질투하여 나머지 40명의 의사가 뭉쳐 무면허 의사라고 모함한 사건을 해결해야 한다.

김평정은 그들을 중재해주려고 하지만 그들은 자신들의 그릇된 주장을 굽히지 않으면서 김평정에게 서울의 의사 협회가 이런 일도 해결해주지 않는다면 더는 의사회비를 내지 않겠다고 버틴다. 김평정은 하는 수 없이 서울로 돌아오고 만다.

서울로 돌아온 김평정은 놀라게 된다. 자신이 우려했던 일이 그새 일어났다. 자신이 출장을 떠난 날 새벽에 긴급회의를 소집하여 네 명의 의사들이 일사천리로 안건을 모두 처리해버린 것이다.

조베드로와 김평정이 엮인 화길의 진단서도 안건으로 올라왔으나 당사자 김평정이 없는 마당에 처리해버리면 오해받을 가능성이 있다고 그것만은 미뤄둔 상태였다.

다음 날 윤리위원회가 열린다. 5센티미터가량의 조그만 칼에 찔린 상처를 조베드로는 전치 3일로 진단한 반면 김평정은 개복 수술을 하고 5주 진단을 내린 사건이 상정된다. 본인들에게 진술할 기회가 오자 조베드로는 잔뜩 거드름을 피우며 작은 칼이 늑골이나 횡격막을 손상할 수 없다는 걸 강조한다. 김평정은 해부학 교과서를 인용하면서 짧은 칼이라도 제7번 늑골 사이에 45도 각도로 꽂힐 경우 얼마든지 횡격막을 뚫고 복부까지 통과할 수 있다고 설명한다. 회의장에 있던 의사들은 모두 김평정을 적대시하며 수긍하려 하지 않는다. 그러자 당시 수술에 참여했던 강 박사에게 의견을 묻는다. 강 박사는 자신은 제대로 보지 못했다고 말을 얼버무린다.

김평정은 드디어 깨닫는다. 강 박사는 매수된 것이다. 표결에 부치겠다는 위원장의 말이 끝나기 전에 김평정은 조 회장에게 달려가 모형 칼을 빼앗아 든다. 그리고 웃통을 벗어젖히고 말한다.

"학설이나 이론으로 당신네들이 알아듣지 못한다면 내가 직접 실험해 보이겠소."

그리고 그는 자신의 좌측 제7번 늑골선 상에다 칼을 꽂고 45도 각도로 꾹 내려 찌른다. 바지 쪽으로 유혈이 낭자하다. 김평정은 푹 고꾸라진다.

얼마나 시간이 지났을까? 수술 후에 정신을 차린 김평정은 통증에 시달린다. 그의 약혼녀가 찾아와 눈물을 흘린다. 그녀는 김평정이 너무 외로운 탓에 그런 자해를 저지른 것이라며 퇴원 후에 얼른 결혼하자고 말한다. 김평정은 자신이 그럴 만한 자격이 없다고 생각하고 거절한다.

며칠 후, 의사회 총회가 열렸는데 의사들은 의과 대학 증설에 보사부 장관을 불신임하는 결의안을 만장일치로 통과시킨다. 그것을 발표하며 소설은 끝을 맺는다.

작품의 줄거리는 대략 이렇게 이어지는데 서둘러 마무리를 지은 인상을 지울 수 없다. 슈베르트의 미완성 교향곡처럼 완성작이 되지 못했다. 당시 연재하는 동안 의사들의 반발이 심한 것이 그 이유였다고 한다.

지금도 읽다 보면 의사의 행동치고는 너무 심한 것이 많아 당시에 반감을 샀다는 걸 이해할 수 있다. 예를 들어 김평정의 누이동생이 음독자살했을 때 제때 구해주지도 못한 한 박사는 그녀의 시신을 가지고 장난질을 친다. 음부에 카네이션 꽃을 꽂으며 살아있을 때 만나지 못함을 한탄한다. 또 조베드로는 실력 없는 악덕 의사이면서 인색하기 짝이 없다. 조수 하나를 의학 공부를 시킨 후에 마음대로 부려먹으면서 월급을 제대로 지불하지 않는다. 공부시켜준 은덕을 갚아야 하는 영원한 노예 계약을 씌운 셈이다. 간호사들을 농락하는 의사도 여러 차례 등장한다.

한마디로 의사의 사람됨에 대한 비판이 주제이다. 의사이기 이전에 인격도 갖추지 못한 의사들의 사례가 연거푸 나열되고 있다.

한때는 텔레비전 드라마도 등장인물의 직업별로 항의를 받던 시절이 있었다. 예를 들어 불륜을 자행하는 변호사가 나오면 변호사협회에서 드라마 작가를 비난하고 계속 방영하지 못하도록 방송사에 압력을 가하는 그런 사례들 말이다. 아주 오래전에 우리나라에서는 대통령 이름도 함부로 부르지 못하도록 했지만 이제는 사회가 많이 성숙해져 드라마는 드라마일 따름이고 허구의 사건에 지나지 않는다는 걸 이해한다.

마찬가지로 우리는 《유의촌》을 읽으며 의사 집단이 작품 속의 조베드로나 강제형이나 구상회나 전형직처럼 권위적이고 타락한 사람들이 다가 아니라는 걸 이해한다. 그렇다고 해서 김평정을 존경하지도 않는다. 그는 실력 있고 양심적인 의사인지는 몰라도 현명하게 타협하기에는 여전히 미숙한 의사이니까.

그러고 보니 우리 사회에는 의사로서 진정으로 존경할 만한 모델이 없는 것 같다. 이제 그 모델을 구축해야 할 그런 때인가 보다.

정을병
鄭乙炳

1934년 7월 5일 경상남도 남해군 출생. 한국신학대학 졸업, 미국 하와이 대학에서 수학. 1961년 단편 〈부도〉, 〈반 모랄〉로 〈현대문학〉에 추천되어 등단. 1967년 현대문학상을 받으며 본격적인 창작 활동 시작. 철학적 사유를 담아 사회 부조리를 비판, 풍자하여 고발 문학의 기수로 평가받음. 동서문학 주간, 한국펜클럽 부회장, 한국문학학술저작권협회 부회장, 한국소설가협회 이사장 등 역임. 현대문학상, 한국일보 창작 문학상, 서울시 문화상, 대한민국 문학상 등 수상 및 화관문화훈장 수훈. 주요 작품 《개새끼들》, 《유의촌》, 《아테나이의 비명》, 《말세론》, 《받아들인다는 문제》, 《도피 여행》, 《피임 사회》, 《분단기》, 《인동 덩굴》 등. 2009년 2월 18일 서울에서 간암으로 사망. 향년 75세.